权威·前沿·原创

皮书系列为

“十二五”“十三五”国家重点图书出版规划项目

四川蓝皮书

BLUE BOOK OF SICHUAN

四川农业农村发展报告（2019）

ANNUAL REPORT ON SICHUAN'S AGRICULTURE AND RURAL DEVELOPMENT (2019)

实施乡村振兴战略

主　编／郭晓鸣
副主编／张克俊　甘庭宇　庞　淼

社会科学文献出版社
SOCIAL SCIENCES ACADEMIC PRESS (CHINA)

图书在版编目（CIP）数据

四川农业农村发展报告．2019：实施乡村振兴战略／郭晓鸣主编．--北京：社会科学文献出版社，2019.5
（四川蓝皮书）
ISBN 978-7-5201-4639-5

Ⅰ．①四… Ⅱ．①郭… Ⅲ．①农业经济发展-研究报告-四川-2019 ②农村经济发展-研究报告-四川-2019 Ⅳ．①F327.71

中国版本图书馆 CIP 数据核字（2019）第065100号

四川蓝皮书
四川农业农村发展报告（2019）
——实施乡村振兴战略

主　　编／郭晓鸣
副 主 编／张克俊　甘庭宇　庞　淼

出 版 人／谢寿光
责任编辑／张　媛　柯　宓

出　　版／社会科学文献出版社·皮书出版分社（010）59367127
地址：北京市北三环中路甲29号院华龙大厦　邮编：100029
网址：www.ssap.com.cn
发　　行／市场营销中心（010）59367081　59367083
印　　装／三河市东方印刷有限公司

规　　格／开　本：787mm×1092mm　1/16
印　张：20.25　字　数：301千字
版　　次／2019年5月第1版　2019年5月第1次印刷
书　　号／ISBN 978-7-5201-4639-5
定　　价／128.00元

《四川农业农村发展报告（2019）》
编 委 会

主　编　郭晓鸣

副主编　张克俊　甘庭宇　庞　淼

撰稿人　（按文序排列）

苏　艺　张克俊　甘庭宇　庞　淼　虞　洪
付宗平　高　杰　马少春　赵利梅　唐　新
董进智　张泽梅　杜　婵　杨璐涵　曾旭晖
刘　恋　李　羚　周小娟　倪玖斌　戴旭宏
许　波　陈明红　彭兴刚　肖思思　胡俊波

主要编撰者简介

郭晓鸣　四川省社会科学院原副院长，中央农办、农业农村部乡村振兴专家咨询委员会委员，四川省政府乡村振兴战略研究智库首席专家，四川省农经学会副理事长兼秘书长，四川省学术和技术带头人，四川省有突出贡献的优秀专家，享受国务院特殊津贴专家。主持和承担国家、省级和国际合作项目80余项，出版学术专著20多部，在《中国农村经济》等全国核心期刊发表学术论文200余篇，100多项政策建议被国家和省级领导批示。获省部级一等奖2项、二等奖4项、三等奖7项。

张克俊　经济学博士，四川省社会科学院农村发展研究所所长、研究员，农业经济管理专业博士生导师，国家社科基金项目和省社科规划项目评审专家，四川省社会科学院学术委员和学位委员，四川省学术技术带头人，四川省有突出贡献的优秀专家。主要从事农村改革发展研究，承担国家和省部级项目20余项，国家社科基金重大项目“健全城乡发展一体化的要素平等交换体制机制研究”首席专家。在全国核心期刊上发表学术论文80余篇。调研报告或政策建议10余份获得四川省委省政府领导肯定性批示。荣获省哲学社会科学优秀科研成果一等奖2项、二等奖3项、三等奖6项，国土资源部优秀成果一等奖1项。

甘庭宇　四川省社会科学院农村发展研究所研究员。主要研究领域为乡村治理、自然资源利用与管理、生态保护与建设。近年来，承担国家和省部级项目6项，主持完成国际合作项目10余项。完成相关学术专著6部，发表学术论文20余篇，多项政策建议获得四川省委省政府领导批示。获四川省第十次社会科学优秀成果一等奖1项、三等奖1项，四川省科技进步三等奖1项。荣获四川省人民政府授予的“四川省优秀留学回国人员”。

庞　森　四川省社会科学院农村发展研究所研究员，美国加州大学伯克利分校访问学者。主要研究方向为农村发展和生态建设。主持完成2项国家社科基金课题、1项人事部对海外留学人员科技活动择优资助优秀项目，主持和承担完成省部级和国外合作课题20余项。在全国核心期刊发表学术论文20余篇，编著出版3本中文专著、1本英文专著，多项政策建议获四川省委省政府领导批示。

前　言

2018 年是实施乡村振兴战略的首年。面对经济下行压力加大、外部环境发生深刻变化的复杂形势，四川全面贯彻党的十九大、中央农村工作会议和四川省委十一届三次全会精神，坚持稳中求进工作总基调，牢固树立新发展理念，落实高质量发展要求，坚持农业农村优先发展，启动实施乡村振兴战略，扎实推进农业强省建设，农业农村经济实现“稳中向好、稳中有进”的良好格局；以“建基地、创品牌、搞加工”为重点的现代农业建设成效显著，新型农业经营和适度规模经营加快推进，美丽四川宜居乡村建设稳步推进，农村人居环境得到初步改善，农民收入继续保持较快增长，脱贫攻坚取得决定性成效，农村改革深入推进，农村基础设施和公共服务明显改善。但同时，四川还面临农业发展质量不高、农民稳定增收压力加大、深度贫困地区高质量脱贫任务重、农村基础设施和公共服务短板仍很突出、农村人居环境仍需大力整治等问题。2019 年四川农业农村发展必须以实施乡村振兴战略为总抓手，对标全面建成小康社会必须完成的硬任务，补短板、强弱项，扎实落实各项工作，巩固发展农业农村好形势。

《四川农业农村发展报告（2019）——实施乡村振兴战略》是在 2018 年“四川蓝皮书·农业农村”的基础上继续推进。本书以习近平新时代“三农”重要思想为指导，全面贯彻中央农村工作会议、中央一号文件和四川省一号文件精神，以实施乡村振兴战略为总揽，客观反映 2018 年四川农业农村发展整体面貌和 2019 年基本走势。同时，重点反映了四川在推进一二三产业融合发展、脱贫攻坚、新型职业农民和农村人才培育、农村人居环境整治、乡村优秀文化遗产保护和文化产业发展、乡村基层党组织建设和乡村治理、农村集体产权制度改革等方面的动态和实践经验。本书由总报告、专题篇、案例篇三个部分组成。总报告在阐述四川实施乡村振兴战略的重大意义、目标任务和基本思路的基础上，主要描述 2018 年四川农业农村发展总体情况和主要特征，分析 2019 年农业农村经济发展趋势，并对 2019 年农业农村发展提出对策建议。专题篇主要围绕四川实施乡村振兴战略的重要问题，开展若干专题分析和研究。案例篇主要对四川乡村发展中涌现的经验做法进行分析总结。

本书的总报告、专题篇和案例篇，是以四川省社会科学院农村发展研究所为主的科研人员撰写完成的。在编写期间经过了多次讨论、反复修改，才最终形成了文稿。在写作过程中四川省发改委、四川省农业农村厅、四川省统计局等部门给予了大力帮助。本书的编辑出版得到了社会科学文献出版社的大力支持。在此表示衷心感谢！

由于时间紧、资料准备不足，本书可能存在不少缺点和纰漏，敬请各位领导、专家学者和广大读者指正。

郭晓鸣

2019 年 2 月 26 日

摘 要

《四川农业农村发展报告（2019）——实施乡村振兴战略》既包括2018年四川在实施乡村振兴战略中农业农村发展的总体概况以及对2019年四川农业农村发展的趋势预测，又涵盖了四川农业农村改革发展重大领域的深度专题研究，还有对四川农业农村发展典型案例的调查分析，是一本比较全面展示四川农业农村发展的重要研究成果的年度蓝皮书。全书共分为三个部分：第一部分是总报告，内容包括四川实施乡村振兴战略的重大现实需求与路径选择、2018年四川在大力实施乡村振兴战略过程中农业农村发展现状分析、2019年四川农业农村经济形势的预测和展望，以及2019年四川农业农村改革发展的主要对策思路；第二部分是专题篇，内容包括四川一二三产业融合发展现状与深化对策、四川农村贫困问题及反贫困战略、四川农村新型职业农民制度、四川农村人才培育、乡村艺术化发展、农村人居环境整治、乡村生态环境保护与修复、乡村优秀文化遗产保护与传承、乡村文化产业发展、农村基层党组织建设、农村集体产权制度改革、智慧乡村建设、乡村治理模式探索等多个重点领域；第三部分是案例篇，内容包括以金堂油橄榄田园综合体建设为例的乡村产业振兴的路径与模式、以南充市高坪区为例的乡村产业振兴的基层实践、小花椒做成大产业的汉源做法与启示建议、扶持农民工返乡创业的四川案例等四川各地具有代表性的案例调查与分析。

关键词： 农业农村　乡村振兴　产业融合　乡村生态　乡村治理

目 录

Ⅰ 总报告

Ⅱ 专题篇

Ⅲ　案例篇

皮书数据库阅读使用指南

总 报 告

General Reports

B.1

四川实施乡村振兴战略的重大现实需求与路径选择

苏 艺*

摘 要： 四川实施乡村振兴战略，对决胜全面小康社会，建设经济强省，推动治蜀兴川再上新台阶，具有重大现实意义和深远历史意义。全省农业农村发展取得了历史性成就，为实施乡村振兴战略奠定了良好的基础，但城乡发展不平衡、农村发展不充分的问题仍然突出，乡村振兴仍面临一系列突出的制约因素。四川要立足全省的现实基础和区域内部差异，科学识别实施乡村振兴战略的重点，积极推进四川实施乡村振兴战略的融合化、绿色化、人文化、善治化、共享化的“五化”路径。

* 苏艺，四川省社会科学院农村发展研究所助理研究员，主要研究方向为区域经济发展。

关键词： 乡村振兴战略 路径选择 四川

一 四川实施乡村振兴战略的重大意义

四川地域广阔、地形地貌复杂，平原、丘陵、山地、高原均有分布，各地发展条件差异大，区域发展不协调、不平衡问题明显。同时，四川作为农业大省，乡村面积大、人口多，城乡之间发展不平衡、农村发展不充分的问题尤为突出。实施乡村振兴战略，坚持农业农村优先发展，促进城乡融合发展，加快农业大省向农业强省跨越，对决胜全面小康社会，建设经济强省，推动治蜀兴川再上新台阶，具有重大现实意义和深远历史意义。

（一）实施乡村振兴战略是着力解决四川发展不平衡不充分问题的战略选择

四川是农业大省，城乡之间发展不平衡、农村发展不充分的矛盾和问题尤为突出。虽然近年来，四川省高度重视“三农”工作，持续加大强农惠农富农政策支持力度，但四川农业大而不强、农村广而不美、农民多而不富的现实问题仍然突出，城乡差距较大，城乡融合度较低，城乡之间、工农之间的要素不平等交换仍然存在。实施乡村振兴战略，就是真正把乡村放在与城市同等甚至优先地位，更加注重发挥乡村自身的主动性和内在活力，通过农业农村发展体制机制的创新，深度挖掘乡村资源价值，吸引优势要素流向农业农村领域，实现农村经济、政治、文化、社会、生态文明的整体发展，实现乡村与城市在发展上的互惠共生、空间上的和谐共融、要素上的双向互动、关系上的平等互利，为城乡同发展共繁荣奠定坚实基础。

（二）实施乡村振兴战略是促进四川高质量发展的必然要求

农业是国民经济的基础，农村经济是现代化经济体系的重要组成部分。实施乡村振兴战略，深入推进农业供给侧结构性改革，构建现代农业产业体系、生产体系、经营体系，实现农村一二三产业融合发展，有利于擦亮四川农业大省金字招牌，推动四川农业由增产导向转向提质导向，提高农业创新力、竞争力和全要素生产率，培育乡村发展新动能，为四川经济高质量发展奠定坚实基础。

（三）实施乡村振兴战略是推动四川农业农村现代化的有效途径

农业农村现代化是新时代中国特色社会主义建设的重点任务，是完成从全面建成小康社会，到基本实现社会主义现代化，再到建成社会主义现代化强国宏伟目标的重要内容。长期以来，随着工业化的快速推进和城市化的快速发展，四川要素资源不断由农业农村向工业城市流动，向发达地区流动，导致农业农村发展不平衡、不充分问题更为突出，许多乡村空心化日益明显。实施乡村振兴战略，创新农业农村发展体制机制，补齐农业现代化短板，弥补农村现代化这一薄弱环节，促进农村全面发展和繁荣，让广大农民充分分享现代化的成果，对于破解制约四川农业农村现代化的关键难题具有重大战略意义。

（四）实施乡村振兴战略是实现四川全面建成小康社会的重要抓手

“小康不小康，关键看老乡”，全面小康不是一部分人、一部分地区的小康，而是“一个都不能少”的小康。四川是全国 6 个扶贫任务最重的省份之一，建设小康社会的重点在农村，难点在“四大片区”，攻坚在深度贫困地区。实施乡村振兴战略，引导资源要素向农村贫困地区流动，通过市场机制和改革创新活化农村资源、激活农村要素、调动农民主体活力，进一步改善农村生产生活条件，提高民生保障水平，促进农业全面升级、农村全面进步、农民全面发展，让全省农民走上共同富裕的道路。

二　四川乡村振兴的基础条件与制约因素

党的十八大以来，四川始终坚持把“三农”工作作为全省工作的重中之重，立足地区实际，把握发展机遇，全面推进以农村产权制度改革为基础、以农业经营方式转变为核心的农业农村领域改革。现代农业建设取得了重大进展，农村产业呈现融合发展的态势，农村基础设施和公共服务明显改善，农民收入持续增长，脱贫攻坚取得阶段性成效，农村改革深入推进，全省农业农村发展取得了历史性成就，发生了历史性变革。同时，四川正处于工业化城镇化双加速时期，城市和工商业对农业农村的带动能力不断增强，工业反哺农业、城市反哺农村的趋势越发明显。四川乡村自然环境优美、文化底蕴浓厚，是乡村旅游的发祥地。随着农业个性化、多样化、优质化多种功能需求增加，农业农村的吸引力不断增强，新产业新业态蓬勃发展。城乡融合发展体制机制不断健全，城乡发展要素双向流动不断加快，农业农村成为投资兴业的热土，为四川实施乡村振兴战略奠定了良好的基础。

（一）实施基础

1. 现代农业加快发展

近年来，在国家政策引导和扶持下，四川现代农业取得突破性进展，现代农业产业体系、生产体系和经营体系初步形成，农业转型升级步伐加快。以建基地、创品牌、搞加工为重点，加快构建现代农业产业体系，主要农产品供给保障能力稳步提高。2017 年，全省实现第一产业增加值 4282.8 亿元，居全国第 3 位。粮食总产量 349.1 亿公斤，居全国第 7 位；油菜籽总产量 287.8 万吨，居全国第 1 位。建成高标准农田 3392 万亩、现代农业产业基地 4200 万亩、现代林业产业基地 2760 万亩、现代农业产业融合示范园区 230 个。全省“三品一标”品牌达到 5142 个，农产品加工业总产值达到 1.3 万亿元，均居全国第 6 位。已建成国家级现代农业示范区 13 个、现代农业万亩亿元示范区 1100 个，认定现代农业重点县 59 个，正在建设现代农业示范县 21 个、现代农业重点县 33 个。全省已培育农民合作社 7.4 万个、家庭农场 3.4 万家、新型职业农民 10.17 万人、龙头企业 8873 家。

2. 农村产业融合发展

在农业供给侧结构性改革的推动下，四川农村产业融合发展速度显著加快，新业态、新产品不断涌现，并形成了许多具有四川特色的产业融合发展模式。农产品加工业加快发展，2017 年培育各类农产品加工龙头企业 8873 家，农产品产地初加工率达到 51%，农产品加工业总产值达到 1.3 万亿元，同比增长 14% 左右。农村电子商务日益兴起，已建成国家级电子商务进农村综合示范县 37 个、省级示范县 20 个。全省分层分级建成现代农业产业融合示范园区 230 个，园区覆盖面积近 600 万亩。全面实施乡村旅游富民工程和“千村万户”、“千村万景”旅游富民计划，累计建成农业主题公园 440 个，打造休闲农业专业村 1400 个，认定首批省级示范休闲农庄 100 个、省级示范农业主题公园 80 个，休闲农业规模保持全国首位。休闲农业与乡村旅游发展势头较为强劲，累计创建全国休闲农业和乡村旅游示范市县 16 个，获评中国美丽休闲乡村 19 个，入选中国重要农业文化遗产 5 个。目前，全省有 5000 个行政村发展乡村旅游，休闲农业经营单位数量达 3.1 万家。2017 年，全省实现乡村旅游收入 2283 亿元，同比增长 13.3%。

3. 农村基础设施和公共服务不断完善

为缩小城乡基础设施和公共服务差距，四川通过公共财政体制改革和农村公共品供给制度改革，有效增强了农村公共品供给能力，明显改善了农村基础设施和公共服务条件。全省建成高标准农田 3388 万亩，乡镇和建制村通硬化路率分别达到 97% 和 92%，农村的教育、卫生、文化以及社会保障都有了长足进步，村文化活动室数量占行政村总数的 82.28%，新型农村合作医疗制度参合率达 99.69%，城乡居民养老保险参保人数中农村居民达到 2990.09 万人。

4. 幸福美丽新村建设成效明显

四川是全国较早启动新农村建设的地区之一，在建设模式上取得了较大突破和成效。针对不同地区分类推动新农村建设，在“四大片区”分别推进“藏区新居”“彝家新寨”“巴山新居”“乌蒙新村”建设。幸福美丽新村建设作为新农村建设升级版，推动形成了符合区域地理特征和历史文化条件的新农村形态。2017 年，全省建成幸福美丽新村 23160 个，占行政村总数的 49.8%。

5. 城乡收入差距不断缩小

促进农民持续稳定增收以缩小城乡收入差距，是四川城乡融合发展的重要内容。四川通过积极拓展农民工就业渠道、促进乡村就地就业、提升农民财产性收入等一系列举措，让农民获得了多元、稳定的收入来源。2017 年，全省农村居民人均可支配收入达到 12227 元，比 2012 年增长 64.6%，农民收入增速连续 6 年高于城镇居民以及全国平均水平，城乡居民收入比从 2012 年的 2.72∶1 缩小到 2.51∶1。

6. 脱贫攻坚取得阶段性成效

为打赢脱贫攻坚战，实现贫困地区同步全面小康目标，四川举全省之力聚焦脱贫对象和深度贫困地区精准发力，打出了脱贫攻坚政策“组合拳”，脱贫攻坚取得重大阶段性胜利。2017 年，全省实现 15 个贫困县摘帽，3769 个贫困村退出，108.5 万贫困人口脱贫；完成易地扶贫搬迁 58 万人；农村贫困人口从 2012 年的 750 万人减少到 171 万人，贫困发生率从 2012 年的 11.5% 下降到 2.7%，贫困地区发展的内生动力明显增强。

7. 农村各项改革扎实推进

农村土地承包经营权确权登记颁证基本完成，初步建成了覆盖全省的农村产权流转交易市场。2017 年底，全省家庭承包耕地流转面积达到 2134.2 万亩，流转率为 39.5%。农村集体产权制度改革、土地制度改革、投融资机制改革等成效明显，农村集体资产股份合作制改革试点村达到 3700 个，农村资源要素流动性增强，资本、技术、人才等资源要素逐渐向农村汇聚，各类新型经营主体达到 14 万个，农村创新创业和投资兴业蔚然成风。

（二）制约因素

虽然四川农业农村领域发展取得了重大成就，为全面实施乡村振兴战略奠定了良好的基础；但从总体上分析，四川城乡发展不平衡、农村发展不充分的问题仍然突出，农业仍然是“四化”同步的短腿，农村仍然是全面建成小康社会的短板，乡村振兴仍面临一系列突出的制约因素。

1. 城乡融合发展体制机制尚未建立

长期以来，城乡二元结构导致农村的人才、土地、资本等要素单向流入城市，农村发展长期面临缺人、缺钱、缺政策的尴尬境地，农村劳动力整体素质不高，优质人才流失严重，城市人才、技术要素流入农村的路径还没有完全打通；集体建设用地中的经营性用地十分稀缺，需要通过土地整理才能有效转化为经营性用地，不能满足农村建设用地和农业设施用地需求；农村的资金投入不足，金融创新滞后，社会资本进入农村的“弹簧门”“玻璃门”还没有完全破除。总之，各类资源要素流动不畅通、流向不合理、分配不均衡、利用不充分是制约当前四川城乡融合发展、实现乡村振兴的最根本问题。

2. 农村现代产业发展体系还不健全

城乡产业分布不均，产业更多集聚在城镇，乡村产业相对较少，以成都为代表的发达地区产业兴旺，而边远地区产业发展滞后。农村产业结构不优，产业主要分布在以种养业为主的第一产业，加工、销售、服务等二三产业集聚发展不够。农业生产方式和经营方式相对落后，全省 70% 的耕地以传统经营为主，主要农作物耕播收综合机械化水平不足 55%，农业科技贡献率只有 57%。农村产业融合度不高，农业多功能没有得到充分发挥，全省农产品初加工率不到 50%，尚未形成区域、城乡、产业之间全方位的融合。

3. 农村基础设施和公共服务供给仍不充分

农村基础设施仍然薄弱，全省农村公路通达深度较低、联通度较差；坡耕地面积比重高，土地细碎化严重；有效灌溉率不足 50%，蓄引提水能力占水资源总量不到 30%，农业靠天吃饭的局面没有得到根本改变。在推进城乡一体化进程中，城乡公共文化发展差距大，传统文化价值观念逐步淡化，传统文化的乡村记忆逐步流失；农村与城镇的教育、医疗、就业和社会保障等基本公共服务存在较大差距，公共服务资源配置不均等不均衡现象普遍存在，供给质量不佳和供给制度障碍仍然是当前制约四川农村基本公共服务发展最突出、最根本的问题。

4. 农村人居环境和生态环境状况不容乐观

农村环境脏乱差的问题严重，农村面源污染问题日益突出，目前全省仍有269.6万户土坯房，50%的畜禽养殖废弃物未得到资源化利用和无害化处理。很多地方重视县城建设，忽略了场镇建设，规划严重滞后，场镇的基础设施、公共服务设施老化，功能弱化的问题比较突出。部分地区资源环境约束偏紧，大气、水、土壤污染问题较为突出。局部地区耕地土壤污染点位超标率达34.3%，差不多是全国平均水平的2倍，城乡人居环境与人民群众对美好生态环境的期待差距较大，保护生态环境和实现绿色发展、可持续发展任重道远。

5. 乡村社会治理面临新的挑战

乡村空心化问题越来越突出，农村留守儿童、留守妇女、留守老人的“三留守”问题越来越突出。村庄形态正在发生变化，农民的分化、村庄的分化比较明显，一些村庄的基本功能正在丧失。集体经济发展滞后，全省没有集体经济收入的空壳村、薄弱村占到2/3以上。集体经济组织自身的经营水平、收入水平普遍较低，集体经济组织发育不足成为乡村发展的重要阻碍。基层组织建设发展滞后，村干部整体素质、能力不高，党支部的凝聚力、战斗力还不强。村民自治在很多地方流于形式，村民权利无法保障落实。

三　四川实施乡村振兴战略的几个重点

尽管四川实施乡村振兴战略的主要任务与全国是基本相同的，但立足四川的现实基础和区域差异，其战略重点的选择至关重要，必须充分体现四川的特征和发展需求。

（一）把重点衰退地区和深度贫困地区作为实施乡村振兴战略的重点攻克区

四川乡村振兴，重点在丘陵地区，难点在深度贫困地区。四川丘陵地区幅员广阔，人口占全省人口总数的60%以上，在四川农业农村发展中举足轻重。但同时，丘陵地区自然资源相对匮乏，人多地少的矛盾十分突出，加之该区域城乡二元结构明显，农村人口外流的数量多、规模大，致使丘陵地区耕地撂荒和村庄“空心化”问题相对更加严重，发展更加困难，总体上已经成为四川乡村衰退矛盾最为突出的区域，是四川乡村振兴的重点攻克区之一。此外，四川是全国贫困地区面积最大、贫困人口最多的省份之一，脱贫攻坚任务重、难度大。四川要把打赢脱贫攻坚战作为实施乡村振兴战略的首场硬仗。因此，四川乡村振兴的另一重点攻克区在四大片区特别是深度贫困地区。

（二）把激活土地要素作为实施乡村振兴战略的重要支撑

土地资源是乡村最大的资源①，乡村振兴的关键在于盘活农村要素，有序推进城乡土地、劳动力、资本等要素的市场化进程。其中，土地要素能否有效激活，是最为关键的方面。四川城乡要素流动改革在持续探索中取得了一定成效，城乡要素市场体系初步建立，但仍面临着产权交易机制不畅、交易市场不活、交易服务机构定位不清晰等一系列问题，既无法适应快速城镇化背景下城乡融合发展对土地要素供需平衡的要求，也在一定程度上阻碍了四川发展多种形式的适度规模经营。因此，把激活土地要素作为实施乡村振兴战略的关键选择，进一步深化农村土地制度改革，实现城乡土地要素的自由流动和高效配置，以农村土地要素的全面激活带动整个乡村振兴。

（三）把壮大集体经济作为实施乡村振兴战略的重要抓手

农民和集体经济组织是乡村振兴最重要的实施主体和利益主体，乡村振兴的系统性和地域性决定了集体经济必将作为此过程中的一个强有力的协调者和组织者，把单个农民组织起来形成乡村振兴的关键主体。当前四川集体经济发展滞后，集体经济组织自身的经营水平和收入水平普遍较低，2/3 以上的村是集体经济收入的空壳村、薄弱村，这在很大程度上阻碍了四川乡村

---

① 郭晓鸣、张克俊、虞洪等：《实施乡村振兴战略的系统认识与道路选择》，《农村经济》2018 年第 1 期。

振兴的步伐。只有探索发展壮大集体经济的新路径，补齐四川农村集体经济薄弱的“短板”，提高农村集体经济“造血”功能，才能增强农村发展活力，实现乡村振兴。

（四）把人才培养作为实施乡村振兴战略的重要基础

人才振兴是实施乡村振兴战略的重要基础，是落实产业兴旺、生态宜居、乡风文明、治理有效、生活富裕总要求的有力保障。① 四川是劳动力输出大省，农村外出务工人员数量不断增加，乡村人才流失严重。此外，四川乡村人才数量和素质相对较低，在偏远山区表现更为严重，新型职业农民、乡村科技人才、农村实用人才等比例小，且大部分只参加过短期的技术培训。整体看来，现有的乡村人才队伍规模和素质难以带动全省乡村快速发展和实现振兴。因此，要把乡村人才培养放在首要位置，大力培养适应新时代新战略需求的各类乡土人才，筑牢四川乡村振兴的人才基石。

四　四川实施乡村振兴战略的“五化”推进路径

（一）以产业高质量发展为核心，实施乡村振兴战略的“融合化”推进路径

乡村振兴的关键是产业振兴。农业的弱质性特征决定了农村必须通过三产融合实现农业多元价值追求和满足多层次消费的需求。农村三产融合不仅是发展农业现代化的重要途径，也是推进四川从农业大省向农业强省跨越的必要途径，更是实现四川乡村振兴的可行性路径。② 因此，产业振兴要以产业高质量发展为核心，以农业供给侧结构性改革为抓手，提高农村一二三产业综合效益，加快推动农村一二三产业融合发展，实现产业链有效延伸、价

---

① 刘馨：《关于乡村人才振兴的研究》，《农场经济管理》2018 年第 10 期。

② 陈学云、程长明：《乡村振兴战略的三产融合路径：逻辑必然与实证判定》，《农业经济问题》2018 年第 11 期。

值链显著提升、供应链逐步健全。

一是加快优质农产品生产基地建设。优化特色产业空间布局，形成产业发展带或产业集中发展区。重点划定粮食生产功能区，优先保障9000万亩左右的粮食播种面积，实施粮食综合生产能力提升工程、粮食丰产科技工程、川米优化工程等，确保粮食综合生产能力稳定在400亿公斤左右。突出建设特色农产品优势区，重点确定果蔬、畜禽、林竹、中药材、“两薯”等四川特色农产品主导品种和优势区域，集中连片规划建设优质基地，努力建成一批国家级出口农产品（食品）质量安全示范区和生态原产地产品保护示范区，引导特色农产品形成产业优势。建设现代农业产业园区，强化推进新一轮现代农业（林业、畜牧业）重点县建设，充分发挥国家农业产业化示范基地产业集聚效能，争创一批国家现代农业产业园和林业产业示范园区，建设一批优质高效现代农业产业基地。

二是做大做强农产品加工业。大力发展农产品原产地初加工，在特色农产品优势区域，支持建设一批农产品原产地初加工设施项目，大力开展清洗、挑选、烘干、保鲜、包装、贴牌、储藏等商品化处理，提升农产品初加工率，让农民增加收益。加快发展农产品精深加工，选择一批优势特色农产品，大力支持开展深层次、多元化的特色农产品（食品）加工研发，优先稳定名优白酒、肉食品、粮油、纺织服装、烟草5个千亿产业发展增势，突出培育食品饮料万亿产业，增强四川农业产业发展后劲和竞争力。加强农产品加工园区建设，重点推动一批农业产业园区和农产品加工集中区建设，配套建设产后处理和储运体系，完善跨区域农产品冷链物流、直销配送体系，形成区域性农牧产品研发、加工集群，推动产业链延伸和价值链跃升。

三是着力打造“川字号”特色农产品品牌。加强品牌培育创建，重点支持和打造川酒、川菜、川粮、川油、川茶、川竹、川猪、川药、川果、川薯、川烟、川蚕桑丝绸12大特色农产业品牌，创建新增一批农产品（食品）中国驰名商标，推出一批中国最具影响力的区域品牌和在国际市场具有竞争力的出口品牌。加强品牌宣传营销，支持“川字号”特色农产品（食品）品牌在中央主流媒体、新媒体开展宣传推介活动，不断提升“四川造”农产品知名度、美誉度和市场占有率。加强品牌保障监管，加快建立严谨公正的农产品品牌评价体系，加强完善品牌认证登记保护、产品防伪标识使用和认证之后动态监管机制。

四是大力发展农村新产业新业态。大力发展休闲农业，充分发挥四川乡村旅游资源丰富、发展基础较为扎实的优势，加快发展以休闲、观光为主的乡村旅游业，打造一批休闲农业与乡村旅游专业村以及林业生态旅游发展重点村，积极推进省级农业主题公园、全国休闲农业和乡村旅游示范县、全国森林旅游示范县、中国最美休闲乡村创建。大力发展生态康养，重点研发森林康养、田园养生、温泉疗养、阳光康养、运动康养、文化康养、膳食康养等生态康养产品，重点打造一批生态康养示范区。大力发展文创产业，开发一批具有农耕文化、历史记忆、地域特点、民族风情的特色小镇、美丽村庄、农耕文化博物馆，注重开发蜀锦、蜀绣、根雕、竹编等具有民俗特色、使用传统工艺的文化产品。大力发展农村电商产业，加快建立和完善县、乡、村三级电子商务运营服务网络，推动商贸、供销、商业银行、邮政、电商互联互通，支持农产品电商平台和乡村服务站点全覆盖。大力实施农业产业融合重点项目，高标准建设一批新产业新业态融合发展示范项目（园区），打造一批辐射带动能力强、农民增收明显的新产业新业态融合发展集群。

五是做实做强农业经营服务体系。做实农业经营服务体系，做强农业经营服务主体，是推动现代农业发展的动力支撑。集中政策红利，有效发挥主管部门引导和服务作用，支持农业经营主体和服务组织做大做强，支撑现代农业发展。大力培育专业大户和家庭农场，把专业大户和家庭农场作为优质基地建设的重要支撑，加强登记服务、政策扶持、财政支持，促进专业大户和家庭农场扩量提质。规范发展农民合作社，重点完善农民合作社内部治理结构和财务核算管理，引领农民合作社规范发展，推动专业合作、股份合作、社区合作等多种形式的农民合作社发展。壮大龙头企业队伍，实施“农业产业化龙头企业排头兵工程”，加大政策引导和财政支持力度，有效发挥龙头企业在现代农业发展中的支撑和引领作用，加快打造一批百亿、千亿龙头企业，使之成为全国或全球的领军企业。加快创建农业产业化联合体，重点支持龙头企业引领农民合作社、家庭农场、经营大户等新型经营主体，加快创建一批合作机制健全、利益联结紧密、带农作用突出、综合竞争力强、稳定可持续发展的农业产业化联合体、示范体，引领现代农业发展。积极培育农业经营性服务主体，重点围绕主要农作物生产、耕播种、统防统治、农产品保鲜烘干等全程机械化服务和农资供应、病虫害预警、冷链物流等服务，积极搭建公益性和经营性相结合的服务平台，大力培育农业专业服务组织。建设新型基层供销合作社，重点构建省、市、县供销联合合作体制机制，带动新型基层供销社发展，推动基层供销社在中心乡镇实现全覆盖。

（二）以建设美丽四川宜居乡村为重点，实施乡村振兴战略的“绿色化”推进路径

乡村地区是城乡空间的绿色生态基底，良好的生态环境是农村最大优势和宝贵财富，生态振兴是乡村振兴的重要支撑点①。四川作为全国重点生态功能区，不仅是长江上游的生态屏障和水源涵养地，也是生态产品的重要供给地。但是，四川生态环境状况仍面临严峻形势，部分地区生态脆弱，自然灾害频发，资源环境约束趋紧，乡村绿色发展之路任重道远。因此，要坚持走“绿色”振兴之路，加快推进四川农村生态文明建设和人居环境整治，推动乡村发展方式转变，补齐生态环境短板，持续改善生态环境质量，加快建成美丽四川宜居乡村，推动四川乡村生态振兴。

一是加快打造幸福美丽新村升级版。以提升村容村貌和完善农村基础设施为重点，以充分发挥农民主体作用为核心，坚持推进城乡空间融合，结合农村生产生活的实际情况，推广“小规模、组团式、微田园、生态化”新村建设模式，打造“业兴、家富、人和、村美”的幸福美丽新村。坚持“拆保改建”相结合，注重保护性改造，注重地域特色和文化传承，加快完成农村土坯房分类改造整治。积极实施家园美化、道路硬化、村庄绿化、街

---

① 赵毅、张飞、李瑞勤：《快速城镇化地区乡村振兴路径探析》，《城市规划学刊》2018 年第 2 期。

道亮化、环境净化、乡土文化“六化”行动，推动村容村貌整体提升。

二是有序推进农村人居环境整治。以农村垃圾和污水治理、“厕所革命”为重点，全面改善提升农村人居环境质量。建立健全农村生活垃圾管理制度，推行适合农村特点的垃圾就地分类和资源化利用方式，积极探索适合高原（三州）地区和地处偏远、生活欠发达地区的农村生活垃圾治理方式，健全农村生活垃圾分类、处理机制。积极开展农村生态清洁小流域建设，因地制宜实行污染治理与资源利用相结合、工程措施与生态措施相结合、集中与分散相结合的污水处理方式和运维模式，建立污水治理激励约束机制，推动城镇污水管网和处理能力向周边村庄延伸覆盖。加快开展农村户用卫生厕所建设和旱厕改造，推进农村厕所粪污无害化处理和资源化利用。加强农业面源污染防治，尤其是要构建废旧地膜、秸秆、畜禽粪便综合利用机制，推进农业废弃物和农林产品加工剩余物资源化利用。

三是加强乡村生态环境保护与修复。把山水林田湖草作为一个生命共同体，按照最大程度保护生态安全、构建长江上游生态屏障的要求，科学合理划定生态保护红线，保护乡村植被、水土和田园风光，强化资源保护与节约利用，减少乡村发展对环境的压力和破坏。实施生态修复重大工程，全方位开展大规模绿化全川行动，积极开展生态屏障、水源保护、土壤改良、森林碳汇等特种用途造林工程，深入推进草原生态保护区建设，加强脆弱地区生态治理。加快完善生态环境保护制度，健全生态环境补偿机制，进一步探索拓展生态补偿的领域和范围，重点完善饮用水源保护区生态补偿机制、森林生态效益补偿机制、湿地生态效益补偿机制，形成生态损害者赔偿、受益者付费、保护者得到合理补偿的运行机制，强化内在的生态环境保护动力。

（三）以建设乡风文明新乡村为关键，实施乡村振兴战略的“人文化”推进路径

乡风文明是乡村振兴的重要保障[①]，是乡村振兴之魂，实施乡村振兴战

① 蒋永穆：《基于社会主要矛盾变化的乡村振兴战略：内涵及路径》，《社会科学辑刊》2018年第3期。

略须加强乡风文明建设。乡风文明建设作为一个复杂的社会系统工程，是多重因素组成的复合体，需要政府、社会、个人等多种力量共同参与。四川素称“天府之国”，具有悠久的历史传承和深厚的文化底蕴，是我国农耕文明的重要发祥地之一。然而，在快速城镇化和农村“空心化”交织发展的过程中，许多优秀的乡村传统文化和道德规范受到极大冲击，甚至被城市文明所破坏和取代，一些地方乡村生活形态日渐解体，社会关系日渐淡薄。以建设乡风文明新乡村为主要路径，传承天府农业精耕细作的优良传统和历史文化，挖掘农耕文明新内涵新价值，有利于在新时代焕发出巴蜀大地的乡风文明新气象。

一是广泛开展乡风文明建设行动。乡村振兴战略要求的乡风文明，重点在走中国特色乡村文化兴盛之路，其本质是逐步提升农民精神文明风貌，不断提升乡村社会的文明程度。要大力弘扬和践行社会主义核心价值观，推动社会主义核心价值观日常化、具体化、形象化、生活化。推进文明村镇创建，积极开展家风建设和好人好事评选活动，大力塑造文明乡风、良好家风和淳朴民风。推进移风易俗，开展专项文明行动，培育新型农民，涵育文明乡风。针对四川青壮年大量外出，留守人员老龄化现象突出、文化水平相对较低的特征，加强农村群众思想教育和文明素质培训，大力提高农村居民的文明素养。

二是丰富乡村文化生活。加快发展农村文化教育等事业，健全公共文化服务体系，推动公共文化资源重点向乡村倾斜。要针对农村文化生活相对匮乏的实际，立足乡村人口实际需求和心理特征，积极开展送文化下乡以及戏曲进乡村、进校园等活动，以多种灵活形式开展乡村文化生活，为农村地区提供更多更好的公共文化产品和服务，以农村居民喜闻乐见的形式潜移默化地影响其行为方式和思想意识。加强基层文化队伍培训，多层次培育和挖掘乡土文化本土人才，充分激发和调动农民参与乡村文化建设的积极性和创造性。

三是加强优秀文化的保护和利用。四川民族民俗文化资源丰富，地域特色鲜明。要加强对乡村文脉的传承和保护，加大对乡村历史的挖掘和研究，特别要注重对村史的编撰和整理，深度挖掘整理乡村优秀文化遗产，尤其是林盘文化、茶马古道文化、民族特色民居文化以及精耕细作的古蜀农耕文明等，探索建立乡村优秀文化遗产目录，分类研究保护传承措施，激发传统文化力量。要加大对古镇、传统村落、民族特色村落和古民宅的保护力度，打造文化价值突出、民族特色和地域特色浓郁的传统村庄院落。在幸福美丽新农村建设中要体现各地文化特色，总结并推广彝家新寨、藏区新居、巴山新居、乌蒙新村等建设经验，充分展现四川乡村文化的魅力和价值。依托蜀锦、蜀绣、藏族唐卡、彝族火把节、羌族刺绣、绵竹年画、竹编木雕等国家级非物质文化遗产，加强对藏、羌、彝、苗等少数民族文化资源的研究保护和开发利用。

四是完善文化基础设施。乡村文化基础设施是推进乡村文化兴盛的重要基础支撑。要针对部分地区文化设施较为薄弱的实际，大力健全农村公共文化服务体系，推进乡镇综合文化站和社区文化活动中心的优化升级。推进公共文化服务标准化，加快基层综合性文化服务中心建设，开展农村公共文化服务网格化、中心化试点。落实社会力量参与农村公共文化服务的各项优惠政策，鼓励和引导社会资金参与基层综合性文化服务中心建设。加大对民族地区、贫困地区和革命老区的综合性文化服务中心设备购置和基本公共文化服务的支持和补助。

（四）以健全现代乡村治理体系为抓手，实施乡村振兴战略的“善治化”推进路径

治理有效是实现乡村治理现代化的基础所在，尤其是四川作为劳动力输出大省，面对人口的不断流动和乡村社会结构的巨大变化，乡村治理正面临日益突出的挑战。而且四川是多民族省份，作为全国唯一的羌族聚居区、最大的彝族聚居区和全国第二大藏区，大杂居、小聚居的民族分布格局特征较为明显，肩负着促进民族团结、和谐共处的重要任务。因此，必须加强农村基层基础工作，健全自治、法治、德治相结合的乡村治理体系，充分保障农民平等参与、平等发展的权利，推进乡村治理体系和治理能力的现代化，走

乡村善治之路。

一是加强基层党建。基层党组织是乡村治理的核心和关键。在推进乡村振兴的过程中，尤其要针对部分基层党组织较为薄弱的短板，健全“一核多元”（以村党组织为核心，村民委员会、村务监督委员会、集体经济组织、社会组织广泛参与）的村级治理架构，切实推进各治理主体职能归位。建立健全村务联席会议制度、村（居）民议事制度，完善和落实村党组织定期听取村民委员会工作报告制度，推进党建带动村级各类组织建设的协同治理机制，构建科学的村级组织领导体制。强化党组织领导群众议事协商、领导多元主体开展服务的核心作用，协调各方共同参与治理，推行村党组织书记专职化，第一书记常态化、制度化，加快选派机关、事业单位和国有企业中的优秀人才担任村党组织书记。创新党组织设置，以行政村为基本单元设置党组织，稳妥有序推进党组织按产业、按区域联建共建，推行“强村带弱村、富村带穷村”行动，实现组织上统一领导。

二是深化村民自治。村民自治是以人民为中心发展思想的重要体现，要促进乡村善治，实现治理有效，必须充分发挥村民的主人翁精神和关键性作用。要积极推动农村基层群众性自治组织建设，健全和创新农村基层民主选举、民主决策、民主管理、民主监督、民主协商等自治机制，提高群众主动参与治理的积极性。加快村民自治试点建设，在条件成熟的地区探索新型乡村治理模式，把城乡人口双向流动和混合居住的前瞻性问题纳入乡村治理结构中，协调平衡本地村民和“外来村民”的利益诉求，促进城乡社区和谐、共同发展。深入实施“四议两公开一监督”等民主治村工作程序，探索推行民选、民议、民建、民管的村级公益项目新模式。积极探索村民自治的有效实现形式，充分发挥自治章程、村规民约在农村基层治理中的独特功能，弘扬公序良俗，组织村民制定村规民约，建立起以村规民约为重要载体的民主治村工作机制。完善村级公开服务综合信息平台建设，加快实现网络互联、数据互通、信息共享，推动基层服务体系精准对接群众多元需求。

三是推进农村法治。法治是实现治理有效的有力保障，要促进乡村善治必须培养起村民的法治意识、法治理念和法治精神，要重点针对农业农村领域有法不依、执法不严的现象深化农村法治教育。要持续深入开展“法律七进”活动，加强法律宣传教育，培养法律明白人，推动群众尊法、学法、守法、用法。要加快推进农业农村法律体系建设，探索农村产权保护、农业市场规范运行、农村集体经济组织发展壮大、“三农”支持保护等方面的地方法律制定，把政府各项涉农工作纳入法治化轨道。加快推进司法所、乡镇街道公共法律服务站以及村（社区）公共法律服务工作室规范化建设，构建覆盖城乡居民的公共法律服务体系。大力推进“雪亮工程”建设，健全农村社会治安防控体系，加强县、乡、村三级综治中心规范化建设，建立集维稳、综治、纠纷化解、信访、民生等为一体的网格化服务管理模式。持续开展“六无”平安村创建，不断提升人民群众幸福感、安全感。

四是创新农村德治。德治是实现乡村善治的情感支撑，是对长期以来乡村的人情社会、熟人社会的传统道德文化的尊重。德治通过对农村特有乡土性价值体系进行改造，整合乡村中的传统道德、乡规民俗等非正式制度，使其与社会主义核心价值观相结合，从而提高村民的道德水平，形成正确而积极向上的道德规范。在一定程度上，以德治促进乡村善治是乡村发展的内在需求，也是乡村治理的有效升华。要深入挖掘弘扬四川乡村社会蕴含的优秀道德规范，结合时代要求进行创新，发挥道德引领作用，强化农村社会诚信意识、责任意识、规则意识。深入实施公民道德建设工程，推进社会公德、职业道德、家庭美德、个人品德建设，引导群众爱党爱国、向上向善、孝老爱亲、重义守信、勤俭持家。建立道德激励约束机制和道德评议机制，成立道德评议会，开办道德讲堂、文化礼堂等，开展德孝主题文化活动，引导农民自我管理、自我教育、自我服务、自我提高。广泛开展好媳妇、好儿女、好公婆等评选表彰活动，开展寻找最美乡村教师、医生、村干部、人民调解员等活动。正确引导和发挥“新乡贤”在乡村治理中的作用，在劳务输出大县建立乡贤信息库，在乡镇成立乡贤联谊会，在村社设立乡贤参事会，明确乡贤参与乡村治理的职责和方式，在有条件的县（市、区）政协设立新乡贤界别。深入宣传优秀基层干部、道德模范、身边好人的嘉言懿行和典型事迹，弘扬真善美。

（五）以增强群众获得感和幸福感为目的，实施乡村振兴战略的“共享化”推进路径

生活富裕是实现乡村振兴的重要标志①，其本质是不断提高四川农村居民的收入水平和消费能力，进一步增进农民福祉，满足农民群众日益增长的民生需求，大幅度提升农民生活品质，增强农民群众的获得感和幸福感。推进乡村振兴战略的“共享化”路径，着力解决农民群众最关心、最直接、最现实的利益问题，使广大农村居民与全国人民同步实现小康，实现城乡共同繁荣。

一是加快农村基础设施建设。四川近年来农村基础设施条件得到极大改善，但城乡基础设施建设不平衡仍较明显，对于实现乡村振兴而言还有较大差距，在深度贫困地区和长期处于支持政策夹心层的丘陵地区表现尤为突出。要进一步促进城镇基础设施向农村扩展延伸，促进城乡基础设施互联互通，推动农村基础设施提档升级。要加强农村交通物流设施建设，以“四好农村路”建设为抓手，加快通乡油路、通村硬化路建设，推动城市公共交通线路向周边延伸，有效增强城乡联系。构建农村物流基础设施骨干网络，鼓励商贸、邮政、供销、运输等企业加大在农村地区的设施网络布局，完善农村物流基础设施末端网络，推动县级仓储配送中心、农村物流快递公共取送点等建设，夯实乡村振兴发展基础。推进水利大提升行动，构建节约高效、承载有力的水安全体系，加快推进灾后水利薄弱环节建设。继续实施农村饮水安全巩固提升工程，强化水质水源保障，推进城乡供水一体化和农村饮水安全工程规模化标准化建设。统筹谋划农村能源发展，优化农村能源供给结构，因地制宜开发太阳能、风能、地热能、生物质能等新能源，实现供能方式多元化，深入推进农村能源生产和消费革命，探索建立农村能源革命示范区。强化乡村信息化支撑，加快农村宽带网络和第四代移动通信网络覆盖步伐，推动物联网、智能设备等现代信息技术与农村生产生活的全面深

---

① 魏后凯：《如何走好新时代乡村振兴之路》，《人民论坛·学术前沿》2018 年第 2 期。

度融合。建立机制灵活、运行高效的乡村基础设施管理制度，探索乡村基础设施管护和公共服务管理制度改革路径，建立多种投入形式、多元管理主体、多样运行方式的管理制度。

二是构建城乡一体基本公共服务体系。基本公共服务均等化是缩小城乡差距的重要举措，也是评判乡村是否宜居的重要标准。近些年，四川经济社会发展较快，乡村地区的公共服务配套不断改善，但城乡差距、区域差距仍较明显，区域发展缺乏一定凝聚力。要加快完善乡村基本公共服务体系，促进公共教育、医疗卫生、社会保障等资源向农村倾斜，构建城乡、区域间均衡融合协调发展的格局，让农民群众共享改革发展成果。加快推进县域内城乡义务教育一体化改革发展，推动农村职业教育发展，促进城乡优质教育资源共建共享，实现优质学校辐射农村薄弱学校常态化。大力推进健康乡村建设，巩固和完善城乡居民基本医疗卫生和基本医疗保险制度，建立城乡统一、重在农村的医疗卫生投入经费保障机制，加快建设县域内医疗共同体，提升基层医疗服务质量，方便农村居民就近就医。准确把握城乡人口流动趋势和公共服务需求总体特征，根据乡村人口变化和乡村发展实际需求，加快构建多层次社会保障体系。积极实施农村养老保障行动，大力培育和发展农村康养服务产业，增强乡村养老服务能力。

三是高质量推进精准扶贫精准脱贫。2018 年 2 月，习近平总书记在四川视察的重要讲话中强调，“要清醒认识把握打赢脱贫攻坚战面临任务的艰巨性，清醒认识把握实践中存在的突出问题和解决这些问题的紧迫性，不放松、不停顿、不懈怠，提高脱贫质量，聚焦深贫地区”①。要以“绣花”功夫扎实抓好脱贫攻坚，大力实施产业扶贫、就业扶贫、住房安全保障、教育扶贫、健康扶贫等专项扶贫行动，认真落实脱贫攻坚政策。要把攻克藏区彝区深度贫困堡垒作为脱贫攻坚重中之重，着力改善深度贫困地区发展条件，增强贫困农户发展能力，汇聚多方力量着力解决深度贫困地区整体性贫困问

---

① 《习近平在打好精准脱贫攻坚战座谈会上强调：提高脱贫质量聚焦深贫地区，扎扎实实把脱贫攻坚战推向前进》，《人民日报》2018 年 2 月 15 日。

题，确保深度贫困地区取得脱贫攻坚战胜利。要继续巩固深化脱贫攻坚成果，建立稳定脱贫长效机制，持续改善相对落后地区的发展条件，增强脱贫群众发展的内生动力，增强脱贫地区“造血”功能。

四是推动农民持续增收致富。生活富裕的核心是农民持续增收，即提高农民的农业和财产性收入在家庭收入中的比例。要发展壮大县域经济，大力发展乡村特色产业，增强经济发展创造就业岗位能力，拓宽农民就业空间和增收渠道。要加大对返乡下乡人员的支持力度，建立、完善农村创新创业政策支持体系，鼓励、支持农村青年和返乡农民发展新产业新业态。要加快建立健全覆盖城乡的公共就业服务体系，多方位、多层次为农村劳动者提供政策咨询、市场信息交流、就业技能培训、创业辅导等服务，加强农村就业创业社会保障平台建设，切实促进农民就业增收。

B.2
四川农业农村发展形势与预测（2019）
——实施乡村振兴战略

四川农业农村发展总报告课题组*

摘　要： 2018年，四川农业农村发展围绕实施乡村振兴战略、农业供给侧结构性改革工作主线，推进农业动能转换，四川农业供给侧结构性改革取得阶段性成果。2018年四川农业经济运行总体呈现平稳发展的态势，粮油生产保持稳定，经济作物持续增长，畜牧业生产回暖，林业持续健康发展，渔业生产稳步增长，农业农村经济平稳发展。本报告重点总结了2018年四川农业农村在实施乡村振兴战略过程中取得的发展成就，找到四川现阶段农业农村发展仍存在的诸多问题和不足，同时，对2019年四川农业农村经济形势进行预测和展望，并着重分析2019年四川农业农村发展面临的发展机遇和主要挑战，提出2019年四川农业农村改革发展的主要对策思路。

关键词： 乡村振兴战略　农业　农村　四川

一　2018年四川农业农村发展现状

2018年以来，四川省认真贯彻落实中央和省委经济工作会议、农村工

---

* 四川农业农村发展总报告课题组成员：郭晓鸣，四川省社会科学院副院长、研究员；张克俊，四川省社会科学院农村发展研究所所长、研究员；甘庭宇，四川省社会科学院农村发展研究所研究员；庞淼，四川省社会科学院农村发展研究所研究员；虞洪，四川省社会科学院农村发展研究所副所长、副研究员。

作会议精神，以中央一号文件《关于实施乡村振兴战略的意见》和四川省委一号文件《关于实施乡村振兴战略开创新时代“三农”全面发展新局面的意见》为统揽，大力实施乡村振兴工作，深入推进农业供给侧结构性改革，促进全省“三农”工作持续稳步提升。总体来看，2018 年四川农业经济运行总体呈现平稳发展的态势，粮油生产保持稳定，经济作物持续增长，畜牧业生产回暖，林业持续健康发展，渔业生产稳步增长，农业农村经济平稳发展。根据国家统计局审定的统计公报数据，全省 2018 年实现 GDP 40678.1 亿元，同比增长 8.0%，在比全国平均水平高 1.4 个百分点的总体情况下，第一产业实现增加值 4426.7 亿元，同比增长 3.6%，增速比全国平均水平高 0.1 个百分点。

（一）农业生产总体保持稳中有升

1. 粮油生产保持稳定

2018 年全省粮食播种面积为 626.6 万公顷，比上年减少 0.4%，但是在单产水平提高的带动作用下，全年粮食总产量达到 3493.7 万吨，比上年增产 4.8 万吨，增长 0.1%，实现连续四年增产。其中，大春粮食播种面积 7728.6 万亩，同比减少 0.1%；大春粮食总产量达到 3074.2 万吨，同比增长 0.3%。由此可以看出，以大春为主，在气候条件适宜的基础上，以生产技术提高和经营模式创新为支撑的单产水平提升是保持粮食生产稳定的重要依靠。油料作物实现面积和产量双增长，其中播种面积为 149.1 万公顷，比上年增长 0.8%；产量为 362.6 万吨，比上年增长 1.3%。

2. 经济作物持续增长

全省通过创建国家级、省级特色农产品优势区，新建和改造提升现代经济作物产业标准化基地，促进川菜、川茶、川果、川药产业提质增效和转型升级发展。2018 年全省主要经济作物中，虽然水果产量增速减缓，但蔬菜及中草药材等产量增速加快，总体保持增长态势。其中，蔬菜播种面积 2045.3 万亩，同比增长 3.0%，增速加快 1.1 个百分点；蔬菜及食用菌产量 4423.8 万吨，同比增长 4.0%，增速加快 0.9 个百分点。中草药材播种面积和产量分别达到185.5万亩和44.8万吨，同比分别增长14.3%和12.5%，增速比上年分别加快0.1个百分点和1.2个百分点。园林水果产量937.0万吨，同比增长6.1%，增速加快0.9个百分点；茶叶产量达到30.2万吨，同比增长8.8%，增速加快3.1个百分点。2018年全省桑果产量13万吨，占全国60%以上，比上年增长73.3%，实现销售收入6.25亿元，比上年增长38.9%。

3. 畜牧业生产回暖

在供给侧结构性改革、畜牧业转型发展的政策作用下，虽然遭遇"非洲猪瘟"的不利影响，但国家统计局核定的数据显示，四川全省畜牧业生产基本稳定。生猪出栏稳中有增，且养殖收益有所回升。2018年全省出栏肉猪6638.3万头，比上年同期增加59.2万头，增长0.9%，而且猪粮比价较前几个月有所回升，养殖亏损逐步扭转，信心提振。牛羊出栏稳定，但存栏有所下降。随着脱贫攻坚持续推进，全省牛羊生产延续了上半年稳定增长的发展态势，全省牛出栏276.2万头，比上年增加8.9万头，同比增长3.3%；羊出栏1740.9万只，同比下降2.2%。家禽生产由降转升，2018年全省家禽出栏66071.0万只，比上年增加811.2万只，增长1.2%。在上述因素的共同作用下，肉类总产量稳定增长，除羊肉产量减少3.4%外，猪肉、牛肉和禽蛋、牛奶产量分别增长1.9%、3.5%和3.0%、0.8%。

4. 林业持续健康发展

全省各地认真践行"绿水青山就是金山银山"的理念，采取多种形式推进大规模国土绿化行动。同时，大力推进现代林业重点县、木本油料产业重点培育县和林产品特优区建设，林业生态旅游、竹产业、花椒产业、核桃产业、林下种养业、苗木花卉产业等有序发展。2018年第1~3季度全省采收各类经济林产品415万吨，举办生态旅游节会66场次，建立国家和省级森林康养基地224个、省级森林自然教育基地70处、省级森林康养人家432个，接待林业生态旅游和森林康养旅游游客2.5亿人次。2018年造林面积达到44.8万公顷，森林抚育面积达到24.0万公顷，共计为68.8万公顷。到2018年末，全省湿地公园共有64个，深林覆盖率达到38.83%，比上年提高 0.8 个百分点。

5. 渔业生产稳步增长

全省通过大力实施现代渔业养殖工程、调整提升工程、支撑保障工程、水生生物养护工程、产业扶贫工程“五大工程”，因地制宜发展池塘健康养殖、稻渔综合种养、流水养殖、水库生态养殖、池塘工程化循环水养殖、陆基集装箱式健康养殖“六种模式”。全省水产养殖面积、苗种生产投放稳中有增，水产业结构进一步优化。2018 年，全省水产养殖面积和产量分别达到 19.1 万公顷和 153.5 万吨，同比分别增长 1.1% 和 1.8%。其中，第 4 季度水产品产量为 43.94 万吨，名优水产品产量为 11.66 万吨，占比为 26.5%。

（二）农业农村投入力度稳步提高

1. 财政专项投入持续增加

2018 年前三季度，全省下达农业专项资金 429 亿元（含中央补助资金 304 亿元），比上年同期增加 65 亿元，集中财力保障了农业农村重点支出。其中，下达农业支持保护补贴、退耕还林补贴、森林生态效益补偿、农机购置补贴、草原生态奖补等补贴资金 119.8 亿元。下达资金 54.2 亿元，支持农田水利基础设施建设，提高农业综合生产能力。下达资金 42.86 亿元，支持发展现代农业。下达资金 26.6 亿元，支持提升森林、草原等生态保障功能和农畜产品质量安全水平。下达资金 29 亿元，支持省级新农村示范县和 3500 个扶贫新村建设。下达农村综合改革转移支付资金 26.8 亿元。

2. 农村金融服务力度加大

截至 2018 年 8 月底，农发行累放贷款 664 亿元，同比增加 322 亿元；累计发放各类贷款 20.91 亿元，支持企业收购粮油 5.39 亿公斤，配合政策性粮油“去库存”2.77 亿公斤；累计投放精准扶贫贷款 291.26 亿元，占各项贷款投放数的 44%。省农行县域贷款余额 2368 亿元，净增 184 亿元；涉农贷款余额 2148 亿元，净增 147 亿元；在农村地区布放各类电子机具 5.7 万台，设立惠农通服务点 4.5 万个，覆盖了全省 95% 的乡镇、68% 的行政村。四川农信各项存款余额 10864 亿元，比年初净增 857 亿元，增长 8.6%；

已建立金融便民服务点37041个，1~8月共交易2268万笔89亿元，交易量和交易额同比分别增长32.8%和13.9%。

（三）供给侧结构性改革成效明显

1. 生产区域更加优化

扎实开展“两区”划定，优先保护全省划定的3000万亩粮食生产功能区和重要农产品生产保护区。通过特色农产品优势区创建，全省共成功创建50个省级特色农产品优势区，全省共有5个特色农产品优势区进入第二批中国特色农产品优势区名单。

2. 新型经营主体稳步增加

以农村产权制度改革为基础，大力培育以家庭农场、专业合作社为主体的本土化新型经营主体，促进全省新型经营主体快速发展。2018年第1~3季度，全省共计培训新型职业农民4万人、基层农技人员2万人。到2018年底，全省农民合作社达到99553个，家庭农场53391家；而且经营能力稳步提升，家庭农场场均经营土地62.4亩，场均年经营性收入30.4万元；农民合作社统一销售农产品541.2亿元。

3. 生产环境持续优化

开展农产品产地重金属污染综合防控试验示范和种植结构调整试点，探索受污染耕地安全利用模式。通过多项措施提高农业废弃物综合利用效率，农作物秸秆综合利用率、废旧农膜回收利用率和畜禽粪污综合利用率分别达到87%、74%和66%，其中粮经作物主产区农药包装物回收率达到50%。加强畜禽养殖污染治理，全省共关闭搬迁禁养区内养殖场2428家，关闭搬迁或整改沱江流域养殖场1928家。积极推进农药化肥使用量零增长行动，主要农作物绿色防控覆盖率和专业化统防统治覆盖率分别达到28.8%和38.2%，农药使用量连续三年负增长，化肥使用量继续保持“零增长”。

4. 供给结构调优

2018年农业部新确认的10个超级稻品种中四川占3个，分别是四川省农业科学院水稻高粱研究所育种的内香6优9号、泸优727及四川农业大学水稻研究所育种的蜀优217。全省国标二级以上优质稻种植面积达到900万亩；特色蔬菜占总产量的28.6%，红、黄、绿肉猕猴桃比例达到8∶1∶1，名优茶占比已达61.4%；全省名特优水产品产量同比增长5%。

5. 供给质量提高

加强"三品一标"生产基地建设，全省"三品一标"产品总数达5320个。其中共建设省级农产品地理标志核心保护区27个，农产品地理标志产品数量位居全国第二，绿色食品产品数量位居全国前列；新增"国家级农产品地理标志示范样板"产品3个，分别是丹棱橘橙、四川泡菜和唐家河蜂蜜。区域公共品牌价值凸显，其中攀枝花杧果、纳溪特早茶、丹棱橘橙入选"2018年中国品牌价值评价信息发布"活动区域品牌（地理标志产品）前100强，川字号农产品在全国影响力与日俱增。

6. 安全保障能力提升

全省农产品质量安全全程标准化管理水平不断提高，全国首批农产品质量安全全程控制技术体系试点中四川企业有55家。全省共认定省级监管示范市9个、示范县109个，全国第二批国家农产品质量安全市（县）中四川广元市和德阳市旌阳区、射洪县、峨眉山市、洪雅县、理县、华蓥市、岳池县、达州市达川区、宣汉县、渠县、通江县已于2018年通过核查验收，通过示范效应，整体提升监管能力和水平。加大农产品质量安全追溯体系建设力度，全省已有3家企业被列为国家农产品质量安全全程控制追溯体系试点单位，5548家主体、7058个农产品入驻省级追溯平台，通过动物标识及动物产品追溯系统上传动物产品戴标信息639.9万头次。加强农产品质量安全监测，检测参数由82项增至114项，全省2018年监测样品2.76万个，其中例行监测13820个样品，蔬菜（含食用菌）、水果、茶叶、畜禽蜂产品、水产品合格率分别达99.4%、98.7%、99.8%、99.3%和99.1%。在加强农产品质量安全追溯体系建设的基础上，延伸加强农资追溯体系建设，扩大农资监管平台应用范围，入驻企业已达788家，共上传农资入库销售信息9万余条。

（四）农村三次产业加速融合发展

1. 农业基地不断发展壮大

全省共建成高标准农田 400.7 万亩，围绕粮油、经作和水产、畜牧业加强示范性基地建设，共建成粮油绿色高质高效示范区 200 个、现代经作产业标准化基地 650 万亩、部省级畜禽养殖标准化示范场 1046 个、部级水产健康养殖示范场 334 个。

2. 农产品加工业质量和效益稳步提升

农产品加工业与食品工业效益指标双双保持了 13% 左右的高增长率，持续保持快速稳定发展。2018 年 1 ~7 月，全省 4111 家规模以上农产品加工企业实现主营业务收入 6000 亿元，同比增长 13.5%。其中，全省 2411 家规模以上饮料食品企业累计实现主营业务收入 4050 亿元，同比增长 13.2%；实现利润总额 345.7 亿元，同比增长 31.6%。全行业产销形势保持良好，产销率达到 97% 以上。

3. 乡村旅游业蓬勃发展

全省各地根据当地的自然景观、特色产业、文化资源、生态环境和经济发展水平，实行差异化乡村旅游投资发展策略，推动一二三产业互动，形成了乡村民宿、休闲农庄、观光农业园区、文化基地等形式多样、功能多元、特色各异的产品类型和发展模式，乡村旅游从单一功能向休闲、教育、养老、养生体育、文化等多功能一体化转变。2018 年前三季度，四川省休闲农业和乡村旅游综合经营性收入达 1137 亿元，同比增长 14.9%；接待游客 2.8 亿人次，同比增长 4.8%；带动 1094 万农民就业增收，规模效益稳居全国前列。

4. 农村电商持续发展

2018 年，四川古蔺县、平武县、广元市朝天区等 28 个县（区）入选电子商务进农村综合示范县，数量居全国第一。电子商务进农村综合示范区实现了对四川省 66 个国家级贫困县全覆盖。2018 年 1 ~8 月，四川全省农村网络零售额达到 574 亿多元，同比增长了 30.6%。

（五）农业农村改革持续深入推进

四川作为全国首批3个农村土地承包经营权确权登记整体推进试点省之一，持续高效推进承包地确权登记颁证工作。目前全省土地确权颁证登记率达到93.1%，“三权分置”格局基本形成，承包耕地流转率达到39.5%，土地规模经营率达到25.2%。截至目前，全省所有市州均启动农村集体产权制度改革，其中国家试点县（市、区）29个（广元、巴中、遂宁三个市承担整市推进试点任务）、省级试点县（市、区）60个，农村集体产权制度改革向纵深推进。全省除雅安、甘孜、阿坝、凉山以外的17个市127个县基本完成清产核资工作。各地通过试点探明了农村集体经济组织成员身份确认的政策边界，确立了农村集体经济组织市场主体地位的取得路径，推动了农村治理现代化，探索了集体经济发展新路径，创立了资产收益扶贫新机制。

（六）农民收入保持较快增长速度

全省经济平稳运行，新产业新主体快速发展，脱贫攻坚持续推进，为农村居民人均可支配收入的平稳增长带来了有力支撑。2018年全省农村居民人均可支配收入13331元，比上年增加1104元，增长9.0%，虽然比上年同期增速减缓0.1个百分点，但比全国平均增速水平高0.2个百分点，比全省城镇居民人均可支配收入增速高0.9个百分点。从构成看，农民工务工收入稳定增加。2018年前三季度全省转移输出农村劳动力2533万人，同比增长2.33%。其中，省内转移约1425万人，同比增长9.62%，省外输出约1108万人，同比减少5.5%。全省实现劳务收入3300亿元，同比增长14.9%。省级农民工劳务品牌培训项目完成培训4.97万人，占全年目标任务的99.49%；返乡下乡创业培训项目完成培训1.54万人，占全年目标任务的103%。2018年前三季度工资性收入为3879元，比上年同期增加275元，增长7.6%。2018年全年工资性净收入、经营性净收入、财产性净收入和转移性净收入分别为4311元、5117元、379元和3524元，同比分别增长7.3%、6.1%、17.7%和14.9%，增速除转移性净收入比上年提高0.1个百分点外，工资性净收入、经营性净收入、财产性净收入增速分别比上年回落0.2个、0.4个和2.4个百分点。

（七）农村基础设施建设力度加大

2018年，全省下达农业专项资金283.25亿元（含中央补助资金208.87亿元），占预算资金总额的93.29%。争取农林水利中央预算内投资63.3亿元，其中农业项目10.6亿元，林业项目4.3亿元，水利项目48.4亿元；2018年新增田有效灌溉面积5.3万公顷，新增综合治理水土流失面积46.7万公顷，争取易地扶贫搬迁中央预算内投资50.3亿元，主要用于62万农村建档立卡贫困人口住房建设。下达以工代赈资金1.8亿元，预计兑现劳务报酬超过1837万元。争取农村扶贫公路中央预算内投资计划6.3亿元，全部分解下达到凉山、甘孜两个特困地区，用于100个建制村通村硬化路建设。全省新建水稻（油菜）及果蔬茶叶类全程机械化示范区共15个，各类作物示范总面积达8万亩。全省农机合作社达到1410个，年末农业机械总动力达到4658.7万千瓦，比上年增加128.7万千瓦，全年机械化作业服务面积达1000万亩。主要农作物耕种收综合机械化水平近60%。

（八）脱贫减贫工作成效较为明显

按照2018年初四川省委省政府下达农村贫困人口102.9万人脱贫、3500个贫困村退出、30个贫困县“摘帽”的减贫目标，实行“清单制+责任制”工作法，制定印发22个扶贫专项2018年实施方案和计划投入资金、实施项目清单，加快资金筹措下拨和项目实施。截至2018年8月底，102.9万计划脱贫人口中，义务教育、基本医疗覆盖达标100%，住房安全达标95.9%，安全饮用水达标96.3%，生活用电达标97.6%，广播电视达标96.6%；3500个计划退出贫困村中，通村硬化路达标96.2%，通信网络达标98.9%，文化室达标91.9%，卫生室达标93%，集体经济达标93.7%；30个计划摘帽贫困县中，乡镇标准中心校达标99.8%，卫生院达标99.5%，便民服务中心达标98.9%，贫困发生率预计均可达到3%以下。

二　存在的主要问题与挑战

（一）农业投资增速放缓

虽然党中央、国务院和四川省委省政府高度重视三农工作，致力于加大三农投资力度，但受宏观经济形势的影响，第一产业投资呈增长势头，但增速明显下降。2018 年第 1～3 季度，全省完成第一产业投资 774.0 亿元，比上年同期增加 45.8 亿元，增长 6.3%，增速较第 1 季度减缓 7.6 个百分点，较上半年减缓 14.7 个百分点，较上年同期减缓 16.3 个百分点。

（二）稳定增收压力加大

农民收入与经济发展水平高度相关，自经济发展进入中高速平稳状态后，农民收入增长也从 2012 年起呈现逐年放缓之势，由 2011 年的同比增长 20.5% 逐步下滑到 2017 年的同比增长 9.1%。四大收入构成中的主要组成部分——工资性净收入受国内外经济形势持续下滑的影响较为明显。尤其是农民工需求下降、返乡压力增大，可能对工资性净收入增长造成极大的不利影响。而且，这几年财产性净收入、转移性净收入大幅增长的格局开始出现转变，虽然仍保持较高增速，但对增收的贡献率呈下降态势。

（三）农产品价格波动大

粮食价格方面，全省粮食价格长期低位徘徊，生产成本刚性上升，种粮比较效益偏低，稳定粮食生产难度增大。畜牧业方面，受供求因素的作用，作为生猪大省的四川，2018 年以来在中美贸易摩擦等因素的影响下，饲料成本上涨，猪肉价格下跌。特别是春节消费旺季之后出现加速下跌的态势，2018 年 5 月价格跌到年度的最低点，生猪收购价从年初的 780 元/50 千克下跌到 540 元/千克。6 月后生猪价格开始逐步回升，8 月底，生猪价格回升到 686 元/50 千克，但同比仍然下降 16.74%。同时，“非洲猪瘟”疫情防控形势严峻，生猪供应受到影响。蔬菜及食用菌类生产价格波动较大，第1季度同比上涨4.4%，第2季度同比涨幅明显回落，较第1季度缩小3.6个百分点，第3季度伊始受持续暴雨影响蔬菜价格飞涨，但持续时间不长。

（四）高质量脱贫难度大

经过近年来精准扶贫工作的持续深入推进，全省脱贫攻坚取得明显成效，但也存在乡村内部矛盾增加、产业同质化矛盾凸显和脱贫质量不高、返贫风险较大等问题。加上尚未脱贫的地区和人口贫困程度深、脱贫难度不断加大，推进贫困地区和贫困人口高质量脱贫，形成与乡村振兴、全面小康有机协调、联动推进格局要求增加。

（五）乡村振兴挑战较多

实施乡村振兴战略是新时代做好“三农”工作的总抓手，虽然自乡村振兴提出以来，全省各地热情高涨、响应及时、动作快捷、积极推进，但也面临着严峻的挑战，不仅要破解农业转型升级瓶颈制约明显、多方主体投资能力均显不足、乡村内部失衡矛盾较为突出、人力资本不足问题较为尖锐、农村集体经济发展亟待突破、乡村社会治理成本显著增大等难题，而且要高度重视并有预见性地防范行政化推动、超水平推进、高标准攀比、同质化加剧、小农被挤出、二元化加重等苗头性问题。

三　2019年四川农业农村经济形势预测与展望

2018年作为乡村振兴的开局之年，四川农业农村发展取得了新成绩。2019年是决胜全面建成小康社会第一个百年奋斗目标的关键之年，对未来做好“三农”工作、有效应对各种风险挑战、确保经济持续健康发展以及社会大局稳定具有重大意义。2018年12月，中央农村工作会议召开，划定了2019年“三农”改革路线图，明确了以习近平新时代中国特色社会主义思想为指导，深入贯彻党的十九大和十九届二中、三中全会以及中央经济工作会议精神，总结乡村振兴战略经验，研究落实 2019 ~ 2020 年“三农”工作必须完成的硬任务，部署 2019 年农业农村工作。

（一）2019年四川农业农村发展面临的形势分析

2019 年，世界经济新旧矛盾交织并存，国际上经济形势复杂多变，地缘政治、地缘经济、地缘外交格局进一步演化，中美贸易摩擦带来不确定性风险，国内经济挑战变数增多，经济下行压力增大。四川全省经济走势基本和全国一致，预计 2019 年四川全省农业经济形势将会稳中有缓，机遇与挑战并存。

1. 发展机遇

（1）宏观政策

2018 年 9 月，国务院发布了我国第一个全面推进乡村振兴战略的五年规划——《乡村振兴战略规划（2018 ~ 2022 年）》（简称《规划》），这是我国统筹推进乡村振兴战略的行动纲领。《规划》明确了国家对乡村在经济社会发展过程中的新定位，提出了要重塑城乡关系、促进农村全面进步，主要从统筹城乡发展空间、优化乡村发展布局、完善城乡融合发展政策体系以及推动脱贫攻坚与乡村振兴有机结合等方面为规划期内乡村振兴战略的实施指明了方向。2019 年和 2020 年是全面建成小康社会的关键时期，是打赢脱贫攻坚战和实施乡村振兴战略的历史交汇期。2018 年底召开的中央农村工作会议指出，必须牢固树立农业农村优先发展的政策导向，切实稳住“三农”这个基本盘，突出抓好“三农”工作各项硬任务的落实，确保顺利完成到 2020 年承诺的农村改革发展目标任务。2019 年四川农业农村发展将在产业发展、环境建设、金融服务、脱贫攻坚、乡村旅游等多个方面迎来全新机遇。

（2）四川农村和农业发展机遇

中国经济发展进入高质量发展阶段后，为四川农业和农村带来新的发展机遇。实现绿色转型，农业产品的供给更注重质量而非数量，更注重农村环境的可持续性。高质量发展和绿色发展背景下的四川农村涌现出众多机遇，吸引着新农人和农民工返乡从事相关产业。各类新业态不断涌现，农民工就业渠道进一步拓宽，就业竞争力和稳定性显著提高。《中国流动人口发展报告2018》中披露，在当前城市政策收紧形势下，人口流动出现回流之潮，约有22.8%的流动人口在回流，其中大部分的农民工是从东部沿海地区向中西部地区回流。随着东西部发展环境差距逐步缩小，农民工返乡创业扶持力度不断加大，大量有一定资金、技术和经验的农民工越来越倾向于返乡创业，劳动密集型产业和资源密集型产业向中西部地区转移，伴随产业流动过程的劳动力转移再次优化了人力资本在区域间的配置。为增加省内就业容量和实现乡村振兴发展注入了强劲动力。2018年四川省累计有65万名农民工返乡创业，创办企业16万户，带动就业200余万人，实现总产值3796.5亿元。随着农民工返乡潮的涌现，乡村能人储备丰富，人力资本在农村配置将更为优化，会极大地促进农业和农村的发展。

2. 主要挑战

（1）经济增长的不确定性风险

国内外经济增长的不确定性因素很多，全国都面临经济下行压力和不确定性风险增加，中美贸易摩擦对四川农产品的出口和就业的影响有所显现，实体经济经营仍然艰难，成本上升，效益下滑，限制了用工规模扩大和工资增加。国内保持以往较高速增长压力较大，2018年第3季度全国GDP增速已创多年新低，2018年上半年四川GDP增速为8.2%，前三季度增速为8.1%，第4季度增速相应滑落至8%，呈稳中逐渐减缓趋势。2019年，前述的风险和不确定因素没有得到根本性改变，因此2019年的四川农业农村经济增长仍充满很大不确定性。

（2）农民增收难度加大

农民收入增幅回落态势明显，从近三年来看，四川农民收入增幅与全国比较，总体趋势是差额逐年缩小。2018年第1季度和上半年增长9.0%，前三季度增长9.2%，增速均较上年同期有所下降，收入增速继续回落。纵比2016年和2017年，与全国相比，四川农民收入增速均持续滑落。在继续推进农业供给侧结构性改革的过程中，产业结构和供需关系还在不断调整，处于发展转型的阵痛期，农民增收的难度加大，没有能完全扭转收入增幅回落的态势。同时，农民工就业总量压力与结构性矛盾仍然突出，高技能型农民工依然紧缺，稳定农民工就业压力大。

（3）二三产业对第一产业带动减弱

四川的二三产业对第一产业带动有所减弱。尤其是农产品加工和乡村旅游等在经过一段快速增长时期之后，逐渐归于平稳，对第一产业带动速度逐步减缓，对农林牧渔业生产的带动作用也有所减弱。与此同时，2018 年前三季度全省完成第一产业投资 774.0 亿元，同比增加 45.8 亿元，同比增长 6.3%，增速较第 1 季度减缓 7.6 个百分点，较上半年减缓 14.7 个百分点，较上年同期减缓 16.3 个百分点，第一产业投资增速逐步放缓，投资信心有所减弱。

（4）生猪养殖疫情防控压力大

2018 年 8 月在我国出现“非洲猪瘟”，11 月以来，四川的成都、宜宾、泸州、巴中、绵阳等地相继发生疫情，对养猪业影响较大。生猪养殖户尤其是中小型养殖户受疫情影响较大，担忧情绪较重，对繁育场仔猪销售、养殖场补栏影响较大，对养殖户养猪积极性挫伤严重，中小型养殖户倾向于缩减规模，尽快出栏减少风险，对后期生产将造成较大影响。目前四川全省对非洲猪瘟疫情防控的压力很大，消费市场对猪肉的需求萎缩，可能导致 2019 年养猪存出栏的较大幅度下降。

（二）预测与展望

预计 2019 年全年粮食生产基本稳定，经济作物生产保持增长，林业生产有所下降，畜牧业生产好于上年，渔业生产提质增效，全省农业农村经济发展稳定。

1. 第一产业增加值预测

2018 年前三季度全省农林牧渔业增加值增速逐季加快，但第 4 季度除畜牧业同比增速预计加快外，其余产业增速都将较上年同期有所减缓，由此影响第 4 季度农林牧渔业增加值增速由上年同期的增长 4.0%（按可比价格计算，下同）下降至增长3.9%左右，减缓0.1个百分点。全年预计能实现农林牧渔业增加值4500亿元左右，增长3.9%，其中第一产业增加值4400亿元左右，增长3.8%。

2. 主要农产品产量预测

（1）粮食生产保持稳定

据国家统计局核定，2018年全省粮食作物播种面积9398.4万亩，比上年减少39.6万亩，减少0.4%；粮食总产量3493.7万吨，比上年增加4.8万吨，增长0.1%①；四川过去一年积极推进农业供给侧结构性改革，在保障粮食生产能力不降低的同时，种植结构进一步优化，稻谷生产结构进一步优化。预计2019年将继续调整种植结构，稳定粮食生产，实现粮食产量的稳中有升。

（2）主要经济作物生产保持增长

初步统计，2018年全省油料作物面积2237.1万亩，比上年增长0.9%；油料产量362.6万吨，增长1.3%，但增速减缓2.6个百分点。蔬菜面积2045.3万亩，增长3.0%；蔬菜及食用菌产量4423.8万吨，增长4.0%，增速加快0.9个百分点。中草药材面积185.5万亩，增长14.3%；中草药材产量44.8万吨，增长12.5%，增速加快1.2个百分点。水果产量1065.8万吨，增长5.7%，增速加快1.7个百分点。茶叶产量30.3万吨，增长8.8%，增速加快3.1个百分点。②

3. 主要农产品价格走势预测

（1）玉米、小麦、水稻体现“优质优价”，价格有涨有跌

从全国来看，国家粮油信息中心发布的最新玉米供需平衡表显示，预计2018～2019年度，我国玉米产需缺口达到4053万吨。玉米消费量继续超过产量，市场缺口将主要依靠轮换粮和进口玉米补给，但是临储玉米库存见底。受益于国家政策鼓励和玉米市场运行改革的深入，下游养殖饲料和深加

① 四川省统计局：《农业：预计实现增加值4500亿元》，《四川省情》2019年第1期。

② 四川省统计局：《农业：预计实现增加值4500亿元》，《四川省情》2019年第1期。

工产业将继续保持温和增长，深加工新增产能继续增长。四川玉米与全国玉米价格趋势相同。预计 2019 年玉米市场整体向供不应求、供需格局紧张方向发展。2019 年上半年，预计市场优质粮供应减少，小麦价格有支撑，质量一般的小麦供应量仍充足，小麦托市价格较 2018 年下调 0.03 元/斤，会影响到新季小麦的开秤价格；新粮上市后，开秤价格或低于 2018 年的水平，预计处于 1.10～1.12 元/斤的水平。政策性小麦补给市场的力度会加大，会影响到下游用麦企业对市场粮的采购量，会影响到小麦的价格走势。在产量稳定或丰产情况下，小麦价格上涨的步伐或许比较缓慢；但若出现减产的情况，小麦的售粮进度会较慢。2019 年，综合考虑粮食生产成本、市场供求、国内外市场价格和产业发展等因素，国务院批准，2019 年生产的早籼稻（三等，下同）、中晚籼稻和粳稻最低收购价格分别为每 50 公斤 120 元、126 元和 130 元，保持 2018 年的水平不变，因此 2019 年水稻市场价格基本会稳定在 2018 年的水平，不会出现大幅上涨。

（2）生猪价格恢复性上涨

2018 年 11 月以来，四川境内相继爆发的非洲猪瘟疫情，对养猪业影响较大。生猪养殖户尤其是中小型养殖户受疫情影响较大，担忧情绪较重。疫情对繁育场仔猪销售、养殖场补栏影响较大，对养殖户养猪积极性挫伤严重。中小型养殖户倾向于缩减规模，尽快出栏减少风险，对后期生产将造成较大影响。目前四川全省对非洲猪瘟疫情防控的压力很大，消费市场对猪肉的需求萎缩，可能导致 2019 年养猪存出栏的较大幅度下降。受非洲猪瘟疫区生猪调运不畅影响，猪肉货源供应减少，在控制期限（6 周）内，四川省肉制品加工企业原料（猪肉）收购价格大幅提升，生猪收购价涨幅在 50%以上。出栏一头肥猪能实现 380～690 元的盈利，达到了生猪监测十年来较高水平。随着生猪调运新政策出台，四川省内前期生猪大量出栏，加上猪价持续走高，刺激了养殖户积极补栏。若维持产品出厂价小幅提升，企业短期亏损较为严重。从长期来看，肉制品价格将会波动上浮。2019 年随着非洲猪瘟疫病控制的逐渐稳定，市场供应和调运的增加，市场需求会缓慢增长，猪肉价格将逐渐趋于稳定，略有小幅上涨。

(3) 水产供给能力不强，规模集约程度不高

从水产品供应来看，全省水产品总量供给不足，人均占有量低，淡水水产品自给率不到 70%，且人均占有量只有 17 公斤，仅为全国平均水平的 1/3。从水产业发展来看，全省水产总体以分散的农户小规模养殖、粗放型经营为主，水产龙头企业、专业合作经济组织少，辐射带动能力不强。

4. 农村居民收入预测

农民收入增幅与全国差距逐年缩小。从近三年来看，四川农民收入增幅与全国相比，总体趋势是差额逐年缩小。2016 年各季度四川农民收入增幅都比全国高 1 个百分点以上，最多于 2016 年第 3 季度高出 1.5 个百分点；到 2017 年，仅第 1 季度比全国高 1 个百分点，从第 2 季度开始至第 4 季度，分别只有 0.8 个、0.6 个、0.5 个百分点；而 2018 年前三季度分别只高出 0.1 个、0.2 个和 0.3 个百分点，这是自 2011 年以来没有出现过的情况（见图 1）。

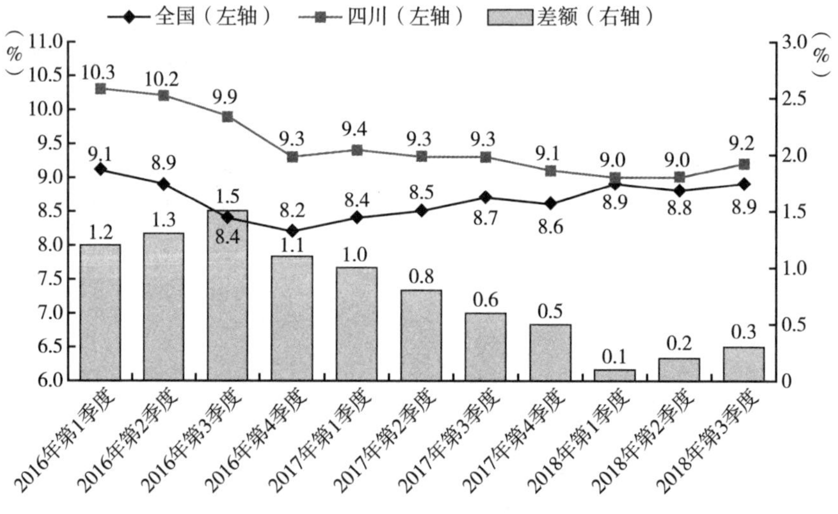

图 1　2016 ~ 2018 年四川与全国农民收入增幅比较

资料来源：四川省统计局。

全省各地严格落实农民增收书记县长负责制，多措并举促农增收，农民收入继续保持稳定增长。预计 2019 年全省农民人均可支配收入增幅继续高

于城镇居民和全国平均水平。预计全省农民人均可支配收入增长9%以上。未来主要的支撑条件是农民工稳定就业，返乡创业人员稳定发展，社保兜底作用明显，2018年，全省农村低保标准低限较2017年提高420元/年，增幅12.7%，城乡居民基本养老金标准提高至每人每月100元。

5. 未来展望

（1）以发展现代农业园区为重点，推动农业高质量发展

2019年四川将进一步落实《关于大力推动农产品加工园区发展的意见》，编制《全省农产品加工园区规划》；开展示范园区认定，制定《四川省农产品加工示范园区管理办法》，评选一批省级农产品加工示范园区，推动各地开展农产品加工园区梯次建设，指导贫困地区农产品加工特色园区建设，初步形成推进园区发展的省、市、县三级联动工作格局。坚持将发展现代农业园区作为推动农业供给侧结构性改革的重要抓手，大力发展川粮油、川猪、川茶、川竹、川薯、川药、川桑、川菜、川果、川鱼、川椒等特色产业和现代种业、现代农业装备、烘干冷链物流三大先导性产业，推出一批进入中国品牌影响力100强的区域品牌和在国际市场具有竞争力的出口品牌，积极争取食品博览会西部主办权，组织企业参加农洽会、科博会等全国各地知名展会，支持“川字号”农产品参加国际性农产品、食品、美食类展会和推介会。开展农产品加工龙头企业认定，加强和规范龙头企业的认定和管理工作，制定政策积极支持重点龙头企业的发展，发挥好行业龙头企业的引领带动作用。举办都江堰国际包装饮用水博览会，开展“2019川水行”活动，继续推进各项国内外农产品推介博览会和农业论坛的发展。

（2）开展人居环境整治，建设“美丽四川·宜居乡村”

2019年结合美丽乡村建设、新型城镇化建设、移民搬迁等工作，实施乡村绿化、美化、亮化工程，提升乡村景观，改善乡村旅游环境。扎实开展农村人居环境整治三年行动，打造幸福美丽新村升级版。以垃圾、污水、厕所“三大革命”为主攻方向，全面推进农村人居环境整治。深入实施村容村貌提升“六化”工程和城乡公共服务一体化“六网一中心”工程，实施“五变”行动，推进乡村山水林田湖草系统治理，修复乡村生态环境和田园

景观格局，不断提升农村人居环境质量。深入推进造林绿化行动。统筹谋划和实施天然林保护、退耕还林、长江防护林、水土保持、防沙治沙、森林质量精准提升等林业工程。扎实推进森林城市群、森林小镇、森林村寨和平原绿化、道路绿化、水系绿化、农田林网建设，努力增加生态产品供给和群众劳务收入。2019 年力争全年完成营造林 800 万亩，实现林业草原总产值 4000 亿元，农民人均林业增收 50 元以上。完善乡村旅游公共服务体系，推动建立乡村旅游咨询服务体系，加快推动乡村旅游信息平台建设。

（3）推进乡村旅游深度融合发展

2019 年，国家将进一步推动乡村特色产业发展，积极培育发展乡村旅游特色品牌，推动乡村旅游提质升级。推动产业融合，提升发展品质，讲好乡村故事，弘扬优秀民俗文化，传承民间艺术，促进文创产业发展；在保护的基础上，有效利用文物古迹、传统村落、民族村寨、传统建筑、农业遗迹、灌溉工程遗产、非物质文化遗产等，与乡村旅游产品开发相结合，提升乡村旅游品质。继续实施“林业生态旅游＋”工程，启动国家森林步道建设，推进森林（竹林）小镇建设。加大森林康养等新业态推进力度，强化森林康养与医养融合，新增一批森林体验、森林康养、森林自然教育等示范基地和森林康养人家，带动群众获得更多的经营性收入或工资性收入。

（4）以农村资产资源“三权分置”为重点，构建农村“聚人气”“聚财气”的体制机制

实施新一轮农村改革“三加”示范工程，统筹推进新型经营主体培育、工商资本下乡和农村资产资源盘活，推动城乡要素自由流动平等交换。加快推进集体经营性资产股份合作制改革。全面落实农村承包地“三权分置”，推广土地股份合作社、土地托管等适度规模经营的模式。推进农村集体经营性建设用地入市，扩大宅基地制度改革试点。研究制定宅基地管理办法，开展农村宅基地“三权分置”改革试点。开展农民合作社规范化建设整县推进行动。实施家庭农场培育计划，开展省级示范合作社和家庭农场创建，构建与农户共进共富的利益联结机制。建立健全育才引才用才体制机制，落实《四川省鼓励引导人才向基层流动十条措施》。健全投入保障机制，加快形

成财政优先保障、金融重点倾斜、社会积极参与的多元投入格局。加强涉农资金统筹整合，建立乡村振兴风险金制度，设立乡村振兴发展引导基金。

（5）以农村基础设施“五网”建设为重点，改善农业农民生产生活条件

按照“四好农村路”要求，大力实施通乡油路、通村硬化路工程建设，推动农村公路改造联网升级。实施“再造一个都江堰”大提升行动，加快毗河供水等重大水利工程建设，加快完善水利基础设施网络。加快构建水资源配置体系，全面推广节水灌溉技术，推进饮水安全提升工程，不断健全水利工程运行管护体制。加大农村电网改造升级力度，满足农民生产生活用电需要。统筹农村气网建设，推进“宽带乡村”“光网四川”“无线四川”建设。

（6）以深度贫困地区为重点，坚决打赢脱贫攻坚战

全面落实党中央、国务院《关于打赢脱贫攻坚战三年行动的指导意见》和四川省委省政府《关于打赢脱贫攻坚战三年行动的实施意见》，以深度贫困地区为重点，锁定“两不愁、三保障”，落实好22个年度扶贫专项实施方案，扎实做好住房安全、产业发展、就业增收、教育支持、医疗救助、生态扶贫、基础设施建设等重点工作。突出抓好“四大片区”特别是深度贫困地区特色富民产业基地建设。扎实推进林业产业扶贫，推进生态保护建设扶贫，扩大生态护林员规模，加强脱贫攻坚造林专业合作社组建和运行管理。推进林业科技扶贫，2019年围绕贫困地区林业生态建设和产业发展，主推10项林业先进实用技术，建立20个林业科技扶贫示范基地（点），培育40个林业科技扶贫示范村，培养1000名技术骨干（土专家），增强贫困群众持续增收能力。

（7）抓好农民工就业增收和返乡下乡创业工作

积极拓展省内就业空间，推动实现全省农村劳动力转移输出规模总体稳定、劳务收入稳步增长，确保全年转移输出农民工2450万人，实现劳务收入4000亿元以上。深入实施省级劳务品牌培训项目，组织5万人参加劳务品牌技能培训，举办全省第七届农民工技能大赛。全面落实省政府《促进

返乡下乡创业二十二条措施》，积极细化配套措施办法并切实抓好政策宣传、培训和落实，确保见到实效。创建一批返乡下乡创业示范市、示范县和示范园区，总结可推广、可复制的成功经验。

（8）继续推进农村电商扶贫攻坚

为新增入围国家级电子商务进农村综合示范整体推进市（州）、示范县，应推动制定电商进农村综合示范实施方案，以电商扶贫为重点，针对建档立卡贫困村和贫困家庭不同的产业扶贫需求，因地制宜探索农村电商扶贫模式，通过电商扶贫项目的建设和运营，带动贫困村产业发展、贫困户增收脱贫。创新推进农村产品上行，加强农产品上行配套设施建设，强化农村产品线上线下产销对接，支持农特产品生产经营主体从标准化、质量认证等方面提高上线产品质量，为扩大农特产品、民俗产品、乡村旅游等的网络销售提供支撑，进一步提升农村产品上线率和市场影响。继续加强农村电商主体培育。支持社会投资者特别是农村新型经营主体广泛参与农村电商、农村快递业发展。鼓励农村青年、返乡农民工带头触网，发展种养殖大户、家庭农场、农民合作社、农业产业化龙头企业、加工企业和农产品流通企业等新型农业经营主体。加强农村电商人才培训。建立多层次农村电商培训体系，将农村电商培训与农村就业培训、扶贫培训等有机结合。聚焦建档立卡贫困户，多措并举，提高电商创业培训孵化转化率。加强对农村电商信息员队伍的培训指导，加大对农村青年、返乡农民工等电商创业人员的增值培训力度，支持企业加强农村电商人才引进。

四　2019年四川农业农村发展的对策建议

2019 年四川农业农村发展应全面贯彻习近平新时代中国特色社会主义思想、党的十九大精神和中央农村工作会议精神，牢牢把握稳中求进的总基调，落实高质量发展要求，以实施乡村振兴战略为总抓手，把农业农村优先发展的要求落在实处，对标全面建成小康社会必须完成的硬任务，抓重点、补短板、强基础，坚决打赢脱贫攻坚战，继续深化农业供给侧结构性改革，突出生态宜居建设和农村环境整治，补齐农村基础设施和公共服务建设短板，强化乡村治理和乡风文明建设，深化农村改革，全面推进乡村振兴，确保农业农村发展继续呈现良好的基本态势，顺利完成到2020年承诺的农村改革发展目标任务。

（一）聚力打赢脱贫攻坚战

全面建成小康社会的重点在农村，难点在四大片区，坚中之坚在深度贫困地区，2019年是脱贫攻坚关键之年，必须把脱贫攻坚作为乡村振兴的首场硬仗来打。

一要深入实施精准扶贫。继续围绕“两不愁、三保障”和“四个好”目标任务，完善省负总责、市县抓落实的工作机制以及定点帮扶工作机制、驻村帮扶机制、东西部扶贫协作等工作机制，继续实施产业扶贫、易地扶贫搬迁、就业扶贫、住房安全保障、教育扶贫、健康扶贫、生态扶贫、消费扶贫等专项扶贫行动，落实财税、金融、土地、低保兜底和城乡建设用地增减挂钩节余指标收益用于脱贫攻坚等政策措施，着力解决突出问题，以“绣花”功夫扎实抓好脱贫攻坚。

二要聚焦深度贫困地区重点攻克难关。重点围绕实现“两不愁、三保障”存在的突出矛盾和问题，认真执行深度贫困县脱贫攻坚的专项行动计划和实施方案，实现推动区域整体开发和精准扶贫精准脱贫、推进乡村振兴战略和着力脱贫攻坚的有机耦合和联动，从根本上改变深度贫困地区的面貌。扎实推进深度贫困地区重点帮扶工程，认真落实深度贫困地区特殊支持政策，强化深度贫困地区金融支持，完善扶贫“四到县”机制，拓展县级项目资金整合范围，提高扶贫资金使用效率。

三要建立稳定脱贫长效机制。按照“脱贫不脱帮扶、脱贫不脱政策、脱贫不脱项目”的要求，实施扶贫巩固提升工程，保持脱贫政策延续性和稳定性。改变传统的送钱送物的“输血”机制，加强开发式扶贫，通过激活资源要素，狠抓产业培育、人才培养和发展环境打造，积极构建贫困地区的“造血”功能。坚持扶贫同扶志、扶智相结合，加强贫困地区职业教育和技能培训，增强贫困群众内生动力和自我发展能力。改变贫困户“等、靠、要”的被动式脱贫模式，采用生产奖补、劳务补助、以工代赈、多劳多奖等方式，充分调动贫困群众脱贫奔小康的积极性主动性。

（二）继续深化农业供给侧结构性改革

解决四川农业供给侧结构性不合理、产业和产品质量不高、市场竞争力不强的问题，是一个长期要抓的任务，必须以市场需求为导向、以高质量为主攻方向、以科技支撑为基础、以产业园区建设为抓手，继续深化农业供给侧结构性改革，坚定不移地把农业增长和发展模式转移到质量、绿色、效益上来，在“调结构、建基地、搞加工、创品牌、促融合、建体系”上做文章。

一要继续推进农业结构战略性调整。加强高标准农田和物质装备建设，夯实粮食生产能力和农业发展基础，确保粮食播种面积稳定、粮食总产量稳定。认真落实农业功能区规划，进一步调整优化农业区域空间布局，建设一批重要农产品生产保护区、特色农产品优势区、农村产业融合发展示范园区，打造成都平原、川中丘陵、川东北双低油菜产业带。围绕“调优、调特、调强”，集中建设粮油绿色高质高效创建示范区、示范片，着力发展市场需要的优质稻，大力发展优势区域高粱、青稞、荞麦等名品杂粮，重视马铃薯主食化产品开发。大力发展草食畜牧业和草原畜牧业，在适宜地区加快推进粮食作物改为高效饲料作物示范区建设，积极推进奶业发展。利用四川稻田多、劳动力丰富的优势，大力推进“稻田＋综合养殖”模式，发展名优特水产品以满足市场需求。

二要大搞现代农业产业基地和标准化现代园区建设。把建设现代农业产业基地和标准化现代园区作为发展现代农业的核心区和重要抓手，科学规划基地和园区的发展布局，大力实施标准化产业基地建设工程，创新现代农业园区建设与管理模式，加快建设一批现代要素集聚、主导产业突出、集约经营、科技支撑、种养循环、产业融合的现代农业产业园区。根据四川资源特点和现有基础与优势，突出抓好蔬菜、茶叶、水果、道地中药材、林业、畜牧业等优势特色产业园区和现代农业重点县建设，形成具有四川特色的现代农业产业整体竞争力。

三要在搞加工、创品牌、促融合上下功夫。大力推进农产品加工业提档升级行动，鼓励农产品加工龙头企业提高农产品加工的精度、深度，支持发展适合家庭农场和农民合作社经营的农产品初加工，支持在优势农产品集中产地开展农产品产后清洗、分级、包装等商品化处理和初加工，建成一批农产品专业村镇和加工强县。统筹农产品产地、集散地、销地批发市场建设，加强农产品物流骨干网络和冷链物流体系建设。继续推进“川字号”农产品品牌、区域公共品牌、地理标志创建行动，大力实施农产品品牌建设的“孵化、提升、创新、整合、信息”五大工程，培育“三品一标”农产品，积极构建以农产品知名品牌为龙头、与区域公用品牌和企业品牌有机结合的系列农产品品牌体系，狠抓农产品质量安全保障，健全监管监测体系和追溯体系，提升“川字号”品牌竞争力和影响力。坚持延伸产业链、提升价值链、优化供应链，实施一批一二三产业融合发展重大工程，大力培育休闲农业、观光农业、体验农业、乡村旅游、餐饮文化、民宿酒店、森林康养、文化创意、农村电商等农村新产业新业态，不断拓展乡村多种功能。

四要加快构建新型农业经营体系。通过外引、内培和加大政策支持力度，大力发展龙头企业、专业合作社、家庭农场、专业大户等新型农业经营主体，实施家庭农场培育计划，支持新型农业经营主体创办服务组织，完善专业服务与综合服务、公益性服务与市场化服务相结合的农业社会化服务体系，推进土地规模化流转，发展“大园区＋小业主”“公司＋专业合作社＋家庭农场＋农户”“专业合作社＋家庭农场＋农户”“农业共营制”等多种产业化组织形式，促进以家庭分散的小生产、自给自足为主的传统农业向规模化、组织化的现代农业转变。采取农业产业化龙头企业、农民合作社、家庭农场、专业大户、农业全程社会化服务体系带动等多种模式，把传统小农户有机融入现代农业的轨道。积极构建以龙头企业为核心、农民合作社为纽带、家庭农场和专业大户为基础，联结千万农户的新型农业经营组织联盟，提高农业集约化、专业化、组织化、社会化水平。

（三）加大力度整治农村环境，建设宜居乡村

舒适的居住条件、良好的生态环境和村容村貌，既直接反映农村文明程度，也是幸福美丽新村的外在表现。四川仍有不少乡村“脏乱差”现象十分突出，必须把农村生态环境建设放在更加突出的地位，加大力度建设美丽四川宜居乡村，让农村居民在良好的生态环境中生产生活，让乡村成为城乡群众向往的地方。

一要加强生态宜居新村建设。利用国家扩大内需、加大新一轮基础设施建设的有机契机，把农村基础设施建设作为需要强基础、补短板的重点领域，全面实施农村饮水安全、“四好农村路”、农村电网改造、物流基础设施、宽带网络等村庄基础设施建设工程，切实改善农村生产生活条件。结合农村生产生活实际情况，顺应地形地貌、山水林田等自然因素，优化村庄空间布局，切实搞好村庄统一规划，坚决遏制乱建乱搭。采取宜建则建、宜改则改、宜保则保的方式，分类、分批、分步骤推进宜居新村建设，全面推进产村一体化，大力实施旧村庄改造提升、新村服务配套、周围人居卫生环境整治、乡土文化传承等行动，积极推广具有乡土特色、体现农村风貌的“小规模、组团式、微田园、生态化”等建设模式，传承和弘扬乡村建筑风格，建设生活环境优美、生态系统健康、人与自然和谐的生态宜居乡村。抓住乡村旅游兴起的有利时机，在有条件的地方把推进宜居乡村建设与发展民宿、乡村旅游有机融合起来，增加农民就业和收入。

二要大力推进农村人居环境综合整治。长期以来，环境保护的重点都放在了城市和工业污染治理上，从而忽略了农村环境，使农村成为环保盲区，全面开展农村人居环境综合整治迫在眉睫。把农村人居环境整治作为乡村振兴的首要突破口，扎实推进农村人居环境综合整治三年行动计划，以农村垃圾和污水处理、农户厕所革命、村容村貌提升为重点，以政府投入为引导、以社会资本为来源、以农民参与为主体，持续推进农村生活污水治理“千

村示范工程”，广泛开展村庄清洁行动，全面开展生活垃圾治理，持续实施农村卫生厕所改造和粪污治理，推进旧村改造与村容村貌提升。开展美丽宜居村庄和最美庭院创建活动。加强农村污染治理，大力推行农村绿色生产生活方式，深入实施大规模绿化全川行动，建设一批森林乡村，积极开展乡村生态环境保护与修复，让越来越多的乡村山清水秀。

（四）加快补齐农村基础设施和公共服务短板

四川丘区、贫困山区等有相当一部分农村地区基础设施和公共服务还不完善，是乡村振兴的突出短板和制约。要按照抓重点、补短板、强弱项的要求，切实加快补齐农村基础设施和公共服务短板。

一是加快补齐农村基础设施短板。统筹抓好城乡基础设施建设，推进城市基础设施向农村有效延伸，重点抓好农村水利、道路、农村能源和信息基础设施建设，提升农村基础设施水平。大力实施通乡油路、通村硬化路工程，实施县乡道改造提升计划。构建和完善以引水补水联通网络为支撑，兴利除害结合、大中小微协调配套、蓄引提供泄排生态功能完备的现代水利基础设施体系。优化农村能源供给结构，因地制宜开发太阳能、风能、地热能、生物质能等新能源，实现供能方式多元化。实施数字乡村战略，强化乡村信息化基础支撑，推动乡村在生产生活和公共服务领域的信息化。

二是加快补齐公共服务短板。城乡公共服务不均等是城乡关系不协调的重要表现，政府在统筹城乡公共服务建设过程中应将重点放在提升农村公共服务能力方面，在公共医疗、卫生、教育等资源配置上向农村倾斜，尽快达到基本公共服务体系“全民覆盖、普惠共享、城乡一体”的目标。根据城乡人口变动优化教育资源布局，按照以城带乡、整体推进、城乡一体、均衡发展的需求，加快形成城乡教育均衡化、公平化发展格局。建立健全覆盖城乡全域的基本医疗卫生制度，加大农村医疗卫生设施设备投入和人才支持力度，实施全科医生特岗计划，尽早实现“健康乡村”的建设目标。加快推进城乡劳动者尤其是农民工就业市场一体化，构建城乡均等的公共就业服务体系，推进农民多渠道转移就业和获得平等的劳动者权益，激发农民创新创业活力。加强城乡养老保险统筹和对接，逐步缩小城乡养老保险差距，实现养老保险制度的城乡平等化。建立健全以政府救助为主体、社会力量参与的社会救助体系，构建农村“三留守”关爱服务体系。建立以居家为基础、以社区为依托、以机构为补充的多层次养老服务体系，完善农村食品药品安全保障体系。

（五）全面抓好乡村社会治理和文明乡风建设

一要加强乡村社会有效治理。乡村治理体系和治理能力是国家治理体系和治理能力的基础。面对乡村人口大量流出、城市要素流入和乡村社会经济结构的不断变化，提升乡村治理水平不仅关系到农村的稳定发展和农民的切身利益，而且关系到党在农村基层的形象。应以保障和改善民生为着力点，加强和创新乡村社会治理，增强乡村社会治理的群众参与性。全面强化基层党组织的领导核心地位，通过大力提升组织力、增强凝聚力，确保乡村社会治理的有序性。深化村民自治、推进乡村法治、强化乡村德治，开展乡村治理体系建设试点和乡村治理示范村镇创建工作，健全自治、法治、德治有机结合并相互补充的乡村治理体系，提升乡村社会治理能力。开展以村民小组为单位的村民自治试点，发挥村规民约作用，打造充满活力、和谐有序的善治乡村。

二要重视乡风文明建设。乡村文化是乡村振兴的灵魂，必须加强乡村精神文明建设，保护和传承乡土文化。继续推进城乡基本公共文化服务均等化，在增加公共文化产品和服务供给的同时，在提高供给质量上下功夫，以满足农民对多样化文化产品的需求。广泛开展乡风文明建设主题活动，深入推进文明村镇、最美家庭创建，建设文化礼堂、文化广场等设施，培育特色文化村镇、村寨。建立健全农村道德评议机制，持续推进农村移风易俗，治理不良社会风气，树立文明乡风、良好家风、淳朴民风。加大政府投入，实施乡村文化遗产保护和传承工程，构建一套有效的保护传承运行机制，确保乡村优秀传统文化得到传承，不留下再也找不回来的遗憾。开发利用乡村传统文化，大力发展乡村文化产业。

（六）全面推进新一轮农村改革和要素流动

盘活资源、激活要素，是推进乡村振兴的关键举措，要全面推进新一轮农村改革，为乡村振兴提供动力和活力。

一要继续深化土地制度改革。扎实推进农民承包地所有权、承包权、经营权“三权”分置并行，落实集体所有权，稳定农民承包权，放活经营权，允许农民以承包土地的经营权向银行担保融资。创新农业经营方式，发展适应四川地形地貌特点，以家庭农场为主，龙头带动、规模适度、集约化经营、社会化服务的经营模式。加快推进宅基地使用权确权登记颁证工作，稳步开展宅基地所有权、资格权、使用权“三权分置”改革，适度放活宅基地使用权，采取多种方式盘活农村闲置房屋和宅基地，发展新产业新业态，增加农民财产性收入。积极建立农民宅基地自愿有偿退出机制，政府支持解决补偿资金来源，鼓励符合条件的农民自愿有偿退出，推进农业转移人口市民化。进一步深化城乡建设用地增减挂钩试点改革，扩大增减挂钩范围，完善土地增值收益分配机制。深化农村土地征收制度改革，严格界定公共利益的范围，探索具体用地项目公共利益的认定机制，切实减少为公共利益需求而进行征地的数量，逐步提高征地补偿标准，规范和完善征地民主协商程序，实施被征地农民的多元化保障措施，确保生计的可持续性。深入推进农村集体产权制度改革，按期完成农村集体资产清产核资，完善农村集体产权权能，建立健全集体资产各项管理制度，推进集体股份合作制，以集体资源资产为依托发展多种形式的新型集体经济。

二要建立健全要素流向农村的有效机制。破除妨碍城乡要素自由流动、平等交换的体制机制壁垒，推动资源要素向农村流动。实施乡村人才培育工程、新型职业农民培育工程，实行新型职业农民制度、乡村特殊人才保护和使用制度。制定和实施各类市场主体准入、财政支持和投入、金融精准服务、用地用电等方面的优惠政策，搭建创业支撑服务平台、创新创业孵化平台以及建设返乡创业园等，最大限度吸引外出农民工、高校毕业生、退伍军人、城市各类人才返乡下乡创业创新，推进农村资源开发和产业发展。健全农业农村投入保障制度，在财政预算上把农业农村优先投入切实落在实处，完善政府投资体制，建立乡村振兴发展基金，发挥财政资金在实施乡村振兴战略中的支撑作用。积极引导社会资本有序进入乡村，切实解决社会资本在投资乡村进行资源开发和产业发展中存在的用地、金融和基础配套等问题。推进农村金融改革，破除城乡金融二元结构，建立符合农业农村特点和农民实际需求的商业金融、政策性金融、合作金融相结合的农村金融体系，激活金融支农服务链条，健全金融机构支农的激励约束政策，用好差别化准备金率、差异化监管等政策，吸引更多的金融资源和信贷资金支持乡村产业发展、生态建设和保护、人才培育、传统文化保护和传承，有力破解乡村建设的金融难题。

专 题 篇

Special Reports

B.3

四川一二三产业融合发展现状与深化对策

付宗平*

摘　要： 促进农村一二三产业融合发展，是实施乡村振兴战略、加快推进农业农村现代化、培育农村发展新动能、提升城乡资源配置效率、推动城乡一体化发展的关键举措，是促进农业兴旺、农民富裕、农村繁荣的有效路径。自2015年提出“推动农村一二三产业融合发展”以来，四川省积极推动农村一二三产业融合发展，在取得成绩的同时也面临很多问题。本文将在深刻把握四川农村一二三产业融合发展现状的基础上，提出加速三大产业融合发展的对策，为四川进一步加速推动

* 付宗平，经济学博士，四川省社会科学院农村发展研究所副研究员，主要研究方向为农村经济。

三次产业融合发展提供借鉴参考。

关键词： 农村产业 融合发展 四川

自2015年中央一号文件首次提出“推进农村一二三产业融合发展”以来，此问题就一直受到中共中央和国务院的高度重视，随后在党的十九大报告以及2018年的中央一号文件中均提到“农村一二三产业融合发展”问题。由此可见，促进农村一二三产业融合发展受到中央高层的高度关注和重视，是党中央、国务院顺应经济社会发展趋势，科学把握农村经济发展规律，吸引现代要素改造传统农业实现农业农村全面繁荣发展的必由之路。经过近年来的发展，目前四川农村的一二三产业融合发展虽然有一些初步探索并取得一定进展，但是总体上还处于起步阶段①，在初步的探索过程中还主要存在以下问题：农业与二三产业融合深度不够，产业链条延伸不足，农产品附加值较低；新型农业经营主体整体实力不强，产业融合主体的带动能力弱；利益联结机制松散，合作方式简单；产业融合要素瓶颈制约明显。基于这样的客观现实，四川必须以夯实农业发展基础为前提，以培育新型农业经营主体为带动，以“公司+农户”的利益联结机制为纽带，跨界优化整合土地、劳动力、资金、技术等资源要素，通过要素渗透、技术创新、机制改革等方式，大力发展种养业和农村服务业，开发农业多种功能多种形态，打造乡村旅游休闲产品，最终实现延长农业产业链、提高农业附加值。

一 四川三次产业融合发展现状

21世纪以来，随着四川工业化、城镇化和农业农村现代化的快速推进，

---

① 郭晓鸣：《从四川实践看农村三产融合及与台湾的合作展望》，《当代县域经济》2017年第7期。

农村面貌发生了翻天覆地变化，农业农村基础设施得到快速提升，农村社会公共事业得到加快发展，农业信息化技术得到广泛应用，现代农业产业化催生了农业与二三产业融合发展态势。全省通过积极培育农村新产业、新业态，着力构建三产交叉融合的现代农业产业体系，三产融合发展迈上新台阶。到2018年，全省已发展了99553个农民专业合作社，培育耕种地达到30亩以上的家庭农场有53391家，土地规模经营率已经达到39.5%。2017年，全省累计建成各类初加工设施14030座，累计形成的储藏保鲜、烘干能力达到440万吨。农产品经过商品化处理增值730亿元，初加工增值517亿元。总计有4074家规模以上农产品加工企业，工业总产值累计达到1.13万亿元。休闲农业、乡村旅游、乡村康养产业加快发展，2017年，全省休闲农业与乡村旅游接待游客量达3.52亿人次，综合经营性收入达到1320亿元，带动1290万农民就业，实现全省农民人均增收94元。到目前为止，全省总共创建了19个全国休闲农业与乡村旅游示范县，入选中国美丽休闲乡村的数量达到19个，有5个中国重要农业文化遗产，建成了440个农业主题公园和1400个美丽休闲乡村，认定省级示范休闲农庄300个、省级示范农业主题公园80个。农业新业态新经济不断涌现，文创农业、“农业+康养”、“农业+旅游”、“农业+互联网”等新业态加快发展。成功打造了一批具有地域特色、民族风情、乡愁记忆的特色小镇、美丽村庄和文化院坝。

（一）探索出“五大”产业融合模式

1. 循环经济型融合模式

这种融合模式的突出特征是农业内部产业之间的重组融合。主要表现为：以内部种养循环发展为指向，以农业与林业结合、农业与牧业结合为主，将农业内部的种养殖结构不断进行调整和优化，综合利用农业传统资源和废弃物，以实现农业的高效、绿色发展，激发农业内在潜力。实践中主要是以种植业和养殖业之间的相互结合为主，一些新型农业经营主体以农业优势资源为基础，为拓展农业增值空间，将农业相关联的产业进行整合，连接其中的部分环节或者整个环节，最终在农业内部形成紧密协作、循环发展的一体化经营方式。如四川农大高科农业有限公司依托占地5000亩的有机蔬菜基地，建成年出栏8000头的标准化优质商品猪和年出栏5000头黑山羊养殖场，形成“菜－猪（羊）－菜”的循环种养模式，农业传统废弃物得到综合利用，有效扩大了农业增值空间。

2. 产业链延伸型融合模式

这种融合模式的突出特征是农业产业链的整合延伸。主要表现为从种养殖基地建设，到农产品加工制作，到仓储管理、市场销售、品牌建设等整个产业体系的打造，再到农业与旅游的融合等产业集聚，最终形成一条龙的“全产业链”发展模式。实践中主要是依托一些新型农业经营主体，以农业为载体向产业链的前后延伸，包括前期的技术研发，再到种子、化肥、农药供应与农业生产连接，农业生产再与加工、营销、品牌、服务等环节连接，形成产加销一条龙。例如，四川皇嘉农业有限责任公司，目前发展成为一家集黑山羊养殖、羊肉加工、羊肉美食文化打造于一体的农业产业化公司。公司最早是以羊肉产品的加工经营为主，在金堂赵家镇建立了黑山羊加工产业园，待羊肉加工规模做大以后又先后在金堂五凤镇规划建立了黑山羊养殖基地并成立了黑山羊美食馆，随后又在精深加工方面做文章，出现了黑山羊分割肉、酱羊肉、羊肉方便食品等系列产品，再通过线上线下结合销售，实现产加销一条龙发展，公司产值达3亿元以上。不断延伸产业链条，增加产品附加值，提高产业效益。

3. 产业交叉型融合模式

这种融合模式的突出特征主要是农业与其他产业之间的交叉渗透融合。主要表现为依托本地独特的优质生态资源，挖掘农业功能的多样性，培育农业新业态，主要有旅游农业、创意农业、景观农业、文化农业、康养农业等，通过农业多功能的开发和新业态的培育，提升农业附加值。实践中主要是在发展传统农业的基础上，实现“农业＋旅游”“农业＋文化”“农业＋康养”等产业的融合。农业与其他产业元素之间的结合，可以不断拓展农业的功能，让农业从过去的卖农产品延伸到卖景观、卖农耕文化、卖教育体验、卖休闲健康，由此提升农业的附加值。虽然现代城市文明提升了人们生活的舒适度和便利程度，但是交通拥挤、空气污染等“城市病”也唤起了人们对乡村宁静生活的向往和追求，农业本身所蕴含的文化、生态、社会、教育等多重功能价值逐渐凸显。如四川合江县“耕读小镇”尧坝镇，通过充分挖掘当地独特的传统农耕文化资源，打造农业文化品牌，带动当地的休闲文化农业旅游，走出了一条“农业内部融合 + 多业态复合”的路子；西充县百里百村利用山、水、湖等传统资源禀赋，打造柑橘采摘节、桃花节，通过开展丰富多彩的旅游文化活动，打造农文旅融合发展示范园。

4. 技术渗透型融合模式

这种融合模式的突出特征主要是以农业为依托，引入大数据等高端信息技术发展“农业 + 互联网”等新兴产业，通过催生新业态的方式实现产业升级，发展数字农业、智慧农业以提高农业科技水平。实践中主要表现为在推动农业现代化生产、销售等过程中大力引进互联网、物联网等技术，加强信息、数据等技术对农业的渗透，最终实现科技与农业的融合发展，从而让农业与二三产业的边界变得模糊。如雅安市国家农业科技园区，以科技链支撑产业链发展，采用“核心区 - 示范区 - 辐射区”三层建园模式，在发展茶叶、林竹、中药材、水禽四大主导产业的基础上，积极培育农产品精深加工和生物制药产业，同时通过整合农村技术信息服务资源，提供及时便捷的技术和信息服务。

5. 集聚型发展融合模式

这种融合模式的突出特征主要是产业集聚型发展融合，大量农业龙头企业依托资金、技术、人才等方面的优势，融合农业生产、加工、服务销售等实现整个产业链联动发展，打造出多元化的产业集聚发展业态，形成集科技研发、产品包装设计、仓储物流、会展营销、电子商务、咨询服务于一体的复合型农业综合体。① 实践中主要是表现为一些涉农的新型经营主体以特色种养殖基地为依托，在生产、加工、销售、服务等环节分工合作、集聚发展，最终形成农村一二三产业网络链接的业态。既有不同产业的融合，也有不同经营主体的集聚。随着农业产业规模的不断壮大，产业发展呈集聚态

① 杨尚勤、何予平、王茂林：《推进农村三产融合发展》，《中国财政》2017 年第 10 期。

势，产业及产品品牌不断壮大。如四川银谷玫瑰科技有限公司依托优质玫瑰种植园，加工开发玫瑰精油、玫瑰饮料等系列精深加工产品，打造时尚浪漫的玫瑰风情园，集种植、研发、生产、销售、观光于一体，形成“以一带二、以二连三、以三促一”的复合型产业运行模式。

二　四川三次产业融合发展的做法与成效

近年来，四川农产品加工业加快发展，农村电子商务蓬勃兴起，休闲农业与乡村旅游发展势头较快，三次产业融合发展取得阶段性成效。

（一）现代农业示范园区建设稳步推进

按照“园区带基地”的发展思路，将农业产业与功能充分结合起来，努力在主导产业基地建设的规模和水平上做文章，不断提升现代农业示范园区建设质量和水平，最终形成主导产业带动其他产业融合发展的现代综合性农业示范园。依托特色小镇积极谋划建设乡镇示范园区，着重打造一批集休闲、观光、旅游于一体与种养殖产业配套的现代农业示范园区。通过“招大引强”选择一批发展潜力大、有实力的涉农企业、专业合作社作为园区建设主体，加大园区资金、技术、劳动力等基本要素投入，激发新型经营主体内生发展动力，最终建立起合作共赢的现代农业经营机制。创新融资机制，加大信贷资金投入的同时，通过各种政策优惠条件吸引社会资本对现代农业示范园区建设进行投资。延伸产前、产中、产后各个环节的产业链条和建立健全产加销一体化经营的现代农业产业体系，增加现代农业示范园区的综合收益。根据四川独特的农业资源禀赋和已有的农业生产布局，重点打造了一批农产品加工、蔬菜种植、水产养殖、花卉苗木和农业科技创新现代农业示范园区。

（二）农业产业化经营主体发展壮大

通过不断扶持专业大户和家庭农场，大力发展专业合作社，加快培育农业产业化龙头企业等，一批新型经营主体得到发展壮大。积极试点探索农地经营权、设施大棚、农业示范园区作价入股等土地流转方式，发展土地银行等农业金融服务中介，促进小农户、兼业农户的土地加速向现代新型规模经营主体集中，扶持壮大一批蔬菜、水果、粮食生产大户和家庭农场。支持农民专业合作社通过承担示范园区基础设施建设、冷链储藏库建设、农产品营销、品牌打造等项目，促进专业合作社不断成长发展；加快培育龙头企业，通过各种方式支持企业大力发展特色种养殖业、农产品加工业、农业服务业等延伸农业产业链条，促进农村一二三产业融合，提高农业附加值，为农民增加收入。2018 年，全省已培育省级示范家庭农场 1100 家。

（三）农业产业链条不断延伸

按照现代农业产业化的要求，将农资供应、农产品生产、加工、储运、销售、服务等各个环节有机连接在一起，形成产加销一体化模式，实现“小生产”与“大市场”、“小农户”与“大企业”、传统农业与现代工业的有效联结，形成农业现代化大生产格局。重点推动农产品主产区加工业的转型升级，促进农产品加工业快速发展；大力支持涉农龙头企业建设稳定的农产品原料生产基地，扶持农民专业合作社发展冷链物流和农资供销；建立和完善智能仓储物流系统，降低农产品运销成本；加大农产品品牌建设、保护及营销，扩大农产品品牌影响力。通过一系列产业链建设行动，不断健全和完善农业产业链、供应链和价值链，提高农业全要素生产率和综合竞争力。一是农业种养殖业向农产品加工流通业延伸。据调查，全省农业龙头企业、农民专业合作社和少数专业大户、家庭农场围绕农业产业链延伸，由原来单一的农业种养殖领域拓展到农业加工和流通领域，成功实现了一二三产业的融合。如四川禹王生态农业发展有限公司，原来以单一的早春蔬菜种植为主业，后来发展到蔬菜加工、速冻菜肴等产业领域。二是农产品加工企业开始向全产业拓展。据调查，全省目前有很多农产品加工龙头企业都由过去单一的农产品加工业向加工原材料基地建设、连锁专卖店、智能化仓储物流、专业批发市场等领域拓展。例如，四川绵竹邦禾农业科技有限公司是集发展生产、技术管理、鸡种供应、产品回购、连锁专卖于一体的农产品加工龙头企业，积极推动“公司+基地+农户”和“五统一”的产业经营模式，在绵竹市内流转500亩土地发展肉鸡林下养殖基地，并带动周边蚕桑等特色农业种植。

（四）休闲旅游农业加快发展

农业除了具备提供原材料、农副产品等基本功能外，还有休闲体验、生态涵养、文化传承、教育示范等多重功能。四川地域广阔，农业资源丰富，乡村文化厚重。随着城乡居民生活水平的改善，对休闲观光、生态康养、农耕文化体验等方面的心理需求逐渐提高，为农业的多功能拓展提供了条件。最近几年，四川很多地方依靠独特的农村资源优势，强调对农业多功能的开发，大力挖掘传统地域文化、特色农产品以及发展乡村旅游，催生了一批新的产业业态，提升了农业价值，带动了一方百姓致富。政府通过以奖代补等多种扶持方式支持当地农民专业合作社、专业大户发展休闲旅游农业，支持有条件的地方通过多种土地流转形式发展休闲农业和乡村旅游。通过农村新产业和新业态的培育，推动休闲农业向纵深区域延伸，推进星级企业建设。创设并举办桃花节、荷花节等多个乡村旅游节庆活动，走出了一条依托乡村、产业融合、互促共赢的特色发展之路。

（五）“互联网+”现代农业加快实施

结合四川实际，重点打造“互联网+”智慧农场、“互联网+”现代农业园区、“互联网+”共享农庄等。搭建了省级农村电子商务公共服务平台，建立完善了县、乡、村三级电子商务运营服务网络，并加快县、乡、村三级电子商务与物流配送体系建设，建设农村电子商务创业园，扩大农特产品网络销售，培育了一批创业带头人。近几年，四川农村电子商务呈现快速发展势头，通过不断探索农业信息化生产管理、鲜活农产品销售、体验农业等电商模式，农村各地出现了一批提供公益服务的益农信息社，加快了商务进农村综合示范县的建设步伐，逐渐打通了城乡信息沟通渠道。

三　四川农村三次产业融合发展面临的问题

在看到四川农村一二三产业融合不断取得成绩的同时，我们也必须清醒地认识到当前四川农村的三次产业融合才处于起步发展阶段，目前还存在许多亟待突破的挑战，问题主要表现在以下几个方面。

（一）农业与二三产业融合程度较低

突出表现为：农业与二三产业融合深度不足，产业融合链条较短、联结不紧密，附加值较低，多功能挖掘不够。农业与二三产业的融合基本上属于简单初级融合，如在产前、产中和产后各环节的联结不紧密，“互联网 +”农业等信息农业的融合发展还处于摸索阶段。大多数农业产业化企业在资金、技术、人才等资源要素方面的储备不足，加上传统经营管理理念的束缚，导致多数农产品加工停留在初级产品加工阶段，很多经营产品仅是原始农产品的简单包装，在精深加工、产品技术研发、营销策划、包装设计、品牌建设等方面都亟待提档升级。

（二）新型农业经营主体整体实力不强

一二三产业融合发展需要农业产业化组织及大量新型农业经营主体的带动，但是目前四川产业融合主体带动能力仍然较弱，在数量规模、实力档次、创新能力、带动影响力等方面都存在诸多不足。主要有以下表现：省内有实力的新型农业经营主体数量不多，部分农民专业合作社“名不副实”、自我发展能力不足；一些专业大户和家庭农场经营规模较小、参与融合能力有限，还有一些新型经营主体因缺乏内生动力成长较慢，开发新产业、新业态、新产品的能力较差，行业协会服务能力不强；农业龙头企业普遍存在农产品精深加工增值效率低、带动农户增收作用有限等问题。

（三）利益联结机制不健全

当前，虽然全省各类现代农业产业化组织都与农户建立了利益联结机制，但通过合同、股份合作、共享等方式建立起来的利益联结机制仍然是较为脆弱的，一旦出现市场行情波动，违约毁约现象就很常见。从事农产品生产、加工和农业休闲旅游的农户、专业合作社及龙头企业基本上都是基于各自优势独立经营，有分工但是缺乏合作；农产品生产者与加工企业、物流运输、批发销售、服务商等主体建立起的基本都是市场买卖关系，缺乏实质性深度合作，而生产者一般由于市场信息嗅觉不灵而处于产业链低端的被动地位，难以形成利益上的共享。虽然目前四川农村地区出现了很多订单农业、流转承包农业，但是真正采取股份合作制方式将农户与新型农业经营主体之间的利益联结起来的合作方式仅占很小比例。

（四）受资源要素瓶颈约束明显

据调查，目前四川很多地区农村产业融合面临的突出制约瓶颈是土地、资金、技术、人才等资源要素供给不足，尤其是土地和资金要素缺乏。一是产业用地需求难以得到满足。农村产业融合要大量的土地作保障，一些农用地必须转为工业用地或者商服用地使用。国土部门对于农用地转为工业用地有严格条件，如要求必须采用“招拍挂”方式公开招标确定土地使用权人等，中间有大量的手续和审批步骤，这就造成在土地变性使用过程中存在过多烦琐环节，耗费大量时间和人力、财力。如一些农产品仓储用地、农业培训场地、电商经营用地等方面的需求都难以得到满足。二是融资困难。目前农村金融产品较少，有效抵押物不足，很多地方农地经营权及农业设施都不能作为抵押物，导致能从银行获得贷款的数量较少。农村多数农业企业、专业合作社、家庭农场等因为规模较小，信用等级不高，抗风险能力较差，再加上有效抵押方式较少等，融资需求得不到满足。即使有一些具备融资条件的农业经营主体能够从银行获得贷款，但是也因为授信额度小，贷款期限短，放贷比例低（一般将固定资产总值打 2～3 折放贷），也无法解决融资实际需求。直接融资因为渠道窄、费用高而出现融资困难。三是复合型人才缺乏。农村产业融合需要大量的技能专业型人才和综合能力较强的复合型人才，但是多数农村地区的农村精英大量流失，大部分农民的文化素质和专业技能不高，造成产业融合发展所需要的人才严重不足。四是新技术培育滞后。由于农业是高风险行业，面临自然和市场的双重风险，盈利较低，许多工商企业的先进技术等要素向农业渗透的速度缓慢。而农村三次产业的融合在很大程度上依赖具有先进技术的新型经营模式，目前四川在农业产业内部的技术创新有较快发展，但打破产业界限促进各产业联动的技术开发和创新不够。如农村电子商务、会展农业、“互联网+”农业等产业融合的业态发展还处于小规模、低效益阶段，亟须不断发展壮大。

（五）基础设施建设滞后和公共服务供给不足

农村产业融合发展离不开农村基础设施的建立完善和农村公共服务配套的高效供给。在基础设施的硬件方面，当前四川许多农村地区供水、供气、供电等条件较差，乡村道路、污水处理、通村网络、仓储物流等设施落后，村道大多狭窄，若是在修路、电站建设等方面都需要经营者投资，则会打消他们参与积极性，农村内部以及农村与城镇间互联互通水平低下也就在所难免。目前省内的很多农村地区都没有配备污水处理和垃圾处理设施，二三产业发展自然会导致污水和垃圾增多，农村污水和垃圾处理能力不足将对农村自然生态环境产生较大破坏力，严重影响农村人居环境，也会制约三次产业融合发展。农业的发展还需要大量的生产性服务做配套，目前针对农业的产前、产中及产后服务还难以跟上。四川作为西部地区，来自各方面因素的影响导致在农村人才挖掘与培养、文化保护与传承等方面的财政投入力量相对不足，在农业保险、农业金融、农业技术推广、农村法律等农业生产性服务供给方面，还存在诸多需要完善的地方。

四　推动四川农村三次产业深度融合的对策

总体而言，四川农村三次产业融合发展还停留在起步阶段，面临问题在所难免。为从体制机制和政策安排上寻找突破以适应新形势下农村产业融合发展的需要，我们必须从以下几个方面制定支持政策和发展措施。

（一）持续推进产业融合体制机制改革

农村一二三产业融合离不开有效制度供给，要更深层次推动三次产业融合必须从体制机制改革方面入手推动要素聚集，激发内在活力。

一是继续深化农村产权制度改革。重点推动农地承包权和经营权分离的“三权分置”改革和集体产权制度改革，积极引导农户将土地经营权置换成合作社股权，鼓励发展农民专业合作社，加速经营权流转促进土地规模化经营，扶持新型农业经营主体发展。加快建立完善农村集体经济组织，构建合理的收益分配机制。

二是不断加大农村金融体制改革力度。在保证政策性金融供给的基础上，加大农村金融制度创新力度，扩大村镇银行覆盖面，拓展商业银行对农信贷的业务范围。支持成立农村产业融合发展基金，可以鼓励支持一批金融机构率先带动提供农村金融服务。制定资金补助标准或采取贷款贴息支持政策，鼓励新型农业经营主体积极开展产业链融资、PPP 融资项目等的试点。加快发展农村新型金融合作组织，创新农业投融资机制，积极推进农地经营权抵押贷款试点。

三是加大财税支持力度。大力落实对小微企业的税收优惠政策，统筹安排财政涉农资金支持开展农村产业融合扶持试点，加大中央预算内投资向农村产业融合发展项目的倾斜力度。

（二）加快培育壮大新型经营主体力量

产业融合必须依靠农业新型经营主体的带动力量，四川必须着力培育发展新型农业产业经营组织，通过各种鼓励政策支持专业大户、家庭农场、专业合作社、龙头企业、农业社会化服务组织等发展壮大。

一是扶持农民工、新型职业农民和返乡创业大学生作为推动农村三次产业融合的重点新兴力量，在农村集体经济组织的带动下开展多种形式的产业融合发展。

二是将扶持家庭农场和农民专业合作社作为推动农村三次产业融合的基

础力量。鼓励家庭农场开展农产品直销，鼓励农民专业合作社拓展在农产品加工、销售、服务等领域的业务；支持符合条件的家庭农场、农民合作社优先承担政府涉农项目，通过各种政策引导土地向家庭农场、专业合作社规模化流转。

三是发挥涉农企业的引领带动作用作为推动农村三次产业融合的主体力量。培育壮大农业产业化龙头企业，通过政策引导龙头企业在农产品加工、电子商务、农村休闲旅游、农业社会化服务等领域发展，并通过股份合作、订单式农业等形式带动农户发展适度规模经营。充分发挥龙头企业在资金、技术、管理、人才等方面的优势，加强产业链、供应链和价值链管理，示范引领农村产业融合发展，拓展农业多功能，提高农产品附加值。

四是引导社会资本与新型农业经营主体分工合作，在农产品生产、加工、流通、服务及乡村休闲旅游等产业领域形成优势互补、集聚发展态势。

五是积极引导社会投资主体介入农村产业融合发展项目，以股份合作、专业合作、订单合作等多种形式建立利益共同体，让农户分享农业增值收益。

六是加大对新型农业经营主体在产业融合、商业模式创新和知名品牌培育等方面的支持力度。在登记注册、融资租赁、土地利用、税收政策等方面给予各种优惠。将产业融合的主要载体放在县城和重点镇、中心村、特色村镇，在优化布局的同时加快产业融合速度。

（三）积极推动全产业链融合发展

全产业链融合是今后农村产业融合发展的趋势所在，必须加大产业链各环节联结模式创新力度。

一是注重绿色农业产业链向价值链转化。按照种养平衡、农牧结合、农林结合的要求，合理调整种养殖结构，优化种养殖业布局，形成种养循环的生态种养殖方式，推动建设生态循环农业示范区。提高环境对农业生产资源的承载力，在蔬菜、水果等有机肥需求量大的种植集中区配套养殖基地，形成种养循环农业的全产业链发展。

二是推动农产品精深加工业发展，提高加工产品附加值。支持涉农企业立足自身优势在发展农产品加工业的同时建立稳定的原材料供应基地，提升农产品精深加工水平，签订农产品购销合同，形成稳定购销关系，优化上下游产业格局，着力构建全产业链和全价值链。

三是挖掘农业多种功能，培育新产业新业态。充分挖掘农业农村资源的价值优势，融合乡村观光、游乐、休闲、运动、体验、度假、会议、康养、居住等多种功能，推动农业与民俗文化、休闲旅游、教育示范、饮食健康、生态康养等产业的融合。

（四）鼓励发展类型多样的产业新业态

对全省发展休闲、观光、康养、教育、体验等产业融合型休闲旅游农业要提早做好产业发展规划，在规划指导下有计划地分步实施产业融合发展，提高乡村休闲旅游产业的发展水平。立足各地区的资源优势和自身特色，充分挖掘生态、文化、旅游等多重功能和价值，走差异化、多元化、特色化路线，因地制宜推动发展农村新产业、新业态和新模式。

一是打造乡村旅游综合体。深入挖掘传统文化资源，推进乡村博物馆、农业体验园、休闲农庄、乡村酒店、特色民宿酒店、自驾露营基地等的建设，打造特有的乡村文化休闲旅游综合体。

二是发掘农村传统文化，开发体验式农村旅游商品。保护传统村落，增强历史记忆，在传统农业基础上注入历史、民族文化，并与现代元素有机结合。鼓励发展多种形式的文创农业、体验农业、康养农业、农业综合体、农村文化博物馆和特色文化旅游村镇，开发具有四川特色的蜀锦、蜀绣、唐卡、年画等旅游商品，提高农业整体竞争力。

三是大力发展“互联网+”农业新业态。打造四川特色农产品体验馆，通过互联网、农村电子商务构建的电商平台实现更大范围的农产品销售。将互联网、云计算、大数据等信息技术与传统农业有机融合，发展工厂化农业、现代设施农业以及智慧农业、数字农业。鼓励支持新型农业经营主体充分利用互联网等先进技术在农资供应、农产品生产、农产品购销、农产品仓储物流等环节的应用。

（五）加快构建多种形式的利益协调机制

利益协调机制的建立和完善是实现产业融合发展的关键环节，构建利益共享的公平分享机制是实现农户和新型经营主体分享一二三产业“红利”的保障。

一是鼓励产销合作。鼓励引导龙头企业与农户、家庭农场、农民专业合作社等经营主体开展多种形式的农产品产销合作，在技术研发、标准化生产、质量安全管理等方面建立认证体系，共同建立营销基金，联手打造品牌，实现利益共享。

二是积极发展订单农业。大力支持龙头企业与农户、家庭农场、农民专业合作社在平等互利的基础上签订农产品购销合同，制定合理的收购价格，形成稳定购销关系，并鼓励支持订单农户参加农业保险。

三是积极推广股份合作制。继续开展农村产权确权登记颁证，鼓励农户将农地经营权折股量化入股合作社、农业企业等，充分保障土地经营权入股收益，采取“保底收益 + 利润分红”等方式让农户分享农业价值增值收益。

四是鼓励利益联结模式创新。推动农商合作、官学研结合，强化“农超对接”、“农餐对接”和“农校对接”；积极引导新业态发展，鼓励支持新型农业经营主体和农户利用发展农业休闲、农业体验、“互联网 +”等新业态的机遇建立紧密利益联结机制。

五是健全风险防范机制。推广实施租金动态调整、实物计租货币结算等定价计价方式以稳定土地流转关系，并加强合同履约监督。规范社会投资主体租赁土地行为，建立土地流转、订单农业风险保障金制度，与农业保险、担保结合，多方面加强风险防范。

（六）切实完善产业融合保障措施

产业融合必须有坚强的保障措施作后盾，只有以政府合理的政策措施作支持才能推动产业融合发展、走向繁荣。

一是搭建公共服务平台。建立农村信息化综合性服务平台，为产业融合提供信息发布、公共营销、咨询顾问、金融保险等服务。建立农村创业孵化平台，搭建在线技术支持服务体系，在设计、营销、融资、技术等方面提供个性化定制服务。采取政府购买社会服务的方式引导社会主体提供公共服务。

二是强化人才和技术支撑保障。加快发展农村职业教育，通过组织农民夜校、短期培训等方式加大对农村实用技术人才培养力度。引导城市各类退休专业技术人员、大学生村官、大中专毕业生、返乡农民工等社会精英到农村创业或到农村企业任职兼职，完善知识产权入股、参与利润分红等激励机制；加大对科研机构、涉农企业等开展产业融合技术创新研究的支持力度，积极推动分级包装、智能仓储、精深加工、冷链物流等新技术开发；推进信息技术与农产品生产、加工、流通、管理、服务和消费各环节融合与集成应用。

三是改善农业农村基础设施条件。继续完善农村供水、供电、供气、通信、道路等基础设施建设，加强农村人居环境整治；利用土地综合整治完善农田水利基础设施；建立完善农村物流设施，构建现代化的农村物流网络体系。

B.4

四川省农村贫困问题及反贫困战略研究

高 杰　马少春*

摘　要： 随着扶贫攻坚工作的推进，四川省贫困问题得到极大缓解，贫困群体生产生活条件得到根本性改变，收入来源和结构得到优化，精准扶贫战略实施取得巨大进展。但是，随着扶贫工作的推进，全省农村贫困也呈现了一些新的矛盾和问题，如双重贫困问题、贫困“代际传递”问题、贫困向深度贫困地区集中问题以及贫困地区产业“低位循环”问题，迫切需要通过反贫困战略手段的调整给予解决。

关键词： 农村贫困　反贫困战略　四川

四川省是全国扶贫攻坚任务最为繁重的省份之一，实施好精准扶贫战略是关系到全省与全国同步建设小康社会的关键性举措。随着扶贫攻坚工作的推进，四川省贫困问题得到极大缓解，贫困群体生产生活条件得到根本性改变，收入来源和结构得到优化，精准扶贫战略实施取得巨大进展。但是，随着扶贫工作的推进，也出现了一些新的矛盾和问题，需要在扶贫攻坚冲刺阶段得到解决。因此研究四川贫困问题的最新现状、问题和政策建议等具有重要意义。

---

* 高杰，博士，四川省社会科学院农村发展研究所副研究员，主要研究方向为贫困与反贫困理论；马少春，四川省社会科学院农村发展研究所硕士研究生，主要研究方向为农业经济管理。

一　四川省农村贫困基本情况

（一）农村贫困人口规模与分布

2018 年底，全省农村贫困人口 67 万人，比上年减少 104 万人；全省贫困发生率1.1%，比上年下降1.6 个百分点（见表1）。从贫困区域分布情况看，截至 2018 年底，全省仍有 1782 个贫困村和 38 个贫困县。

表1　2011～2018 年全省农村贫困人口变化情况

年份	贫困人口		贫困发生率	
	数量(万)	同比减少(万)	百分比(%)	同比下降(个百分点)
2011	912	497	13	7.2
2012	724	188	10.3	2.7
2013	602	122	8.6	1.7
2014	509	93	7.3	1.3
2015	400	109	5.7	1.6
2016	306	94	4.4	1.3
2017	171	135	2.7	1.7
2018	67	104	1.1	1.6

目前，全省共有深度贫困县 33 个，其中，大小凉山彝区有 13 个县，高原藏区有 20 个县；包括凉山州除安宁河流域“一市五县”以外的 11 个县、乐山的峨边县和马边县、阿坝州 7 个县以及甘孜州 13 个县。

（二）贫困地区农村居民收入情况①

第三次全国农业普查数据显示，2016 年全省贫困地区农村居民人均可支配收入为8799 元（见图1），比上年名义增长 12.4%，是同期全省农村居

① 为保证数据准确性，全省贫困地区农村居民收入和生活水平数据来源于全省第三次农业普查数据，故采用2016 年数据进行分析。

民人均可支配收入的78.5%，增速高于全省农村居民人均可支配收入增长幅度。

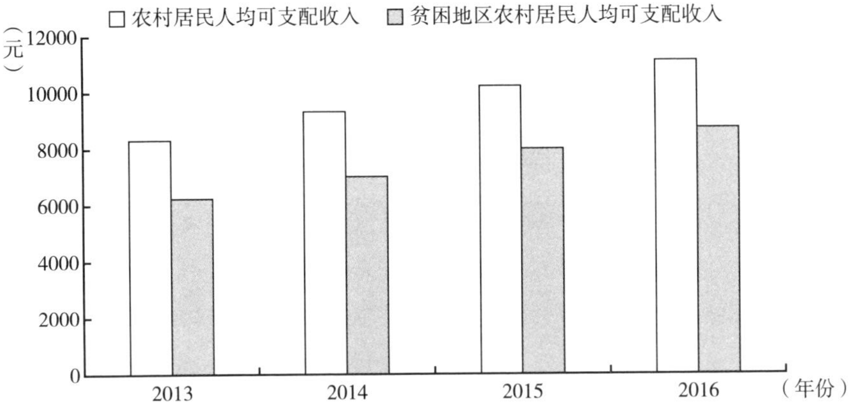

图1　全省贫困地区农村居民人均可支配收入与全省农村居民人均可支配收入对比

从收入结构上看，2016年全省贫困地区农村居民人均可支配收入中，经营性净收入为3556元，占可支配收入比重为40.4%；工资性净收入为3079元，占可支配收入比重为35.0%；转移性净收入为1976元，占可支配收入比重为22.5%；财产性净收入为187元，占可支配收入比重为2.1%（见图2）。从增幅上看，财产性净收入同比增加93元，但是农村居民财产总量有限，财产性净收入基数较小，因此增幅较大，接近50%；转移性净收入同比增加283元，增长16.7%；经营性净收入同比增加274元，增长8.4%；工资性净收入增长相对缓慢，同比增加184元，增长6.3%。

（三）贫困地区农户生活水平

随着扶贫开发工作的不断推进，全省贫困地区农户生活水平持续改善。国家统计局统计数据显示，2016年全省贫困地区农户居住土坯房的比重仅为8.4%，使用照明电的农户比重为97.5%，使用管道供水的农户比重为51.5%，使用经过净化处理自来水的农户比重为21.5%，饮水无困难的农户比重为81.9%，独用厕所的农户比重为94.3%。贫困地区农村每百户拥

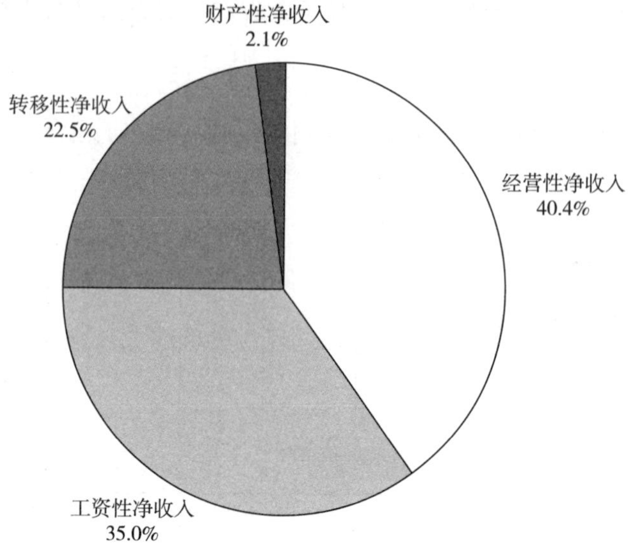

图2　全省贫困地区农村居民人均可支配收入结构

有汽车 9.1 辆、洗衣机 77 台、电冰箱 76.3 台、移动电话 218.7 部、计算机 10.6 台。

从贫困地区农村基础设施和公共服务情况看，2016 年全省贫困地区所在自然村通公路的农户比重达 99.7%，所在自然村通电话的农户比重达 99.8%，所在自然村进村主干道硬化的农户比重为 94.8%，所在自然村能便利乘坐公共汽车的农户比重为 48%，所在自然村通宽带的农户比重为 70.1%，所在自然村垃圾能集中处理的农户比重为 52.9%，能够在所在自然村便利就读幼儿园和小学的农户比重分别为 73.7% 和 76.9%。

二　四川省农村贫困问题的阶段性特征

随着扶贫攻坚工作的推进，四川省贫困问题得到极大缓解，贫困人口迅速减少，贫困地区农村居民收入增速高于全国平均增速，贫困地区生产生活条件得到根本性改善，主要致贫返贫风险得到有效抑制，全省扶贫攻坚取得重大阶段性胜利。但是，四川省贫困地区依然面临着贫困面宽、量大程度深、发展基础薄弱等严峻挑战，扶贫攻坚工作面临新情况和新问题，必须通过持续的机制完善和政策调整加以解决。从贫困表现和致贫原因等方面分析，目前全省贫困问题呈现以下特征。

（一）贫困群体“双重贫困”问题仍然存在

市场经济体制确立后，在经济效率不断提升的同时，城乡差距、收入分配差距问题也逐渐凸显。收入差距的扩大引发了相对贫困，导致了“双重贫困”问题，即收入贫困和非收入贫困并存的问题。所谓收入贫困，是指居民的收入低于国内和国际的贫困标准；非收入贫困，主要指居民缺少足够的食物和营养、缺乏必要的教育和卫生医疗服务、得不到信息和市场机会、面临资源贫瘠和生态贫困等方面的问题。对发展中国家农村贫困问题的研究表明，收入贫困和非收入贫困相互关联：一方面，收入贫困使农村居民没有经济能力增加食物消费和改善营养状况、提高教育和卫生医疗水平，为摆脱收入贫困进行的资源开发加剧了生态环境恶化，从而导致非收入贫困的延续和加深；另一方面，缺少良好的教育、营养不良和健康问题、得不到信息和市场机会、资源贫瘠和生态贫困等非收入贫困，使居民难以增加自己的收入。四川省贫困地区的“双重贫困”带来一系列新的社会问题，如贫困人口的心理健康问题、社会权利的不均衡问题，与贫穷相伴生的吸毒、贩毒和艾滋病感染率呈上升趋势问题。近几年出现的群体性事件、公共安全事件等表明，这些问题不仅仅涉及贫困群体自身的生存发展，更关系到国民经济的长期平稳运行。

（二）贫困的“代际传递”特征仍待改变

近年来，全省贫困的“代际传递”问题凸显，由于无法接受良好的教育，许多贫困家庭的子女在成年后，既缺少改变家庭贫困状态的能力，又要承担老龄父母的赡养责任，其生活陷入更加贫困的状况。另一个值得注意的现象是，社会资本的分配不均成为贫富“代际传递”的重要原因。社会资本是嵌入社会网络中在有目的之行动中可以获得或调用的一种资源。社会资本通过“代际传递”决定了处于不同地位的群体的就业机会和收入。出于家庭经济原因，与富裕家庭子女能从家庭获得的社会资本相比，贫困家庭的子女社会资本极少，要改善自身经济状况需要付出更高的成本。贫困的代际传承降低了贫困家庭摆脱贫困状态的预期，也固化了社会阶层。

（三）贫困呈现向深度贫困地区集中的趋势

随着扶贫工作成效的不断显现，四川省贫困人口迅速减少，但“三区三州”深度贫困地区的问题更加凸显。2017 年底，全省深度贫困地区尚有贫困村 2180 个、贫困人口 62.2 万人，分别占全省贫困村的 41.2%、贫困人口的 36.4%。45 个深度贫困县中仅有 2 个县（汶川县、泸定县）通高速公路，82 个乡（凉山州 53 个、甘孜州 29 个）、1474 个建制村（凉山州 476 个、阿坝州 7 个、甘孜州 991 个）未通硬化路。2017 年，深度贫困地区生产总值为 1058.04 亿元，仅占全省的 2.86%，平均每个县地区生产总值仅为 23.51 亿元，比全省平均水平低 88.4%。

（四）贫困地区产业“低位循环”问题凸显

产业发展是贫困地区和贫困人口脱贫致富的关键，但近年来，贫困地区面临着产业“空心化”和“低位循环”的问题。一方面，部分地处偏远的贫困地区产业依然以传统农牧业为主，二三产业发展缓慢，加之受经济“减速换挡”的影响，部分贫困地区出现了资金外流的趋势，工业企业破产、撤资、外迁的现象逐渐增多；另一方面，虽然部分贫困地区的工业有所发展，但从产业结构上看，资源型产业、粗加工业所占比重较高，且均处于粗放经营阶段。近年来，在东部产业转移过程中，部分贫困地区承接了低端加工制造业和高污染、高能耗的产业。贫困地区产业发展缺少必要的劳动力、资本、技术支撑，导致产业发展陷入“低位循环”状态，即粗放经营方式通过生产和扩大再生产被放大，产业转型升级困难。

三　四川省扶贫攻坚工作面临问题和挑战

随着精准扶贫战略的全面实施，全省扶贫工作取得了显著成效，但农村贫困问题也呈现出一些新特征，给反贫困行动和扶贫攻坚工作的实施带来新挑战。

（一）主体间利益冲突逐渐加剧

扶贫资源向贫困群体集中分配有利于保证贫困农户按期脱贫，完成减贫目标，但也难以避免造成不同群体之间的一些利益冲突，使利益主体间的均衡机制建设面临挑战。

一是区域性整体贫困地区的贫困户与非贫困户间矛盾显现。目前，贫困户在增收、住房、医疗等方面均能获得较高保障，随着帮扶力度的加大，临界贫困户逐渐形成不平衡心理。以秦巴山区某县一个农村贫困户为例，其成为建档立卡贫困户后，一年中所能够享受到的各类政策补贴及帮扶资源比非贫困户高出 10 万元以上。在区域性整体贫困较为突出的地区，已经出现对扶贫资源分配不满引发的攀比现象，必须引起高度重视。

二是部分地区贫困村与非贫困村间矛盾显现。为按期完成贫困村“摘帽”任务，许多地区将大部分财政资源投向贫困村，一些贫困村一年内注入的扶贫产业发展资金、房屋建设及基础设施改造资金等各类项目资金可以接近甚至超过千万元，而非贫困村能够获得的政策支持明显减少。在不少地区，相邻贫困村与非贫困村经济基础较为相似，在集中资源高强度帮扶后，贫困村在基础设施、村容村貌、产业发展上都明显好于邻近非贫困村。这种外部行政性扶持政策带来的差异，使非贫困村滋生了一定的不满情绪，村与村之间矛盾有所显现。①

① 郭晓鸣、高杰：《我国脱贫攻坚的新挑战与应对策略》，《中国乡村发现》2018 年第 1 期。

（二）扶贫政策长效性仍待检验

扶贫攻坚工作极大地改变了贫困地区的发展条件，为贫困群体的持续发展构筑了坚实基础。但随着扶贫任务目标考核期的迫近，为完成脱贫任务而采取短期化行为的现象在少数地区再度“抬头”，使扶贫长效机制的建设面临挑战。

一是单一物质投入式帮扶现象仍然存在。由于扶贫工作任务重、时间短，一些基层政府只能以非正常方式完成任务。在少数地区，仍然存在对少数基础较好的贫困村以“吃偏饭”的方式集中资源支持的情况，把短期成效显著的物质投入式帮扶作为主要手段。在部门对口帮扶中，由于面临行政考核压力，加之部门自身职能限制，注重短期物质性投入的现象更加突出。一些部门将为对口贫困户捐款捐物作为扶贫的主要方式，单纯以资金投入比重作为“一刀切”考核要求，对贫困人口自我发展能力建设、地区经济持续发展能力建设等关注不足。

二是需高度关注扶贫产业持续发展问题。贫困地区产业发展“低位循环”问题仍然存在。一方面，产业单一化、产品低端化。在种植面积和养殖数量迅速增加的同时，产业链前端良种培育、后端仓储和加工等环节缺失。扶贫产业发展过程中，农业发展与乡村旅游、文化资源开发未能协同推进，农村产业仍未实现融合发展。另外，扶贫产业发展与生态环境保护目标存在冲突，在部分生态脆弱地区，养殖业等产业过度扩张给生态环境保护带来压力。另一方面，产业趋同化、产品同质化。以四川省的核桃产业为例，据不完全统计，四川省四大片区将核桃作为扶贫主导产业的县市有 33 个。2017 年，全省核桃产量已经突破 40 万吨，而在鲜核桃产量持续增加的同时，许多地区存在下游加工环节发展滞后的问题，产品销售面临较大困难。产业同质化的后果最终将由生产者承担，而作为产业扶贫的主要参与者，各贫困户的收入将受到巨大冲击，部分贫困户将面临返贫风险。更加严重的后果是，在贫困地区整村、整县推进某一产业的背景下，贫困户经营性、工资性、财产性等多项收入都依赖于单一产业发展，贫困地区大量财政资源也用于支持产业发展，一旦出现市场风险，贫困地区甚至将面临系统性风险。[①]

（三）帮扶政策协同性有待加强

在扶贫政策帮扶力度和扶贫资金投入力度不断增大的同时，部分帮扶政策协调性仍显不足。帮扶政策经常性调整不仅使贫困户形成了脱贫越晚实惠越多的认知，更弱化了贫困人口通过自我发展实现脱贫增收的意愿。如在贫困户住房建设方面，近年来政策调整幅度较大，提高了贫困户对于未来政策补贴的预期，进而使其减少自我改善住房行为。在与贫困户座谈过程中，部分人反映，有些之前准备自己做的事情，可能很快就有政府补贴，所以都想等政策明确了再决定。调研中也有基层干部反映，一些贫困户认为自己不解决的问题都会得到政府帮助，比如在获得住房建设补贴后，不愿进行房屋内部装修或购置家电，认为还会有后续政策支持。扶贫政策较快的不确定性调整加剧了部分农户的“福利依赖”，也通过贫困群体间的“相互学习”形成“羊群行为”，造成了消极性贫困文化的再度传播。[②]

（四）贫困群体自我持续发展能力偏弱

由于贫困地区发展基础较弱，加之部分政策的长期效果尚未能显现，贫困地区和贫困者自我持续发展的能力有待提高。

一是贫困人口自我发展能力考核指标不完善。现行的脱贫考核指标以生活条件短期改善为标准，为按时完成任务，一些贫困地区对照考核标准实施帮扶项目建设，在改善贫困群众生活质量的同时也完成了考核任务。但调研发现，部分地区存在为完成考核任务而简单机械地对照指标进行建设的问题，忽视未纳入考核指标的人力资本提升程度等，造成重生活福利性帮扶、轻能力建设性投入的问题。

---

① 郭晓鸣、高杰：《我国脱贫攻坚的新挑战与应对策略》，《中国乡村发现》2018 年第 1 期。

② 郭晓鸣、高杰：《实施精准扶贫战略的四大重要关系》，《中国西部》2016 年第 12 期。

二是贫困地区的制度建设仍待加强。在一些贫困村，土地产权制度改革、农业经营体制创新、集体经济产权改革、基层社区治理体制改革等相对停滞。建设性项目能够在短期内改善农村面貌、提升贫困人口生活水平，但是乡村资源的优化配置、经济社会的长远发展仍离不开各项制度改革。在进一步深化农村改革的大背景下，忽视制度改革可能使贫困地区再次错失发展机遇。

四 四川省推进扶贫攻坚工作的对策建议

从扶贫攻坚工作阶段看，四川扶贫攻坚正处于重要的攻坚期和冲刺期，但是立足于更加宏观的发展背景，我国的扶贫战略也正处于极为关键的承上启下时期。因此，要高度重视各地贫困问题的新变化和扶贫工作面临的新阻碍，创新扶贫制度、优化施策路径、完善工作机制来应对扶贫攻坚的新挑战，完成扶贫攻坚的历史使命。

（一）构建贫困群体之间的利益均衡机制

引导贫困村与非贫困村共同发展产业，通过统一规划、合理布局建立贫困村与周边非贫困村产业协同发展机制，围绕产业规划统筹安排基础设施建设、技术支持、金融支持等项目。在贫困村内，鼓励先富户、脱贫户与贫困户之间形成合作帮扶机制，形成农户间资源互补、利益共享的发展路径。进一步探索资产收益扶贫等做法，通过利益联结模式的创新破解贫困户与非贫困户间因帮扶资源分配产生的矛盾。重视社区的建设和发展，将精准扶贫与贫困地区乡村治理机制的再造有机结合，以提高贫困农户组织化程度为导向，增强贫困人口集体行动能力，以农户合作互助提高扶贫成效。①

（二）探索扶贫攻坚政策实施的长效机制

在消除绝对贫困的目标导向下因地制宜地实施精准扶贫政策手段，避免

① 郭晓鸣、高杰：《我国脱贫攻坚的新挑战与应对策略》，《中国乡村发现》2018 年第 1 期。

以扶贫手段代替脱贫目标，有效扼制已经出现的短期化、形式化和政绩化等倾向。在提高贫困群众自我发展能力基础上，建立代耕、托管、寄养、入股、技术服务等带动参与机制，拓展贫困户参与和分享产业发展效益的空间，实现稳定和持续脱贫。发挥市场机制作用，将贫困户培养为真正的市场主体和项目运行主体。

（三）建立扶贫政策统筹整合的协同机制

扶贫政策间协调性差的问题已经严重影响政策实施效果，成为扶贫攻坚战略实施过程中亟待解决的关键问题。在新阶段，必须通过体制机制创新增强扶贫政策的衔接性和协同性以保证项目实施的完整性和持续性。在不影响帮扶精准性的前提下减少政策间的差异。强化对扶贫项目的配套支持力度，建立项目运行的长期支持制度。增强对村级医疗室、村级幼儿园等建设的运行支持和对道路设施、房屋建设、乡村风貌维护等项目运营、维护等各环节的支持。

（四）形成以可行能力为核心的动力机制

贫困群体可行能力的获得是贫困地区自我持续发展的根本，因此，在扶贫攻坚新阶段，要更加重视推动从物质性投入向可行能力培育的转化，通过贫困地区发展条件的改善和贫困人口发展能力的提升实现贫困地区的自我发展。增加生产性基础设施建设项目，如高标准农田建设等，改善贫困乡村产业发展基础条件；开展实用技能、就业技能、基本技能等不同层次的培训课程，切实推进乡村医疗体系建设，增强服务能力，从知识技能和身体健康两方面提升贫困人口人力资本水平。

B.5
四川农村新型职业农民制度研究

赵利梅*

摘　要： 农村新型职业农民制度作为国家层面和省级层面的制度环境，从中央到省级必然有与之对应制度安排和治理结构。四川农业正处于转型升级的关键时期，本文以“四川农村新型职业农民制度”为研究主题，将四川农村新型职业农民制度纳入新制度经济学的研究领域，运用新制度经济学的相关理论，从宏观层面和微观层面对农村新型职业农民制度设计理念、逻辑机理、评估和保障机制等进行系统分析，为以农户家庭经营为主体地位的农业经营制度与职业农民制度相融通提供理论基础，将四川农村新型职业农民制度分析在理论研究上向前推进一步，既讲“普通话”，也充分讲好“四川普通话”。

关键词： 新型职业农民　转型升级　治理结构

一　引　言

2018 年四川省委一号文件要求进一步加大在重点领域和关键环节的改革力度，更加有效突破制度藩篱，释放改革红利，破解发展难题，为乡村振兴激发活力、增强动力。[①] 四川省委一号文件继续既讲“普通话”，也充分

---

* 赵利梅，四川省社会科学院农村发展研究所副研究员，主要研究方向为农民工、农民价值观等。

① 朱虹：《四川：推进乡村振兴六大改革任务　全面建立新型职业农民制度》，http://sc.people.com.cn/n2/2018/0208/c345509-31236959.html。

讲好“四川普通话”，在吸纳中央一号文件重要政策举措基础上，也做出一系列创新和突破。其中新型职业农民制度是推动乡村振兴的内生动力，2018年中央一号文件提到“大力培育新型职业农民”，要求全面建立职业农民制度，但对配套政策体系提的相对较简略。四川省委一号文件响亮提出“全面建立新型职业农民制度”，突破以往的简单培训，从教育培训、资格准入、生产扶持、社会保障、风险防控、退休养老等方面做出一系列成体系的要求，并开展试点，探索经验，不断让农民由身份变职业，不断“让农民成为有吸引力的职业”①。从2018年1月开始，积极探索建立“职业农民制度”，根据乡村振兴对不同层次人才的需求，在生产经营专业大户、家庭农场（林场）主、农技推广人员和返乡大中专毕业生等群体中认真遴选培训对象。例如，以成都市为例，2018～2019年，新培育新型职业农民3万人。江油市2018年新型职业农民培育项目472人。2018年1～5月，累计培训新型职业农民2.4万人次和农牧民104.74万人次。②

二　新型职业农民的内涵特征

（一）新型职业农民的内涵新解

“新型职业农民”第一次出现是在2012年的中央一号文件中，此后农业部开启了新型职业农民的培育工作。新型职业农民发展呈现“五高”特点，即来源多元化程度高、规模化经营程度高、农业绿色发展水平高、互联网利用程度高和农业经营纯收入比较高。但是对于职业农民的概念国内外学界尚未形成共识，结合职业与农民各自定义，本文参照洪仁彪、张忠明③和朱启臻④的定

---

① 李森、李龙俊、罗之飏等：《干货！2018年四川省委一号文件这些创新突破很“港”!》，http://mini.eastday.com/a/180208111255037.html。

② 轩玉珏、陈地：《构建特色农业园区　探索职业农民制度——四川多措并举助力乡村振兴》，http://www.xinhuanet.com/2018-09/07/c_1123395056.htm。

③ 洪仁彪、张忠明：《农民职业化的国际经验与启示》，《农业经济问题》2013年第5期。

④ 朱启臻：《新型职业农民的内涵特征及其地位作用》，《中国农业信息》2013年第17期。

义，将新型职业农民概括为具有以下特征。

1. 全职性

全职性是指职业农民把务农作为终身职业，而非其他产业。

2. 商业性

新型职业农民从事农业的目的是出售产品和服务来获取利润，而不是满足自身需求，市场意识较强。传统农民，其产品和服务主要满足自身需求，市场意识较弱。

3. 技术性

技术性是指职业农民必须通过职业训练或专门教育培训获得一定的专业技能和知识。传统农民主要依靠口授或者经验进行农业生产，没有接受过专业的技术培训。

4. 相对稳定性

稳定性是相对而言，相较于大多数传统农民“农忙务农，农闲务工”的兼业生产，新型职业农民是“专职从事农业工作”，其工作是相对固定的，较少进行职业变换。

5. 多样性

多样性是指随着现代科学技术发展、现代信息技术发展和现代农业经济管理方法的变革，农业内部分工不断细化，职业农民从事职业的专业化程度日益提高，涵盖了农业产前、产中、产后的各个环节，而不仅局限于农业生产环节。传统农民的生产活动主要集中在农业产中环节。

（二）新型职业农民的主要类型

相较于传统农民，新型职业农民有些新观念，具备新素质，更具有新能力，例如主体观念、诚信观念、科技素质、心理素质以及合作组织能力。新型职业农民可分为生产经营型、专业技能型和社会服务型三种类型。

“生产经营型”新型职业农民，是指以家庭生产经营为基本单元，有资金或技术，有较强的农业生产经营管理经验，充分依靠农村社会化服务，开展规模化、集约化、专业化和组织化生产的新型生产经营主体。例如专业大户、家庭农场主、专业合作社带头人等。

“专业技能型”新型职业农民，是指在农业企业、专业合作社、家庭农场、专业大户等新型生产经营主体中，掌握一定的生产技术，有比较丰富的生产经验，直接从事生产经营活动的骨干农业劳动力。例如农业工人、农业雇员等。

“社会服务型”新型职业农民，是指掌握一定农业服务技能，在经营性服务组织中就业或个体从事农业产前、产中、产后服务的人群。

新型职业农民的分类没有绝对性，三者互相交叉，有的是“生产经营型＋社会服务型＋专业技能型”的结合体，有的是“社会服务型＋专业技能型”的结合体。不管哪种类型，主要包括返乡创业的农民、转型的传统农民、农业大专院校和中等职业学校毕业学生等。

三　准确把握四川新型职业农民制度建设的新形势新要求

2019年的中央一号文件指出，2019～2020年是全面建成小康社会的决胜期，“三农”领域有不少必须完成的硬任务，因此必须适应国内外复杂形势变化对农村改革发展提出的新要求，抓重点、补短板、强基础。四川作为农业大省，金字招牌不能丢，要带头做好农业供给侧结构性改革，推进由农业大省向农业强省跨越。① 如何实现从“农业大省”向“农业强省”跨越，深化改革推动乡村振兴，四川给出了乡村振兴的四川方案。而激活乡村振兴的内生动力，人才是关键，迫切需要高素质的职业化农民。从2018年1月开始，四川积极探索建立新型职业农民制度，更为值得恭喜的是，农业部公示的2018年度全国百名杰出新型职业农民中，四川共有4名优秀新型职业农民代表入围。

① 王浩：《新型职业农民去年人均农业经营纯收入2.78万元》，《人民日报》2018年10月28日。

随着四川财政近年不断加大投入力度，各级相关部门积极探索，新型职业农民制度在培育制度建设、培育体系构建、模式方法拓展、职业农民作用发挥、产业扶贫支撑作用等方面取得了长足发展。但与四川乡村振兴、精准脱贫攻坚对农业农村人才的迫切需求以及务农农民的实际需求相比，存在的困难与挑战仍十分艰巨。四川乡村振兴“缺人”现象尚未根本扭转，现代农业发展仍然缺少一大批高素质劳动者支撑。因此，四川必须认清形势，抓住机遇，创造性地进行一系列制度安排和政策跟进。

党的十九大提出实施乡村振兴战略，为新型职业农民制度的建设提供了机遇。四川省在党的十九大之后，把乡村振兴战略作为新时代“三农”工作总抓手，紧紧围绕实施乡村振兴战略的总要求，谱写新时代四川乡村全面振兴新篇章。①

从国际看，在一些农业发达国家，通过农民教育、农民培训、金融支持等系列措施，农民职业化进程进入成熟发展阶段。而我国，农民职业化探索还处于理论研究和实践探索的初始阶段。从国内其他省份看，例如江苏省、山东省，从农业农村部排定的“2018 年分行业新型职业农民万名示范培育任务分配参考表”看，江苏和山东将成为年度新型职业农民培训的大省，分别需要培训 2250 名和 1800 名农机大户和农机合作社带头人，任务量远超其他省份。其在国内农民职业化进程中相对处于全国的领先地位。② 四川省与其相比，在培训制度、认定管理、进入与退出等制度制定和实践过程中有明显差距。

全面建立职业农民制度是 2018 年中央一号文件确定的重大决策部署，是统领新型职业农民工作的根本制度保障。当前，我国各省的新型职业农民制度建设站在同一起跑线上，四川要在乡村振兴背景下培养造就新一代爱农业、懂技术、善经营的职业农民队伍，就必须抓住机遇，勇于创新，积极解决老问题，努力塑造新格局，不断促进新发展。不能因自身已经取得成就而

① 四川省统计局农业处：《现状与问题——四川农业改革路》，《四川省情》2017 年第 8 期。

② 《农村农业部：今年培育新型职业农民 100 万，培训班、学员和课程要线上可查》，https://www.sohu.com/a/235918480_99978631。

形成路径依赖，必须因需而变、因势而变，用实践和努力来探索一条适合四川省情的新型职业农民制度建设之路。

四　四川新型职业农民制度体系的框架构建

制度建设是四川新型职业农民制度框架设计的重要内容，制度化水平的高低，是衡量一个制度建设成熟与否的重要标志。应及时制定、修改和完善包括职业农民培育制度、资格认定管理、进入与退出机制等在内的相关规章制度，并使各项制度之间互相协调、互相配套、有机联系，逐步形成一套适合四川农业农村农民发展特点的、适应组织运行需要的机制。[①] 新型职业农民制度建设的各项工作程序化、规范化和科学化，是制度体系框架设计的基本内容。

（一）制度设计必须具有系统性

制度作为构成统一整体的各个项目相互依存或相互影响的综合体，各种类型的制度都具有某些共性，例如系统性和规则性。新型职业农民制度的制度环境更具有复杂性、层次性和多边形特征，受政治、经济、文化及其所依存的制度环境中的各种制度安排及制度工具共同作用。既涉及国家的基本国策和民生问题，也与农业现代化、农村城镇化等问题息息相关。因此，构建系统的、各制度单元相互补充的完整制度环境体系是四川新型职业农民制度研究的重点。[②] 通俗地讲，职业农民制度设计的前瞻性就是“蹦一蹦”能够得着，而不是怎么“蹦”都够不着，或者“蹦”得太高了，“啪”一下摔下来了，那就不行。一步一步往前走，积小胜为大胜，由量变到质变，是比较稳妥的[③]。学者吴锋刚认为要把系统内各种相关的制度安排看作一个整体的

① 王成栋：《一年来四川乡村全面振兴的壮丽画卷徐徐铺展》，《四川日报》2018 年 10 月 22 日。

② 王珊：《民主党派建设须遵循的原则》，《团结报》2017 年 10 月 30 日。

③ 《土地制度改革要有前瞻性　蹦一蹦还要够得着》，http：//finance. china. com. cn/news/20140918/2683742. shtml。

系统，要充分重视制度体系结构内部各种制度安排之间的相互关系和搭配。[①]如果各级制度安排能依据层级结构形成由中央到省级，再到基层，把制度的各项规定和要求真正落到实处，就能最终有效提升制度绩效。

（二）制度设计的逻辑机理：循序渐进中顶层设计和基层创新有机结合[②]

长远讲，四川应把不断发展和完善新型职业农民制度作为乡村振兴的重中之重，但是短期内还做不到。这涉及各个方面改革措施配套跟进的问题，涉及农村社会保障体制改革。需要考虑到具体的社会经济各方面的制约因素，还要以人为本，考虑到怎样更好地减少阵痛，使利益相关者能够得到更好的保障。任何一项制度设计和实施都是要有个过程的，关键是要把握好节奏。事实上四川新型职业农民制度走到现在是“稳中有变，以变应变”。要考虑到新型职业农民制度改革的艰巨性、复杂性和长期性，要考虑到农民和培训机构、各地基层政府的期待，要考虑到四川整个社会发展的形势。

在循序渐进的过程中，顶层设计和基层创新的良性互动是制度可持续性的必要条件。坚持顶层设计就是对新型职业农民制度设计和其他制度改革之间的关系、对新型职业农民制度内部的三大核心制度之间的递进抑或并列关系都要有清晰的认识。同时还要真正强调基层政府的创新，因为基层政府创新是适应四川省情的。新型职业农民对未来的期望和以根本需求为导向的创新是四川改革的原动力。

（三）制度结构开放性与耦合性

1. 制度结构的开放性

“开放性”一词有多种含义，本文借鉴诺思制度变迁理论，认为新型职业农民制度所指的制度变迁理论倾向于不断将更多因素特别是制度等社会因

① 张霞：《我国农业职业资格准入制度研究——基于制度经济学视角》，《继续教育研究》2014 年第 4 期。

② 吴锋刚：《转型期中国适应性制度安排初探》，《企业经济》2005 年第 2 期。

素纳入经济思考范畴。[①] 从宏观层面看，新型职业农民制度的开放性意味着其具备了可持续成长的机制来主动适应外部世界的变化，有能力把握农村经济社会发展，能感受到农民、培训机构等众多参与者最轻微的改变，以获得把握新趋势的优势，从而具有成为全国新型职业农民制度创新先驱者的极大可能性。从微观层面看，新型职业农民制度结构获得适应性效率的机制是竞争，制度体制是否具有开放性决定着该制度结构能否具有长期发展的潜力，能否为四川乡村振兴发展提供源源不断的内生驱动力。新型职业农民制度的开放性要求制度结构的设置能够尊重并鼓励制度体系内部要素及制度结构自发变动的可能性，从而在面对不同地区、不同产业发展类型、不同人群等普遍存在的不确定性时，能够主动地尝试各种可能多赢的选择，能够适时地处理社会实践中不断出现的新情况。

2. 制度结构的耦合性

制度耦合是指某制度系统内的各项制度安排为了实现某一确定的功能和目标，有机地组合在一起，从不同角度来约束人们的行为，使个人利益与社会利益趋于一致。新型职业农民制度由许多具体制度安排所组成，这些制度（例如培训制度、认定制度）相互之间通过协调达到配合默契的状态。培育新型职业农民还必须兼顾精准性和统筹性，与农业农村发展的相关制度相互支撑、有效耦合，让农民成为真正受尊重、得实惠的新职业。因此四川省级层面在制定四川省新型职业农民制度时，除了考虑底层（基层政府）制度设计的合理性，还必须兼顾上层（中央）制度的目标。

合理有效的新型职业农民制度设计应该权衡政府、农民、第三方等方面的影响因素，在制度结构和三大制度体系方面达到耦合。还必须在制度设计的理论性与制度实施的实践性两者之间达到耦合。在多重耦合下形成的完整制度结构更具有稳定性，更具有持续发展能力。

（四）体系结构的评估、保障机制

四川探索全面建立新型职业农民制度，下一步的重点是如何分析农民培

① 慎海雄：《推进顶层设计和基层探索良性互动有机结合》，《瞭望》2014 年 12 月 8 日。

训绩效及进行评估。一是传统的自上而下的政府绩效评估方式不适应社会发展的需要，二是新型职业农民培育市场中普遍存在供需错配现象。新型职业农民制度如果要构建科学的评估考核体系，必须认清这两大难题。新型职业农民制度构建中政府的绩效往往难以有效评估，从性质讲，这类评估是一种政府部门为提高自身效率和责任而进行的自律式评估，这种评估方法存在一定缺陷，在一定程度上对社会效益的考虑较少，因而使得评估结果精准度大打折扣。因此，针对新型职业农民制度而言，建立一套科学的政府绩效评估体系需要将过程评价、结果评价等纳入体系之中，必须坚持统筹兼顾、社会效益和经济效益综合评价的原则。

五　对策建议

2018 年，四川省新型职业农民培育项目将以 3 个部级整市示范推进市，81 个部、省级示范县为重点示范区，在全省 180 个县市区（含成都市天府新区、高新区）实施，将培育现代青年农场主 872 人、农业职业经理人 1000 人，培训新型农业经营主体带头人 37651 人，各项目县也将结合产业实际培训各类型新型职业农民。[①] 2015 年至今，四川省财政不断加大投入力度，各级农业部门积极探索，新型职业农民培育工作取得了长足的发展，但与四川乡村振兴对农业农村人才的迫切需求以及务农农民的实际需求相比，存在的困难与挑战仍十分艰巨。因此，探索建立培训、认证、准入、退养的新型职业农民制度迫在眉睫。

（一）新型职业农民培训制度建设策略[②]

1. 建立新型职业农民教育培训制度

根据不同类型新型职业农民从业特点及能力素质要求，科学制定教育培

---

① 《农业农村部办公厅关于做好 2018 年新型职业农民培育工作的通知》，http://www.moa.gov.cn/gk/tzgg_1/tfw/201806/t20180614_6152128.htm。

② 《农业部办公厅关于印发〈新型职业农民培育试点工作方案〉的通知》，http://www.moa.gov.cn/nybgb/2012/dbaq/201805/t20180516_6142259.htm。

训计划并组织实施。充分考虑培训对象的文化水平和实际需求，开发出不同内容和质量层次的“培训包”。参照农业部发布的《新型职业农民培训规范》要求，优选培训内容，科学安排课程。不能代之以一般的普及性培训或简单的“一事一训”。要尊重农民意愿、顺应务农农民的学习规律，采取“就地就近”和“农学结合”等灵活的方式开展教育培训。要围绕增强教育培训针对性和实效性，加强课程体系和师资队伍建设。

2. 建立“一元多主、三位一体”新型职业农民教育培训体系

各地大力培训新型职业农民，抓住了当前各地农业经济发展的根本和命脉。形成了党委政府主导，农业部门牵头，相关部门密切配合，各类教育培训机构和社会力量广泛参与的新型职业农民培育工作格局。培训新型职业农民要切实加强农民教育培训体系建设，不断提高新型职业农民教育培训专业化水平，加速推进新型职业农民的成长。充分发挥各种农民教育培训资源的作用，建立完善多元参与协作机制，即以农业广播电视学校、农民科技教育培训中心等农民教育培训专门机构为主体，中高等农业职业院校、农业科研院所、农业企业和农民合作社等广泛参与的新型职业农民教育培训体系，形成“高级、中级、初级”三位一体、互为补充、合作分享的大培训格局。

（二）加强新型职业农民的认定管理

认定工作是衔接教育培训和政策扶持的关键环节，起着承上启下的作用。当前，由于地方保障不足、工作中缺乏必要统筹等，一些地方存在认定标准和主体不明确、认定程序不规范等问题。迫切需要建立科学有效、系统规范的认定方法和路径。

一方面，各地政府要结合当地实际，充分考虑产业发展、生产力发展水平等，由县级以上（含）人民政府发布认定管理办法，对认定条件、认定标准、认定程序、认定主体、承办机构、相关责任等进行明确。其次，坚持农民自愿原则。充分尊重农民意愿，自愿提出申请和自愿退出，政府主要通过政策和宣传引导，调动农民和培训机构的积极性。最后，实行“能进能退”的动态管理。要建立新型职业农民退出机制，实行动态管理，按年度复核。

对已不再符合规定的，应按程序及时退出，并不再享受相关扶持政策。

另一方面，新型职业农民的认定管理既要尊重历史，又要坚持各地发展创新的原则。各地不管采取何种方式，一定要明确新形势发展的方向和要求，认定管理工作一定要做好前期翔实调查，因地制宜地制定切实可行的操作方案。确保认定管理与后期的政策扶持相衔接，使“职业农民”得到实实在在看得到的实惠。

（三）制定和落实新型职业农民相关扶持政策

四川各地要创新性地开展顶层设计，建立制度，形成长效扶持机制。虽然不同地区、不同产业、不同类型的职业农民对政策需求的重点不同。但是概括而言，四川新型职业农民在土地流转、技术支持服务、农业基础设施建设、产品营销、金融信贷、税收优惠减免、农业补贴等方面具有不同程度的相关政策扶持的需求。新型职业农民扶持政策要坚持人才技能与综合素质能力提升相结合，与当地产业发展相结合，坚持人才培养、产业扶持、技术扶持、社会保障扶持等政策体系配套组合。

人是生产力中最活跃的因素，四川全面建立新型职业农民制度必将成为乡村振兴的强健“引擎”，助推四川农业向更高层次、更优水平延伸发展，助推四川由农业大省向农业强省转变。

参考文献

洪仁彪、张忠明：《农民职业化的国际经验与启示》，《农业经济问题》2013 年第 5 期。

李永升、刘浩：《诺思制度变迁理论“开放性”思维范式探析》，《当代经济》2009 年第 15 期。

慎海雄：《推进顶层设计和基层探索良性互动有机结合》，《瞭望》2014 年 12 月 8 日。

四川省统计局农业处：《现状与问题——四川农业改革路》，《四川省情》2017 年第 8 期。

王成栋：《一年来四川乡村全面振兴的壮丽画卷徐徐铺展》，《四川日报》2018 年 10

月 22 日。

王浩:《新型职业农民去年人均农业经营纯收入 2.78 万元》,《人民日报》2018 年 10 月 28 日。

王珊:《民主党派建设须遵循的原则》,《团结报》2017 年 10 月 30 日。

吴锋刚:《转型期中国适应性制度安排初探》,《企业经济》2005 年第 2 期。

张霞:《我国农业职业资格准入制度研究——基于制度经济学视角》,《继续教育研究》2014 年第 4 期。

B.6
乡村振兴背景下四川农村人才培育研究

唐　新*

摘　要： 人才振兴是乡村振兴的关键环节，本文从供求两方面分析了四川农村人才发展现状和特征，探讨了四川农村人才问题的成因，并进一步提出在乡村振兴中加快四川农村人才发展的政策建议。

关键词： 人才振兴　乡村振兴　农村人才培育

党的十九大提出了乡村振兴战略，乡村要振兴，人才要先行。然而与实施乡村振兴战略的内在人才需求相比，我国目前农业农村人才的规模、结构、素质等仍存在不小的差距，难以支撑乡村振兴战略的现实需求。据农业部统计，我国农村实用人才占乡村就业人员总数的比例还不足5%。农技推广人才“青黄不接”，农业新产业新业态急需的紧缺人才严重不足，“招人难、留人更难”的现象还相当普遍，特别是在贫困地区、民族地区尤为突出，根本不能满足现代农业的发展需要。乡村人才老化、人才结构不合理、人才队伍不稳定、缺乏竞争力，乡村人才的学历、职称、能力偏低，乡村引才、育才、用才、留才的条件和环境不佳等，都成为制约乡村人才振兴的重要因素。习近平总书记对人才问题始终高度重视，多次站在党和国家事业发展全局的战略高度，对农业农村人才发展做出重要指示，强调农业农村人才是强农兴农的根本，要推动乡村人才振兴，把人力资本开发放在首要位置，

---

* 唐新，四川省社会科学院农村发展研究所副研究员，主要研究方向为农村财政金融。

要汇聚全社会力量，强化乡村振兴人才支撑。新时代背景下解决农业农村人才问题，关键在于坚定不移地实施人才强农战略，深入推进农业农村人才发展体制机制改革，努力培养造就一支懂农业、爱农村、爱农民的“三农”工作队伍。

四川是一个农业大省，农业人口比重大。农业人才少是四川农业和农村发展的重要制约因素。

近年来，四川省以习近平新时代中国特色社会主义思想为指引，推出一系列人才兴农、人才强农政策，积极打造强有力的人才队伍，推动乡村振兴战略实施，取得了明显的成效，但也存在很多问题。本文在对四川农业人才需求和供给现状进行分析的基础上，探讨了四川人才振兴存在的问题和不足，并提出了相应的政策建议。

一　乡村振兴背景下四川乡村人才的供求分析

产业兴旺、生态宜居、乡风文明、治理有效、生活富裕，每一个方面，都离不开人才的重要作用。产业兴旺，需要农业经营管理人才（农业职业经理人）、新型职业农民、农业科技人才和农村电商人才。其中，农业经营管理人才，是促进产业兴旺最迫切需要的人才。为了解决小生产与大市场的矛盾，就需要进行各种方式的农业组织创新，包括新型合作社、农村专业技术协会、一二三产业融合、公司＋农户、公司＋基地等组织方式。所有这些新型组织方式，本质上都是土地、资本、技术、管理的高级结合方式。而其中起到启动、协调、推动作用的，是经营管理人才。农业科技人才，包括生产一线的技术应用人才和提供科技支撑的科研人员是乡村振兴的重要科技支撑。从大田种植业，到园艺业，到畜产养殖业，到各种特殊产品的种植和养殖业，到乡村休闲观光旅游业，都离不开科技的作用。生态宜居，一方面是让环境更干净，需要处理治理好粪污、污水和垃圾。另一方面是让环境更美丽，需要在生态景观、建筑景观、人文景观方面，有更好的设计和建设。这就离不开环境治理人才和景观设计人才。乡风文明，需要弘扬社会主义核心价值观，使之深入人心，落实到每个人的行动上。需要用有效的文化传播方式，进行熏陶培养。这就离不开文化传播人才。治理有效，其核心是建立一支强有力的干部队伍，这就需要在自治、法治、德治方面觉悟和能力都比较高的乡村管理人才。生活富裕，是随着农民物质生活水平不断提高，对教育和医疗服务方面的要求也会不断提高。对农村教师和农村医生服务水平的要求，也会日益提高。

农村是整个社会的一个部分，所需要的各个方面的人才类型很多。其中有些人才，是要根植于农业农村内部，而另外一些人才，则不可能来自农业农村内部，而主要是来自农业农村外部的支持，例如科研人员、环境治理人员、景观设计人员等。推动乡村振兴，一方面，要坚持广开进贤之路、广纳天下英才，积极主动对接乡村振兴的各类人才需求，用好刚性引才与柔性引智“两条路径”，加大农业科技领军人才等的引进培养力度，引导其通过技术攻关、科研成果转化等助力乡村振兴。同时要注重吸引有号召力的带头人、有行动力的追梦人返乡创新创业创造，将其培养为推动乡村振兴的“生力军”。另一方面，要重视挖掘乡土人才，既把“有文化、有能力、有技术、有贡献、有创新”的乡土人才选拔出来，又组织开展好专业知识、职业技能等培训，不断提升乡土人才生产水平、发展能力、致富本领，以乡村人才队伍的壮大为乡村振兴蓄势加油。

（一）乡村振兴需要大量人才

截至2016年，四川有38.52万个自然村，根据调研情况，一般来说每个村大致需要行政管理人才、农机农技人才、专业大户、家庭农场主、骨干农业工人、医生、教师、工匠等各类人才共计20名左右，加上流动于城乡之间或农村内部的农村企业经营人员、农村经纪人、农村文艺工作者等，全省需要的农村人才数量应在800万左右，而全省农业生产经营者中受过高中及以上教育的只有120余万人，远不能满足需求。以资阳市为例，按照相关规划，每个村民小组要有一个新型职业农民，资阳现有村民小组2.5万个，但截至2017年只有新型职业农民不足5000人。

（二）乡村振兴对人才质量要求不断提高

随着乡村振兴战略的推进和农业供给侧结构性改革的深化，科学素质和管理水平在提升农业生产效益中的关键作用进一步突出，对农村人才素质的要求也越来越高。农村人才需求由以生产型人才为主向多元化转变，由以专项人才为主向复合人才转变，由实干型人才为主向既能做事又会沟通转变，对管理、营销、法律、金融等方面的人才需求日益增多。

农村人才指具有农民身份或者在农村生活，具有一定的文化知识和管理知识，或具有其他一技之长，能够或已经通过创造性劳动为农村经济社会发展做出贡献的劳动力。不仅包括在城市工作或经商，但户籍仍在农村，并未在城市扎根，很有可能返回农村的人员；也包括户籍在城镇，但长期在农村从事生产经营活动的人员。

二　四川农村人才供给存在的主要问题

农民是农村以及农业生产的主体。要积极提高农民的素质和科学文化水平。乡村地区，以村集体为单位，各级部门和农业产业组织均可以定期组织生产实践、文化、思想等方面的集体学习，引导群众，使其从思想上和感官上，都认识到农业会成为有奔头的产业，农民会成为有吸引力的职业，农村更会成为安居乐业的美丽家园，重拾农业生产兴趣，再现乡村发展的生机。

各级干部是乡村振兴事业中的驱动器。强化干部的多元化思维以及服务农业农村决心十分必要。一是完善政绩考核的调整，不仅要增大考核的强度，更重要的是需要对政绩的延展性进行量化考核，防止一次性的增产增收，而忽视了可持续发展，对于传统农业大县和基层乡镇更多是针对当地乡村振兴情况进行考核，而不是仍然局限在就采用经济发展、工业化、城镇化等方面的考核指标。二是提高基层农技服务水平，组建专业专人专事的农业服务队伍。四川有 20 个百万人口大县，且基本是传统农业大县，平均下辖乡镇级行政机构约 47 个，最多的为 73 个。但近年来基层农服中心新进人员多为未经培训的退伍安置人员或非农专业应届大学毕业生等，原有的农技人员大部分是20世纪八九十年代的统招统分的大专毕业生，年龄老化，知识更新慢，不能适应现代农业发展的要求、且因乡镇工作人员长期不足，普遍存在农技事业人员与公务员混岗或借岗使用的情况，形成以乡镇中心工作为主、农技推广工作为辅的现象，在岗率不到60%，事业单位改革并未完成，农技事业人员的工资待遇仍然与职称挂钩，影响了农技人员的工作积极性。因此，应当立即寻求改革措施，提高基层农技人员待遇和收入，充实基层农业工作人员，实现基层人员专业化、年轻化，实现基层农业工作由专业的人干专业的事。

城市企业家、大学生和各类专业人才是乡村振兴事业中最需要的新鲜血液。只有不遗余力地吸引他们到乡村创业，才能更好地盘活农村闲置资源。很多回乡创业者的第一动机都是国家给予的很好的补贴政策，这个就有很强的双面性。一方面是很高的补助和政府部门的一家独大，阻碍了市场的完全竞争；更有企业利用社会网络关系占有市场、垄断资源或信息，进行隐性的不正当竞争，造成许多社会资本注入，疯狂过后却血本无归的现象；应该积极寻求第三方组织竞标，尽可能地实现竞争上岗。另一方面是过好的政策优惠让企业主有恃无恐，很容易导致项目烂尾或人员跑路，所以应该让更多的鼓励政策成为“基本保障政策”而不是“兜底政策”，强化对回乡企业主的法制教育，明确各方该承担的责任和义务。

人才供需矛盾突出仍然是制约四川乡村振兴的重要因素，当前四川人才供给存在以下问题。

（一）农村人才供给不足

2015 年全国1%人口抽样调查结果显示，四川农村共有16～59岁的劳动年龄人口2531.4万人，占农村总人口的58.2%，其中，40～59岁人口占比31.1%，比16～39岁人口占比高4.0个百分点。四川农村60岁及以上老年人共992.2万人，占农村总人口的22.8%，占比较高。随着时间推移，劳动年龄人口的占比将逐渐下降，劳动年龄人口中高龄劳动者占比将逐渐升高。截至2016年，全省共有农业生产经营人员2429.1万人，其中，年龄55岁及以上的共924.4万人，占38.1%，近四成的农业生产经营者会在十年内逐渐丧失劳动能力。四川农村普通劳动力都不充足，更遑论农村人才能够充足。据调研了解，务农收入相对较低，农村青壮年普遍外出打工，农村多为老人和儿童留守，因无力耕种，土地撂荒情况严重。据资阳市农业局反映，高龄农业生产经营人员对农机不熟悉，加之体力不佳，农村连对于小型旋耕机这种简单农机的使用都缺乏人手，因使用农机受伤的事件时有发生。

（二）农村人才质量不高

一是文化素质偏低。据2015年全国1%人口抽样调查，四川农村劳动年龄人口中受教育程度为高中及以上人口占比为17.2%，比城镇平均水平低32.4个百分点。截至2016年，四川农业生产经营人员中受教育程度为小学及以下的占比为58.1%，比全国平均水平高14.7个百分点，受教育程度为高中及以上的占比为5.2%，较全国平均水平低3.1个百分点。

二是科技技能缺乏。高龄劳动者普遍采用传统的农业生产经营方法，大部分受教育程度较高的低龄劳动者没有受过农业生产经营方面的系统培训，对农业科技比较陌生。截至2016年，四川农业生产经营者中只有17.3%接受过农业专业技术培训，全省所有行政村共有兽医（防疫）技术人员36941名，村均不足1名。由于缺乏科技人才，农民很难采用较新的农业科研成果，影响了农业增产增收。广安市统计局调研显示，2017年广安村均不足2名农技推广员，全市有58.5%的农技推广人员年龄在45岁以上，而且农技推广员往往身兼数职，弱化了农技推广工作。据资阳市农业局反映，截至2017年，全市农村人才中技能服务型人才为3116人，仅占农村实用人才总量的8.4%，乡镇上的农机农技人员本就不足，农机农技人员又往往被分配许多其他工作，实际上很难深入农业生产一线。类似情况在各地都较为普遍。

三是管理素质较低。受农村传统小农意识和文化水平不高的影响，农村劳动者中大多数人缺乏经营管理知识，市场意识淡薄，管理水平较低，适应和参与市场竞争的能力较弱。全省针对农村和农民的培训大多是技能性的，大多数农民没有参加过管理知识培训，不了解农业经营管理的基本知识，主要靠经验管理农业生产活动，不能适应农业现代化发展的要求。据资阳市农业局反映，截至 2017 年，全市农村实用人才中生产型和经营型人才占 65.2%，管理人才极少，同时管理存在水平不高，诚信意识不足的问题。

（三）农村人才结构不优

一是知识结构不优。传统的农村人才主要集中于种植和养殖领域，而在其他领域较少。截至 2016 年，四川农业生产经营人员中有 93.5% 集中于种植业，3.2% 集中于畜牧业，合计占比 96.7%。2017 年，四川乡村就业人口共计约 3230 万人，其中从事农林牧渔业 1775.77 万人，从事工业、建筑业、批发和零售业、住宿和餐饮业、其他非农行业的分别为 405.2 万人、335.8 万人、125.6 万人、214.5 万人和 317.4 万人，只有 22.1 万人从事信息传输、软件及信息技术服务业，33.7 万人从事交通运输、仓储和邮政业。

二是区域结构不优。四川农村人才，主要集中于经济较发达城市的周边农村地区，尤其是成都周边，其他农村地区，特别是偏远地区人才严重缺乏。成都市第三次农业普查数据显示，成都市农业生产经营人员受教育程度在高中及以上的占 11.9%，比全省平均水平高 6.7 个百分点，而广安市为 3.9%、达州市为 4.1%，均低于全省平均水平。受教育程度过低的人群很难成为乡村振兴的人才，受教育程度较高的农业生产经营人员的缺乏会直接影响农村人才的数量和质量。

三　四川乡村人才引进培育方面的主要探索

近年来，四川省各级农业部门围绕农业供给侧结构性改革、脱贫攻坚和乡村振兴战略，根据乡村振兴对不同层次人才需求，强化人才培育。主要做法如下。

（一）加强农村青年人才引进和培养

近年来，四川针对农村党员队伍结构不优、优秀青年人才入党渠道不畅等问题，推行乡镇青年人才党支部工作法，畅通农村青年人才入党绿色通道，增强农村党员队伍生机活力，走出了一条农村青年人才党员发展工作的新路。四川省根据农村的实际情况，一方面，根据农村优秀人才产生的规律，以“80后”“90后”大学生村官、返乡大中专毕业生、复员退伍军人、务工经商人员、致富能手等为重点，建立农村优秀青年人才信息库。另一方面，遴选思想政治素质好、群众认同度高、熟悉农业生产、热爱农村事业、具有高中及以上学历、年龄35岁以下的青年农民作为培养对象。在村党组织推荐、群众推荐、党员推荐、群团推荐、个人自荐基础上，青年人才党支部会同村党组织，共同研究提出年度重点培养对象，经乡镇党委审定后报县委组织部备案。目前，全省青年人才党支部共建库管理农村青年人才28万余人。

（二）加强新型职业农民培训

新型职业农民是乡村振兴的重要一环，四川近年来积极遴选培育机构，落实培育对象，分层分类培训，培育了一大批新型职业农民。一是积极遴选培育机构。各地利用农广校、科研院所、农技推广机构、农民专业合作社、农业龙头企业等各类培训资源，遴选确定部省级新型职业农民培育示范基地14个和部省级现代农业技术培训基地13个。目前，全省新型职业农民培育机构中有758个进入农业部数据库。二是落实培育对象。以县域为单元，开展宣传发动和摸底调查，组织县域内有意愿、有需求的农牧民参加培训。据需求意向摸底调查统计，2018年全省新型职业农民培育需求为45946人。应把贫困地区符合条件的培育对象优先纳入培训计划。三是分层分类培训。注重村级基层管理人才培训，把村两委会负责人纳入脱贫攻坚示范培训，重点培训扶贫方针政策、农业生产技术和基层服务方法，在观摩交流中提升乡村治理能力。开展知识更新培训，全覆盖培训驻村农技员、农业专家服务团以及农技巡回服务小组的专业技术人员，缩短知识更新周期和科技成果转化距离。重点培训农业新型主体。以现代青年农场主、农业职业经理人、新型农业经营主体带头人为骨干培育对象，提升技能。启动实施深度贫困地区农村实用人才免费培养计划，在45个深度贫困县精准遴选1000人注册实施培养。壮大实用技术“明白人”队伍。通过集中培训、院坝交流会、示范现场、巡回观摩、农民夜校、田间学校、一对一指导等方式，手把手开展农村实用技术培训，持续培养壮大技术“明白人”队伍。

四　四川农村人才发展的制约因素

（一）城乡二元结构影响了人才流入和人才留住

农村和城市在经济收入、教育、医疗、生活品质方面差距巨大，虽然近年来国家一直在不断加大对农村的投入，但城乡差距并没有得到根本扭转。近年来，四川城乡收入比有所降低，但城乡收入差距的绝对额仍不断扩大，据国家统计局四川调查总队数据，四川城乡收入差距由2008年的8512元扩大到2017年的18500元。据国家统计局四川调查总队的农民工监测数据，2017年末四川农民工总量为2162.8万人，大量农民工流向城市和二三产业，是导致农村人才缺乏的重要因素。同时，由于农村地理环境、交通条件较差，资金、信息缺乏，产业配套不健全，即使高素质人才回到农村，也存在发展难度较大问题，很难留住。

（二）人才管理体制不健全

目前，农村人才建设开发的整体合力尚未形成，存在条块分割、各自为政的局面。一是农村人才没有明确的归属部门，农村人才登记管理工作实际分散在组织、人社、农业、科技等部门，多部门都在管理，但又无明确分工。二是各个部门都只掌握零散的数据，加之农村人才没有明确的统计标准，使四川农村人才情况难窥全貌，为政策制定带来困难。

此外，人才流动不畅，主要受以下几个方面的制约。一是户籍制度、土地制度等限制了人才流动。二是农村人力资源市场规模小，知名度低，发挥的作用有限。三是农村人才在管理体制方面尚不健全，在人才引进、评价、激励方面不够完善。

（三）人才长效培训机制不完善

四川接受培训的农村人才数量较少，且长效培训机制缺乏。例如，按照《农业农村部办公厅关于做好2018年新型职业农民培育工作的通知》，2018年四川将培育新型职业农民4万人，按照《关于做好农业职业经理人队伍建设工作的通知》，2018年四川将培育1000名农业职业经理人，这与全省农业生产经营从业人员2429.1万的总数相比太过微小。截至2016年，全省农业生产经营者中受过农业专业培训的只占17.3%。而且一两次短期培训的效果往往有限，持续的培训才能较为有效地提高农村人才的水平和素质，据调研了解，四川各地虽然建立了一些长效制度，但实际运行情况不佳。如农民夜校，由于青壮年劳力大多外出打工，留守的多为老年人，学习的积极性和学习能力都较差，加之师资力量不足，农民夜校的作用不能充分发挥。

（四）农村人才投入机制不完善

近年来，尽管中央和各级地方政府对三农的投入在不断增加，但是财政支农支出占财政总支出的比例却呈下降趋势。在财政对农业投入的结构上，生产性支农支出的占比太小，而消耗性支农支出的占比过大，特别是行政人员的供养等事业费，水利设施建设等支出，严重挤占对农业生产、基本建设、科技等方面的投入。用于农村教育、文化、卫生等公共建设的支出更是严重缺乏。农村人才的开发，必须建立完善的教育培训、认定管理、政策扶持等一系列的配套体系的基础上，但培训经费不足导致了培训规模偏小，培训质量不高，而对于后续人才培养的优惠扶持，使原本受限的生产性支出更是雪上加霜，甚至有些地区出现了挤占、挪用、转移等不良现象。与此同时，还存在投入不够精细化、缺乏差异化等问题。如在丘陵和山地地区发展农业，其成本通常要高于平原地区，但在财政支持上并没有分别。此外，由于人才培养工作见效较慢，部分地区存在对农村人才培养重视不足，不愿过多投入的情况。

五 加快四川农村人才发展的政策建议

人才政策创新是乡村振兴战略的重要推动力量。人才政策可以解决乡村人才层次不高、结构不合理、才能转化不够、开发深度不够、培养途径简单、人才示范效益不明显等问题，出台本土人才成长、激励、流动政策，给予政策、奖金及技术倾斜和扶持，在资金、税收等方面采取特殊的优惠政策，建立政府引导、市场配置、项目对接、利益共享机制，围绕乡村旅游、农村电商等新兴产业，借助乡村振兴项目集聚人才与资本，鼓励和引导农业科技人才通过技术开发、承包经营、投资入股、成果转让、提供有偿技术服务获取收益，解决乡村人才后顾之忧。为乡村人才搭建舞台，对于发挥乡村人才作用至关重要。比如增加乡村运转经费，加大基础设施等方面的财政投入力度，提供安置费、农村补贴、交通补贴、购房补贴等，以实现源源不断"自产人才"。乡村人才政策要点是让人才有动力能自愿回流，耕者有其田，能者有其业。有的地方发展乡村社区，采取阶梯式的基本公共服务均等化模式，因时因地因人，确立乡村人才的地位与影响力，对人才发展环境来说产生了新的竞争力。能够发挥乡村人才的重要价值，能够让乡村人才不吃亏，能够让乡村人才因为自己的智力、能力、劳动受益，未来的农业及人才发展就有希望。

（一）树立正确人才观，确保农村人才建设的正确方向。

一是树立"大人才"观念。只要有一定的知识或技能，能对乡村振兴做出贡献的，都应纳入人才开发建设的规划中。在重视高精尖人才引进的同时，不能忽视本土人才的培养和开发。同时，要改变人才使用观念，建立

“不求所有，但求所用”的人才观，利用网络等信息技术获取远程人才支持。

二是树立正确的人才市场化观念。要破除过去农村人才以行政管理为主的思想观念，要从市场中发现人才、引进人才和培养人才，引导人才主动参与市场竞争，通过市场的整合和双向配置，实现农村人才的最优配置。

（二）坚持推进乡村振兴，缩小城乡差距

一是提高农民收入。发展现代农业，提高农业效益，从根本上增强农村发展动力、农民增收能力。继续完善和强化各种强农惠农政策，切实减轻农民负担。拓宽融资渠道，发展普惠金融，增强农业发展动力。要利用好农村承包地和宅基地“三权分置”，提高农民财产性收入。要打好农村扶贫攻坚战，因地制宜、精准扶贫，提高贫困地区农民收入。

二是加强农村基础设施和公共服务建设。加强农村基础设施的长效管护工作，解决农业基础设施管护动力问题。完善农村基本公共服务投入保障机制，加大对农村教育、医疗等基本公共服务的投入，方便农民上学、就医，丰富农民业余生活。

（三）健全农村人才培养体系，加大农村人才培养力度

一是大力发展农村职业教育。进一步完善职业教育办学体系，提高职业教育在农村高中教育阶段的比例。明确农村职业教育办学方向是为“三农”服务，为乡村振兴服务。深化农村职业教育模式改革，加大实际操作层面的课程，增强动手能力。加大政府服务力度，建立和完善农村职业教育服务体系。

二是重视发展农村成人教育。要发挥成人教育覆盖面广的优势，通过成系统、有组织的培训，方向明确地提高农民素质。用好农民夜校这一平台，坚持精准培训，按需施教，增强农民夜校课程的针对性和实效性。

（四）推动城乡融合发展，为乡村振兴提供人才支持

一是鼓励城镇人才到农村就业和创业。要提高到农村就业人员的福利待遇，同时要在评级评优、职务升迁等方面给予一定的优惠政策。对于到农村创业的人才，要给予支持和鼓励，并做好服务工作。对于一些现有的鼓励人才到农村就业创业的政策，要扩大覆盖范围，并进一步完善保障措施。

二是优化农村人才工作环境。要为到农村工作的人才提供良好的工作平台，尤其是对于没有农村工作生活经验的人才，既要为他们搭好施展才能的舞台，又要为他们搭好融入农村的平台，使他们能够适应农村的工作生活。

（五）保障农村人才投入，完善农村人才市场体系

一是保障农村人才投入。除财政投入外，还要争取各类社会资本投资农村，保障农村投入总量。要研究制定分类投入办法，根据各地实际情况给予不同标准的财力支持，对于发展基础较差或较为落后的地区，可以在资金投入上适当倾斜，例如对于丘陵地区购买或研发适合本地的小型农机给予资金支持，增强这些地区的可持续发展能力。

二是完善农村人才市场体系。建立健全以人才市场和劳动力市场为依托的能够辐射广大农村并贯通城乡的农村人才市场体系，努力形成政府部门宏观调控、市场主体公平竞争、行业协会严格自律、中介组织提供服务的运行格局，使之成为农村人才的集散地和信息中心。

（六）大力发展新型农业经营主体

新型农业经营主体相对传统农户来说具有组织化、规模化等特点，在促进农村人才发展方面主要有以下作用：一是增加农业收入，吸引部分劳动力留在农村，为农村增加了劳动力和人才；二是新型农业经营主体的生产经营更加科学，农业生产经营者在生产经营中得到了锻炼；三是新型农业经营主体可以作为农村人才培养的主体。因此要从政策、金融、产业等方面支持新型农业经营主体发展。同时，要鼓励他们积极参与农村人才的培养工作。

B.7

推进乡村艺术化发展研究

董进智*

摘　要：乡村艺术化是崭新的课题。习近平总书记提出打造各具特色的现代版“富春山居图”，就是要在乡村全面振兴中推进实现乡村艺术化，建设各美其美的美丽乡村。艺术化是经济社会发展到一定阶段的必然趋势，乡村艺术化是对新时代人们美好生活向往的回应。研究乡村艺术化，需要了解艺术，并重新认识乡村，用艺术“化”乡村。乡村艺术化要把艺术精神和乡村价值结合起来，对乡村进行艺术再造。乡村艺术化，可以形象地描述为自然山水、艺术田园、农耕体验、诗意栖居。四川自然本底好，文化底蕴深，多样性突出，可建设水墨乡村。应当将乡村艺术化纳入乡村振兴规划，注重与农村人居环境整治和现代农业园区建设相结合，弘扬农耕文化，总结实践经验，培养专业人才。

关键词：乡村振兴　美丽乡村　乡村艺术化

乡村艺术是古老的实践，乡村艺术化则是崭新的课题。历史上保留下来的古村落、传统村落，都有着深厚的文化底蕴和丰富的乡土艺术，魅力独特，弥足珍贵。① 即使普通村落，也有各自的乡土建筑、传统工艺、民间故事等，过年过节也会组织一些群众性文化艺术活动。但是，对乡村艺术化的

---

* 董进智，四川省农业农村厅二级巡视员，主要研究方向为农村政策。

① 陈志华、李秋香：《中国乡土建筑初探》，清华大学出版社，2012。

自觉实践和系统研究，还没有真正起步。近几年，四川着力建设“业兴、家富、人和、村美”的幸福美丽新村，对乡村艺术化进行了初步的尝试，并且逐步开始了乡村艺术化的理性思考。本文集中研究新时代四川乡村艺术化问题，主要总结幸福美丽新村建设的相关经验，梳理乡村艺术化研究的初步成果，研究乡村艺术化的基本问题，提出乡村振兴背景下四川乡村艺术化的构想及对策建议。

一 乡村艺术化问题的提出

党的十八大以来，美丽乡村建设在全国各地蓬勃兴起，一些地方进行了多种形式的艺术下乡、艺术乡建、艺术介入乡村、艺术激活乡村、艺术助推精准扶贫以及乡村景观打造、农业公园建设等实践探索；但是，还没有上升到乡村艺术化发展的高度。

人们对乡村艺术化的关注，主要源于四川幸福美丽新村建设实践。比如，2012 年 11 月，有人提出“美丽中国最美在乡村。乡村之美，美在山水，美在田园，美在淳朴”①。2013 年 3 月，系统总结乡村美的新兴元素“微田园”，形成《“微田园”彰显农村特色》一文，被原中农办《农村要情》印发全国，原农业部韩长赋部长在批示中肯定“做法好、路子对、带有方向性”。2015 年 11 月，在《农民日报》发表署名文章《新农村建设要各美其美》，从生态文明、文化灵魂、产业支撑、村间差异、城乡交相辉映五个方面分析了乡村美。2017 年 8 月，提出为田园综合体插上艺术的翅膀，认为艺术化将成为田园综合体的核心竞争力。②

对乡村艺术化问题的系统思考，是从学习 2017 年 12 月召开的中央农村工作会议精神开始的。这次会议全面部署乡村振兴战略。习近平总书记在重要讲话中提出，打造各具特色的现代版“富春山居图”。2018 年 3 月 8 日，

① 董进智：《由生态文明想到的》，《四川党的建设》（农村版）2013 年第 3 期。

② 董进智：《打造四川特色鲜明的现代版“富春山居图”——关于乡村艺术化的若干思考》，《天府智库》2018 年第 25 期。

习近平总书记在出席“两会”山东代表团审议政府工作报告时，进一步强调，特别要保护好传统村落、民族村寨、传统建筑，以多样化美打造各具特色的现代版“富春山居图”。[①] 这一重要指示，内涵丰富，寓意深刻。把这一要求领会好了，对于乡村振兴便会有新的认识，实践中将会有新的探索和新的追求。

“富春山居图”原画为长 848 厘米、高 33 厘米的巨幅手卷，是“元四家”之首黄公望在 79 岁时以浙江富春江为背景，花了四年时间画的山水画。仔细看，是用水墨神韵描绘的诗意般乡村。晚年的黄公望，经历入道、游方、隐居，不仅画艺炉火纯青，人生也步入了新的境界。“富春山居图”凝结了黄公望数十年的人生智慧和艺术修养，寄托了他一生的梦想。[②] 拿今天的话来说，“富春山居图”就是由一位充满中国传统智慧的中国古代艺术家，用山水手卷这一中国传统艺术的独特形式，精心描绘而成的他心目中的美丽乡村。六七百年来，“富春山居图”经受住了历史的检验，成为中国十大传世名画。

习近平总书记由“富春山居图”这样一幅代表中国优秀传统文化的中国古代艺术杰作，提出对乡村振兴的要求，是要求各地按照“产业兴旺，生态宜居，乡风文明，治理有效，生活富裕”的总要求，在推进乡村经济、政治、文化、社会、生态文明和党的建设全面振兴，以及实现农业全面升级、农村全面进步、农民全面发展的过程中，把艺术和乡村融合起来，为乡村插上艺术的翅膀，推进乡村艺术化，建设富有中国特色的、各美其美的美丽乡村，让美丽乡村成为现代化强国的标志，成为美丽中国的底色，在全球化的大格局中形成中国美丽乡村的独特画卷。这是一个崭新的、崇高的境界，是新时代乡村振兴的内在要求和更高追求。[③]

---

① 李珊珊：《习近平两会“话中画”》，http：//news. cctv. com/2018/03/24/ARTIN6zFlnETjVyJNaRV5T5g180324. shtml。

② 刘墨：《入山幽致叹无穷：黄公望“富春山居图”赏析》，文化艺术出版社，2010。

③ 董进智：《打造四川特色鲜明的现代版“富春山居图”——关于乡村艺术化的若干思考》，《天府智库》2018 年第 25 期。

其实，习近平总书记早就对美丽乡村做过充满诗情画意的艺术化描绘。比如，2015 年 1 月在云南省视察时就讲过，新农村建设一定要走符合农村实际的路子，遵循乡村自身发展规律，充分体现农村特点，注意乡土味道，保留乡村风貌，留得住青山绿水，记得住乡愁①。2017 年 12 月在中央农村工作会议上进一步强调，让美丽乡村成为现代化强国的标志，成为美丽中国的底色。把习近平总书记这两段话转化成图像，就能够看到，“农村特点”“乡土味道”“乡村风貌”“青山绿水”“乡愁”“标志”“底色”，正好绘就了一幅诗一般的美丽乡村新画卷。一个个这样充满诗情画意的美丽乡村，正是一幅幅各具特色的现代版“富春山居图”。

基于以上思考，董进智初步分析了乡村艺术化的必然性，描绘了乡村艺术化的基本特征，研究了乡村艺术化需要注意的问题。2018 年 3 月初，形成《为乡村插上艺术的翅膀》一文，得到了四川省委常委曲木史哈的肯定性批示，得到了中央党校张孝德教授和高宏存教授、中国社会科学院杜志雄教授、中国农业大学朱启臻教授、同济大学彭震伟教授、四川大学蔡尚伟教授等专家学者的好评，资中县在县委中心组学习会上对此文进行了专题学习。3 月中旬，将这篇论文提交四川省社会科学院以及四川乡村振兴智库在汉源县举办的“山区县乡村振兴学术峰会”。之后，省委原农工委《三农要情》、省委政研室《调查与决策》、省社科院《天府智库》印发了相关文稿，《农民日报》《中国文化报》《四川日报》《新城乡》《四川党的建设》等报刊从不同角度发表了乡村艺术化的主要观点。应西南财大贾晋教授之约，董进智为《中国乡村振兴发展指数蓝皮书（2018）》撰写了乡村艺术化一章；还接受了《成都日报》的访谈。

与此同时，2018 年 3 月中旬，张孝德教授在“山区县乡村振兴学术峰会”上预言，“未来的农业将是艺术家的产业”。4 月下旬，山东财大举办的乡村振兴国际论坛，把推进乡村艺术化作为论坛的主题。11 月中旬，华中

① 《习近平：坚决打好扶贫开发攻坚战　加快民族地区经济社会发展》，http://www.xinhuanet.com/politics/2015-01/21/c_1114082460_2.htm。

师大徐勇教授到成都村政学院参加“第六届村政论坛”，在微信中专门谈到“乡土社会的艺术化”问题，认为“这似乎象征未来乡村的最高境界是艺术化”。12月下旬，中国艺术研究院牛克诚教授在中国艺术研究院、中华美学会、四川省社会科学院与泸州市委、市政府联合举办的“乡村文化振兴论坛”上，进行了《乡村振兴中的艺术担当》专题演讲。据悉，中国美术学院的不少专家，正在研究这个问题。

这说明，乡村艺术化思考源于美丽乡村建设实践，是实施乡村振兴战略的新要求，正在引起各方面的关注，值得研究。可以预料，不远的将来，乡村艺术化将成为乡村振兴的一个热门话题。

二　乡村艺术化的客观必然性

总体上讲，乡村艺术化不是天方夜谭，不是海市蜃楼；它是经济社会发展到一定阶段之后的必然趋势，源于人类的天性。

从历史进程来看，审美的动因、艺术化的追求是在工业化发展的过程中逐步形成的。工业革命之初，18世纪60～80年代，英国在“中国热”影响下，兴起了造园热潮，庄园园林化大发展，乡村成为国家的景观标志。[①] 自19世纪30年代起，面对早期工业化带来的新问题，英国又掀起了追求神性、人工和自然整体的艺术与手工艺运动，倡导艺术和制造的结合，将艺术引入日常家居生活中。[②] 这一运动走出欧洲，在日本形成了民艺运动。当发达国家开始进入“后工业社会”的时候，20世纪70年代，美国社会学家丹尼尔·贝尔深入研究以美国为代表的资本主义的文化矛盾，指出审美动因是资本主义社会发展的基本动因之一。[③] 到20世纪80年代末，英国美学家迈

① 吕明伟、黄生贵编著《城乡重构：从田园城市理想到新城镇田园主义》，中国建筑工业出版社，2015。

② 于文杰、黄玉婷：《英国19世纪早期手工艺运动的形成与传播》，《世界历史》2008年第3期。

③ 〔法〕奥利维耶·阿苏利：《审美资本主义》，黄琰译，华东师范大学出版社，2013。

克·费瑟斯通进一步发现发达国家的“日常生活审美化”。[1] 进入21世纪，随着“知识经济”“信息时代”的来临，法国学者奥利维耶·阿苏利做出发达国家已经进入审美资本主义阶段的判断，更加看重艺术的作用，认为“品味的问题涉及整个工业文明的前途和命运”。[2] 如今，艺术设计已经覆盖到各个领域，审美、艺术性已经成为重要的竞争力。

从时代特征来看，进入新时代，我国社会主要矛盾已经转化为人民日益增长的美好生活需要和不平衡不充分的发展之间的矛盾。解决这个矛盾需要艺术化。美好生活应该是人们在解决温饱等基本需要的基础上的更高追求，它将逐步走向多样化、个性化。这样的需要，将更加注重日常生活的审美性、体验性。随着人们生活需要的不断升级，像艺术这样的精神产品，将逐步由富贵人家的奢侈品转化寻常百姓的必需品。建设美丽中国、美丽城镇、美丽乡村，正是对人民群众美好生活需要的积极回应。以美丽乡村为例，在浙江率先提出之后，很快推广到全国各地。幸福美丽新村建设作为四川新农村建设的升级版，正是美丽乡村建设在四川的探索。在实践中，提出了“业兴、家富、人和、村美”的新理念，实施了扶贫济困、产业提升、旧村改造、环境整治、文化传承“五大行动”，创造了“小组微生”和藏区新居、彝家新寨、巴山新居、乌蒙新村等建设模式。到2018年底，已建成幸福美丽新村29925个，占全省行政村总数的65%，形成了鲜明的四川特色，走在中国美丽乡村建设前列，得到了习近平总书记的肯定。

从乡村发展来看，乡村艺术化已经在路上，国内外都涌现了一批鲜活的成功案例。四川省汉源县提出“农业景观化、景观生态化、生态效益化”思路，规划建设方圆799平方公里、涉及6个乡镇42个村的“花海果乡”。他们以“农情四季、百里画廊”为主题，编制农旅融合等发展规划，绘就了乡村之画、历史之画、自然之画、田园之画、家园之画“五幅画卷”。梯次布局特色农业，建成甜樱桃、红富士苹果、黄果柑、金花梨、伏季水果五

① 龚小凡：《日常生活审美化与后现代主义设计》，《艺术评论》2010年第12期。
② 〔法〕奥利维耶·阿苏利：《审美资本主义》，黄琰译，华东师范大学出版社，2013。

大水果基地，早春、秋延、高山三大生态蔬菜基地，花椒、核桃两大干果基地。打造“花香农居”、“百里果蔬走廊”和“汉源红”特色农产品品牌，一个产业就形成一个田园景观系统。举办“梨花节”“品果节”“樱桃节”“桃花会”等会节，培育“春天是花园、夏天是林园、秋天是果园、冬天是庄园”的四季农业景观。目前，“花海果乡”已建成国家4A级景区，呈现出“家家有果园、户户住新居、处处是景观、村村奔小康”的美丽画卷。像“花海果乡”这样特色鲜明的乡村艺术化实践，正逐步在全省各地展开，有些地方还呈现后来居上的追赶势头。

往深层次看，审美、艺术是人的精神需要。达尔文曾经在一个荒岛上看见一群土著人光着身子在寒风中瑟瑟发抖。他便拿出一块红布要替他们遮挡。可他们却将红布撕成布条，舞起来。这让达尔文十分惊异，原来他们宁可没有衣服，也不能没有艺术。① 当然，美的、艺术的需要，通常以吃饱穿暖为条件。按照美国心理学家马斯洛的需要层次理论，当基本需要大体满足以后，人们就会产生自我实现的需要，包括审美的需要。的确，“人文艺术是令人沉迷的。一旦你让故事、音乐、舞蹈以及那些词句连同思想进入你的生活，你就再也无法离开它们了”。② 我国美学家宗白华，还特别强调人生的艺术境界。③ 有研究发现，人们还有着共同的审美偏好。1994～1997年，俄罗斯旅美艺术家马科和梅拉米德开展了一个“人民的选择”项目。通过一系列绘画，在亚洲、非洲、欧洲、美洲的14个国家进行审美偏好调查。结果发现，人们喜欢蓝色，喜欢具象绘画，喜欢画面的山、水、树木、植物、人物、动物等。他们进一步指出，人们喜欢的绘画，最终差不多都可以归结到东非草原景观的原型上去。④ 也就是说，审美的、艺术的需要和偏好经过长期的进化，刻在了人类基因里面。

---

① 许迪：《人民需要艺术，艺术更需要人民》，《解放军报》2018年1月19日。

② 〔美〕理查德·加纳罗、〔美〕特尔玛·阿特休勒：《艺术让人成为人》，宋健兰等译，清华大学出版社，2018。

③ 宗白华：《美学散步》，上海人民出版社，2015。

④ 彭锋：《艺术学通论》，北京大学出版社，2016。

提到乡村艺术化，自然不能回避农村面临的“空心化”现象。有专家认为，“乡村衰落是一个全球性问题”。[①] 由此，人们会问，未来的乡村是故园还是家园？还谈得上艺术化吗？有人认为，乡村越来越凋敝。有人则认为，未来30年中国的乡村将成为奢侈品。想象不能替代未来。从世界各国看，在现代化进程中，乡村必然要经历一场痛苦的蜕变和重生。的确，发达国家乡村在城市化进程中，一般都经历了由衰落到复兴的过程，转折点在城市化率50%的时候[②]。以欧盟为例，19世纪后期至20世纪初，乡村人口都大量“走失”。但是，随着城市化的推进，特别是第二次世界大战以后，乡村走向复兴，目前居住在农村和城乡接合地区的人口占到总人口的58%左右[③]，乡村呈现繁荣美丽景象[④]。2017年，我国城市化率已经达到58%。这表明，我国乡村正在蜕变和重生中。事实上，党的十八大以来，我国农业农村发展取得了历史性成就。

可以断定，未来我国的广大乡村，将成为农民幸福生活的美好新家园、市民休闲养老的理想桃花源，人们将在那里诗意地栖居。到那时，农业将成为有奔头的产业，农民将成为有吸引力的职业，农村将成为安居乐业的美丽家园。毋庸置疑，随着乡村走向振兴，乡村艺术化将逐步成为现实。

三　艺术精神和乡村独特的价值

推进乡村艺术化，既要了解艺术，又要懂得乡村。而且，对乡村的认识不能用传统的眼光，必须有新的理念和新的视角。在乡村艺术化实践中，只懂乡村不懂艺术，或者只懂艺术不懂乡村，都会走入误区，甚至会犯下颠覆性的错误。

---

① 《刘彦随，李玉恒在〈Nature〉发表论文“振兴世界乡村”》，http://www.igsnrr.cas.cn/xwzx/jxlwtj/201708/t20170817_4849565.html。

② 董进智：《科学把握村庄演进规律》，《农民日报》2014年7月26日。

③ 严恒元：《欧盟农村环境缘何不断改善》，《经济日报》2013年11月4日。

④ 叶齐茂：《发达国家乡村建设考察与政策研究》，中国建筑工业出版社，2008。

先看艺术。据考古发现，七万年前人类祖先就在洞穴和岩石上刻上符号，这正是18世纪以来艺术家们说的艺术。[①] 回到日常生活，艺术不只在博物馆、艺术馆、收藏家那里；它总是以其自由的精神[②]，带着形象性、主体性、审美性和时代与社会的烙印[③]，进入人们的饮食起居，诉诸人们的感官，激发人们的情感，通过愉悦、教育、启示、唤醒、净化、归属来陶冶人们的情操、塑造人们的灵魂，成为人们精神的家园[④]。人创造了艺术，而艺术也成就了人，让人成为人。[⑤] 正像人的身体离不开营养物质一样，人的心灵不能没有艺术。的确，现代人在摇篮里就听着儿歌和童话成长。今天的艺术更是一个千姿百态、千奇百怪的世界，既琳琅满目，又鱼目混珠。从艺术门类看，有绘画、雕塑、建筑、书法、电影、戏剧、音乐、舞蹈、文学等等，这个家族的成员总是开放着，总在增加着。具体到艺术流派，20世纪以来，西方就有野兽派、立体主义、达达主义、观念主义等[⑥]，生生灭灭，让人眼花缭乱。

只是，对于艺术是什么，学者们、艺术家们各说各的，有人说是模仿，有人说是表现，有人说是游戏，有人说是情感，有人说是直觉，有人说是经验，有人说艺术不能定义，等等[⑦]；以至于美国现代最重要的艺术批评家克莱门特·格林伯格都说，“艺术难以定义，难以描述”[⑧]；连英国艺术史权威恩斯特·贡布里希在对人类几千年的艺术史进行了长达六七十年的研究之后，也不得不叹息“没有艺术这回事，只有艺术家而已”[⑨]。但是，正如北京大学陈旭光教授所说：“艺术是什么？或许，这是一个艺术理论永恒的难

① 〔英〕史蒂芬·法辛主编《艺术通史》，杨凌峰译，中信出版社，2015。

② 〔德〕康德：《判断力批判》，宗白华译，商务印书馆，1985。

③ 彭吉象：《艺术学概论》，北京大学出版社，2015。

④ 陈旭光：《艺术的本体与维度》，北京大学出版社，2017。

⑤ 〔美〕帕特里克·弗兰克：《艺术形式》，俞鹰、张妗娣译，中国人民大学出版社，2016。

⑥ 周宏智：《西方现代艺术史》，中国建筑工业出版社，2016。

⑦ 〔美〕沃特伯格：《什么是艺术》，李奉栖、张云、胥全文等译，重庆大学出版社，2011。

⑧ 〔美〕克莱门特·格林伯格：《自制美学：关于艺术与趣味的观察》，陈毅平译，重庆大学出版社，2017。

⑨ 陈旭光：《艺术的本体与维度》，北京大学出版社，2017。

题。但是艺术与我们同在！”[①] 的确，从目前探知的人类历史看，在已知的社会中，“没有一个不是与某种形式的艺术共存的”[②]。就乡村艺术化来讲，应当在乎的是艺术自身的存在、艺术世界的开放性和多样性、艺术对人们的意义，以及怎么让艺术满足人们日益增长的对美好生活的需要。

这里还涉及一个美和艺术的关系问题。从西方艺术的演变来看，艺术主要源于原始巫术，原始艺术似乎与审美没有多少关系。古希腊时代，艺术转向美的追求，美成为“造型艺术的最高法律”。[③] 进入中世纪，艺术又成为宗教的奴仆[④]，绘画、雕塑、建筑艺术等都服从于“上帝”。到了文艺复兴时期，艺术家们让艺术和美走到一起，美学成了艺术哲学。[⑤] 19 世纪末 20 世纪初以来，“艺术不再必须与美有关，它更多地关乎理念”[⑥]，“不美之物可以是艺术是 20 世纪伟大的哲学贡献”[⑦]；当然，实用艺术继续着它的美的追求。未来，艺术能否回归美学？[⑧] 有人呼吁，但没人知道。尽管如此，人们还是能够看到，艺术在总体上总是表现着秀美与崇高。从乡村艺术化实践考虑，应当去追求美、展示美，用艺术化来营造美好新家园，让乡村靓丽起来，美得有艺术味！

再看乡村。提起乡村艺术化，容易让人想入非非。比如，想到艺术下乡、艺术介入等。于是，一些艺术界人士苦心经营，搬运西方达达艺术、波普艺术、装置艺术等现代、后现代艺术理念，把城里的废电视机、破自行车、旧汽车轮胎等城市生产生活的废旧物品搬到乡下去，为乡村植入“艺术”，打造景区景点。这是值得注意的。推进乡村艺术化、建设美丽乡村，

① 〔英〕E. H. 贡布里希：《艺术的故事》，范景中、杨成凯译，广西美术出版社，2008。
② 〔美〕马克·盖特雷恩：《认识艺术》，王滢译，世界图书出版公司，2014。
③ 〔德〕莱辛：《拉奥孔》，朱光潜译，商务印书馆，2016。
④ 〔美〕克莱门特·格林伯格：《自制美学：关于艺术与趣味的观察》，陈毅平译，重庆大学出版社，2017。
⑤ 〔德〕黑格尔：《美学》，朱光潜译，北京大学出版社，2017。
⑥ 〔英〕威尔·贡培兹：《现代艺术 150 年：一个未完成的故事》，王烁、王同乐译，广西师范大学出版社，2017。
⑦ 〔美〕阿瑟·丹托：《何谓艺术》，夏开丰译，商务印书馆，2018。
⑧ 彭锋：《艺术学通论》，北京大学出版社，2016。

当然需要积极的实践探索。但是，必须当心，不能以乡村艺术化的名义，把乡村变成城市的垃圾场！乡村当然需要城里的艺术，需要借鉴人类所有的艺术创造，包括现代艺术、后现代艺术的理念和手法；问题是，与城市不同，乡村与自然更和谐，更有传统韵味，是生产生活的诗意空间。乡村艺术化，不能简单等同于艺术下乡或乡村美化。① 从历史的逻辑来看，艺术与乡村有着天然的联系，乡村艺术化是艺术回归乡村。

这就意味着，乡村艺术化必须读懂乡村，读懂乡村价值。过去，一般习惯于讲农村，很少提到乡村。这几年建设美丽乡村，一般也只是把乡村作为农村的另一种称谓。并且常常把城市与农村对立起来，认为城市代表先进，农村则是落后的代名词，城市化就是要用城市来取代农村。随着对乡村振兴研究的深入，人们已经意识到，乡村是具有自然、社会、经济特征的地域综合体，兼具生产、生活、生态、文化等多重功能，与城镇互促互进、共生共存，共同构成人类活动的主要空间②。放眼国外，尽管对乡村也没有标准的概括③，但对乡村价值却没有低估。美国城市社会学家刘易斯·芒福德曾经说过，城与乡，同等重要……如果问城市与乡村哪一个更重要的话，应当说自然环境比人工环境更重要。④

人们对乡村存在的价值，确实有一个认识的过程。在城市化加速发展的阶段，人们带着城市理想，急于进城，通常顾不上乡村，更谈不上对乡村价值的认识；只有当人口拥挤、交通堵塞、空气污染、各种社会问题等“城市病”困扰着人们的时候，人们才会重新认识乡村，发现乡村价值。以英国为代表的发达国家，因为城市化开始得早，在19世纪末20世纪初就看到了乡村独特的价值，因而注重保护乡村的生态环境、田园风光、传统文化。

---

① 董进智：《打造四川特色鲜明的现代版“富春山居图”——关于乡村艺术化的若干思考》，《天府智库》2018年第25期。

② 《中共中央国务院印发〈乡村振兴战略规划（2018～2022年）〉》，《人民日报》2018年9月27日。

③ 〔英〕尼克·盖伦特等：《乡村规划导论》，中国建筑工业出版社，2015；〔美〕杜威·索尔贝克：《乡村设计：一门新兴的设计学科》，奚雪松等译，电子工业出版社，2018。

④ 严瑞珍、罗丹、孔祥智等：《未来十年农业农村发展展望》，中国农业出版社，2014。

我国因为城市化起步迟，更因为近三四十年城市化发展太快，人们还来不及去研究乡村价值，以至于简单地把城市的办法套用过来解决乡村的问题。近年来，通过反思美丽乡村建设的经验教训，学者们逐步开始重新认识乡村价值①，并用以指导美丽新村建设实践。

今天，人们已经认识到，乡村有着城市替代不了的重要价值，乡村的独特价值体现在乡村的经济、政治、社会、文化、生态等各个方面。比如，生产上，乡村离不开农业，而农业直接或间接同有生命的动物、植物、微生物打交道，这些生命过程都呈现出多样性、鲜活性、微妙性、随机性，其乐无穷。生活上，乡村相对宁静，富有诗意，“采菊东篱下，悠然见南山”，给人以浪漫的体验，这正是文人们描绘的田园牧歌式的生活。生态上，乡村以山水自然为底色，贴近自然，友好自然，融入自然，天人合一。文化上，乡村淳朴、互助、和谐，带着浓浓的乡愁。随着经济社会发展，特别是在城市化率超过50%以后，乡村的经济价值、文化价值、社会价值、生态价值将日益凸显。② 近年来，全国各地乡村旅游蓬勃兴起，城里人涌入乡村观光、休闲、体验、度假、养老，旅游业收入成为农民增收的重要增长点，正是乡村价值的具体体现。乡村艺术化必须彰显乡村价值，让乡村展示独特的艺术魅力。

由艺术精神和乡村价值，人们可以想象，当两者相遇、相融合，一定会产生神奇的力量，激发出乡村的生机和活力。这正是人们追求的乡村艺术化。从乡村振兴角度讲，乡村艺术化的实践探索，集中到一个字就是：化。用艺术来“化”乡村，给乡村注入活力，让乡村走向诗和远方。

四　乡村艺术化的基本要求

乡村艺术化自然有它的特殊性，它必须源于乡村，彰显乡村价值。推进

---

① 朱启臻：《留住美丽乡村——乡村存在的价值》，北京大学出版社，2014。

② 董进智：《未来乡村啥模样?》，《四川农村日报》2017年3月8日。

乡村艺术化，必须把艺术精神同乡村价值结合起来，科学把握它的内在要求，这是一个基本前提。

无疑，近年来不少地方兴起的大地艺术节、艺术下乡、艺术植入等艺术乡建活动，是推动乡村艺术化的有益尝试；乡村艺术化应当充分吸纳艺术乡建的经验和智慧，进行系统化的研究和设计，逐步形成一套乡村艺术化理论，以指导实践。

具体讲，乡村艺术化要站在实施乡村振兴战略的高度，按照城乡融合发展的要求，顺应人民对美好生活的日益增长的需要，弘扬优秀传统文化，借鉴先进的艺术理念、艺术媒介和艺术手法，在与城市空间的对比中，从乡村的山水、田园、生产、生活、民俗、文化中挖掘独特的价值，寻找淳朴的品质，发现多样的美丽，剖析深刻的矛盾；在此基础上，按照艺术内在的精神和艺术创作的规律，进行多种形式的艺术再造，形成乡土的绘画、雕塑、建筑、书法、电影、摄影、戏剧、音乐、舞蹈、文学等丰富多彩、雅俗共赏的艺术形式①，建设各美其美的美丽乡村，打造各具特色的现代版“富春山居图”。当源于乡村生活、承载乡村价值、展示乡村美丽、揭示乡村矛盾和困惑的乡土艺术涵盖了乡村经济、政治、文化、社会、生态各个方面，并且成为乡村发展的重要动因的时候，乡村就基本实现艺术化了。

如果说大地艺术节、艺术下乡是艺术“植入”的话，那么乡村艺术化则注重艺术“长出”，让艺术从田园里面、从乡村里面长出来。这样的乡村艺术化，带着浓浓乡愁，烙上农耕记忆，体现着农家情趣，充满乡土气息，承载着乡村价值，寄托着田园梦想，才是真正有着乡村独特“意味”的形式。② 可以形象地描述为“自然山水，艺术田园，农耕体验，诗意栖居”。③

---

① 董进智：《打造四川特色鲜明的现代版“富春山居图”——关于乡村艺术化的若干思考》，《天府智库》2018 年第 25 期。

② 董进智：《打造四川特色鲜明的现代版“富春山居图”——关于乡村艺术化的若干思考》，《天府智库》2018 年第 25 期。

③ 董进智：《为乡村插上艺术的翅膀》，《农民日报》2018 年 3 月 28 日。

一是自然山水。山水林田湖草是一个生命共同体，有着内在的和谐之美。法国杰出现实主义雕塑家奥古斯特·罗丹说："在自然中，一切都是美的。"① 自然山水，是要牢固树立尊重自然、顺应自然、保护自然的理念，在生态的治理和恢复上下功夫，保护乡村优美的自然环境，保护乡村的生物多样性，在此基础上通过艺术设计进行必要的布局和结构的优化，让乡村处处天蓝地绿、山青水碧、风清气爽、鸢飞鱼跃、蛙鸣鸟叫，逐步还乡村以自然之魅。这是乡村艺术化的天然底色。② 浙江省湖州市安吉县天荒坪镇余村，曾经是安吉县的石灰岩开采区。20 世纪八九十年代，余村凭借三座矿石山及一座水泥厂成为安吉县的"首富村"，其代价则是生态遭到破坏、环境严重恶化。2005 年，时任浙江省委书记的习近平同志到余村考察，提出"绿水青山就是金山银山"。从那时起，余村牢固树立并坚定践行"绿水青山就是金山银山"理念，以创建"生态旅游村"为目标，大力修复绿水青山，积极调整产业，规划村庄，美化环境，发展生态旅游，率先建设美丽乡村。如今的余村，已经建成国家 3A 级旅游风景区，民宿、漂流、采摘等休闲旅游项目蓬勃兴起。当地村民自豪地说："在千年古银杏树下，躺在竹椅上看星星，小溪流水潺潺，天籁之音绕耳，您会充分体验到被大自然怀抱的感觉。"③ 这正是自然之美、和谐之美，有着无穷的魅力。

二是艺术田园。用审美的眼光看，乡村的田园、设施、业态本身就带有丰富的艺术性。艺术田园，是要保护基本农田，将山水林田路房结合起来搞好农田水利设施建设，因地制宜、因时制宜种植农作物，饲养家禽家畜，培育食用菌，并优化种植和养殖结构，注重种养循环发展，在专业化、标准化的基础上融入文化、艺术元素搞好创意设计，推行科学的精耕细作，发展现代创意农业、精致农业，把农业产业建设成为一个特色鲜明的田园景观系统，让各具特色的田园景色随区域、季节而变幻，让充满魅力的美丽田园成

① 〔法〕奥古斯都·罗丹述、〔法〕葛塞尔著《罗丹艺术论》，傅雷译，中国青年出版社，2016。

② 董进智：《为乡村插上艺术的翅膀》，《农民日报》2018 年 3 月 28 日。

③ 李方存、余敏：《绿水青山十年路：从矿山到青山的安吉余村》，http：//n. cztv. com/news 2014/886186. html。

为乡村独特的风景线。这是乡村艺术化的鲜明特色。[①] 云南哈里梯田，布满红河谷高高低低、大大小小的山坡，蔚为壮观，法国人类学家欧也纳博士称之为真正的大地艺术。其实，村民房前屋后的“微田园”，也充满艺术的韵味。从空间上看，家家户户会种植不同的瓜、果、豆、菜，同一户人家在房前屋后同一块小菜地里，一般也会葱子、蒜苗、萝卜、白菜间种、套种、混种，有的还会发展一些创意农业；从时间上看，一年四季，主人们会根据农时轮回，种植各种时令蔬菜。这样，在时空上就呈现出作物景观的多样性，并且能一天天看着它们生根、发芽、开花、结果。多姿多彩，生机勃勃，让人乐在其中。“微田园”已经成为体现四川乡村之美的靓丽景象，并作为重要案例进入了省部级干部乡村振兴教学课堂。[②]

三是农耕体验。农业生产、农耕文化都具有较强的体验性，在一定意义上是带着泥土味的文化活动，更是一种审美和艺术的体验。开展农耕体验，一方面，要发展现代农业，让人们通过农业劳动与动植物生命过程打交道，把农业劳动变成农事体验，从休闲、观察、参与、体验、分享中品味人生无穷的乐趣；另一方面，要保护几千年形成的农耕文明，挖掘一代一代传承下来的传统手工艺，培育以各种文化传人为代表的民间艺人，改造提升地方特色产业，包括开发传统的、民族的乡村美食，让外地人、城里人等不同群体的人们能够充分分享鲜活的农耕文化。这是乡村艺术化的文化标识。[③] 台湾地区南投县“梅子梦工厂”，依托梅子种植，用文化创意理念延伸梅子产业链，成为有名的休闲游览区，给人以乡村艺术的体验。四川省都江堰市石羊镇以“品农业文化遗产、观稻鱼共生系统、体川芎禅养技法、玩转农耕文化”为主题，组织川西农耕文化与乡村旅游体验活动。其中，本乡本土的“稻鱼共生系统”和“川芎禅养技法”，体现了都江堰水文化和自流灌溉的精髓。他们围绕稻鱼共生组织镰刀割谷子等农耕体验，开展稻田徒手捉鱼比

---

① 董进智：《为乡村插上艺术的翅膀》，《农民日报》2018 年 3 月 28 日。

② 惠双民、张孝德、高宏存：《“微田园”谱写大乐章——成都都江堰乡村振兴案例研究》，http://www.sohu.com/a/228062105_100030672。

③ 董进智：《为乡村插上艺术的翅膀》，《农民日报》2018 年 3 月 28 日。

赛等乡土竞赛活动，再现活态农耕文化景观；用原生态稻草造型，营造静态乡土文化景观。来自四面八方的游客，从中分享了体、学、养、娱等丰富的体验，释放了城市工作和生活的压力，让心灵获得了自由。

四是诗意栖居。村落里面的民居、牌坊、祠堂、庙宇等，本身就是建筑艺术，乡村还有丰富的民间艺术、环境艺术。诗意栖居，旨在保护乡村肌理，传承优秀传统文化，科学规划设计村落，着力改善路水电等基础设施，合理改善民居功能，多样化、个性化展示村落民居风貌，标准化、系统化配套公共服务和商业服务，组织好特色民间文化、艺术活动，优化乡村人居环境，让人们"诗意地栖居在这片大地上"。这是乡村艺术化的综合体现。[①] 荷兰的羊角村，运河与湖泊交织。就地取材用芦苇席卷铺的屋顶风格独特，形成了如诗如画的村落。在四川省汶川县萝卜寨、北川县石椅村这样的藏羌民族村寨，白天走在林间小路上，看蓝天白云，呼吸清新空气，听鸟儿高歌，让人神清气爽；下到庄稼地里，摘水果，拔萝卜，捉蚯蚓，让人其乐无穷；走村串户，那些壮观的雕楼、独特的民居、好客的村民，让人流连忘返；傍晚，进入村民家中，一起烧火煮饭，分享乡土美食，聊民间轶闻趣事，让人开怀畅意；月亮升起的时候，出门望月，数星星，找萤火虫，让人诗意盎然；倘遇节假日，还可与原驻民、八方游客一起唱起来、舞起来，让人身心自由。困了，回到整洁、清静、温馨的房间，冲个热水澡，轻轻闭上眼睛，回味着白天的故事，慢慢地进入梦乡。睡到自然醒，会看到多情的鸟儿站在窗台上，似乎在说："太阳出来啦，新的一天又开始了"。

可以认为，自然山水、艺术田园、农耕体验、诗意栖居，构成了如诗如画的美丽乡村画卷，反映出乡村艺术化的本质和特征。[②] 让城市去疯狂吧！乡村要留住淳朴，留住传统，留住美丽，留住乡愁，让艺术在乡村回归美学！

---

① 董进智：《为乡村插上艺术的翅膀》，《农民日报》2018 年 3 月 28 日。

② 董进智：《打造四川特色鲜明的现代版"富春山居图"——关于乡村艺术化的若干思考》，《天府智库》2018 年第 25 期。

五　四川乡村艺术化的构想与对策

乡村艺术化重在实践。我国乡村复杂多样，乡村艺术化必须分类指导、因村制宜、精准施策，以多样化美打造各具特色的现代版“富春山居图”。

以四川为例，乡村自然本底好，文化底蕴深，并且平原、丘陵、山区、民族地区等不同区域在经济、政治、文化、社会、生态各个方面呈现出多样性，幸福美丽新村建设又奠定了一定的基础，乡村艺术化条件得天独厚。用好天府之国、千河之省、都江堰世界文化遗产、夹江县东风堰世界灌溉工程遗产、李白故里、苏东坡故里、张大千故里以及蜀绣、郫县豆瓣、夹江竹纸、绵竹木版年画、新繁棕编、江安竹黄等国家非物质文化遗产这样一些金字招牌，推动乡村艺术化大有可为。

基于乡村艺术化的本质要求，综合分析四川乡村艺术化的相关因素和条件，董进智曾经提出打造四川特色鲜明的现代版“富春山居图”的构想：建设山水自然、特色农业、田园生活、农耕文化、现代文明有机融合，如诗如画的水墨乡村或水墨村寨。“水”，山水，代表自然，代表四川的山山水水；“墨”，书写，代表文化，特别是以都江堰、东风堰、川西林盘为代表的农耕文化。“水”“墨”融合起来便是国画，便是艺术，便是艺术化的乡村。平原地区、丘陵地区、盆周山区、高原藏区、大小凉山彝区五彩缤纷、千姿百态的水墨乡村，从空中鸟瞰，正是一幅具有鲜明四川特色的现代版“富春山居图”。[①]

水墨乡村已经有了一批雏形。都江堰市柳街镇，保护川西林盘，弘扬诗歌文化，整治散居院落，发展文化民宿，组织国学体验和文化艺术活动，成为远近闻名的“七里诗乡”。蒲江县甘溪镇明月村，保护修复“明月窑”，坚持权力不能任性、资本不能任性、村民不能任性，引进艺术家、设计师，

① 董进智：《推进乡村艺术化　打造四川特色的现代版“富春山居图”》，《四川日报》2018年4月11日。

发展陶艺、草木染等文创项目，成为“国际陶艺村”。康定市新都桥镇，保护原生态的草原，传承丰富的藏族文化，治理乡村环境，发展特色产业，让蓝天白云、青山绿水、民族风情构成美丽画卷，被誉为“光与影的世界”“摄影家的天堂”。西昌市安哈镇长板桥村，注重民族文化符号和自然生态，保持依山就势、错落有致的村落格局，建成特色鲜明的彝家新寨。他们共同的经验是，遵循乡村发展规律，处理好乡村与城市、艺术与自然、艺术与经济、艺术与科技、艺术与文化、艺术与审美、艺术与时代等诸多关系，彰显乡村自身价值，让乡村美得有韵味、有品位。

更要看到，作为一个崭新的课题，乡村艺术化必然会遇到不少新的问题。反思幸福美丽新村建设出现过的问题，对搞好乡村艺术化是有益的。比如，一些地方曾经热衷于大拆大建，动辄投资数千万，把一栋栋农房拆掉，把一片片村庄推倒，建大马路、大广场、大草坪、大洋房，破坏了生态，捣毁了文化，浪费了资源，还造成千村一面。[①] 这样的问题，在探索乡村艺术化的实践中就特别值得注意。问题是最好的老师。总结幸福美丽新村建设的经验、教训，推进乡村艺术化应当讲究乡村美学，防止城市景观化；弘扬优秀文化，防止文化断裂；着力张扬个性，防止千村一面；发展美丽经济，防止中看不中用；注重乡村设计，防止建设性破坏；坚持分类指导，防止化妆运动。[②]

乡村艺术化是一个长期的过程，不可一蹴而就，只能一步一个脚印，稳扎稳打，循序渐进。现阶段，应当按照实施乡村振兴战略的总要求，以幸福美丽新村建设为综合载体，做好以下六件事。

一是把乡村艺术化纳入乡村振兴规划。乡村艺术化作为实施乡村振兴战略的一个新的要求，应当纳入乡村振兴战略的整体安排。当前，各级都在根据中央和四川省委出台的乡村振兴规划，制定具体规划或方案。有条件的地方，应结合实际，研究提出乡村艺术化的基本思路、工作重点和实施步骤，

① 董进智：《防范大拆大建对农村的四重伤害》，《农民日报》2016 年 2 月 3 日。

② 董进智：《为乡村插上艺术的翅膀》，《农民日报》2018 年 3 月 28 日。

并将其纳入乡村振兴规划和方案。已经出台相关规划和方案的，可根据实际需要，进行修订和完善。只有把乡村艺术化问题纳入乡村振兴规划，才能使其得到有效的保证。同时，要逐步开展乡村艺术设计，提升乡村艺术化发展水平。在乡村艺术化的规划、设计、建设中，应当组织相关专家，加强艺术指导，严格遵循乡村艺术化的客观规律。

二是注重与农村人居环境综合整治相结合。深入推进农村人居环境综合整治，是实施乡村振兴战略的第一仗。浙江"'千万工程'造就万千'美丽乡村'"的实践表明，农村人居环境综合整治是建设美丽乡村的基础工程、重要抓手和有效途径，可以由此走上乡村艺术化的发展路子。学习浙江"千万工程"的基本经验，四川在实施《农村人居环境综合整治三年行动方案》、建设生态宜居乡村的工作中，应当坚持分类指导、因村制宜、精准施策。成都、德阳、绵阳、泸州、眉山等市，应当把农村人居环境综合整治同乡村艺术化发展衔接起来，选择部分县市区进行艺术设计，制定可行方案，精心组织实施，把乡村整体风貌提升到更高的层次。

三是注重与现代农业园区建设相结合。乡村艺术化实践表明，田园有着独特的艺术魅力。目前，四川在推动农业大省向农业强省跨越的实践中，正在大力实施现代农业园区建设工程，这是推进乡村艺术化的又一有效载体和重要平台。应当把乡村艺术化的理念和要求，融入农业园区建设的全过程。对现代农业园区进行整体艺术设计，在不影响园区基本功能的前提下，增加艺术元素，推进园区美化。培育创意农业，把文化、艺术元素同农业科技结合起来，植入农业生产的各个环节和各个方面，发展观光农业、休闲农业、体验农业。创办田园艺术节，搭建艺术家们参与乡村艺术化的平台，展示乡村艺术化成果，聚集乡村人气。

四是弘扬天府之国优秀的农耕文化。文化是乡村振兴的灵魂，更是乡村艺术化的灵魂。乡村艺术化应当在农耕文化上大做文章。对乡村物质文化遗产和非物质文化遗产进行全面调查和分类梳理，研究具体的保护、利用措施，尽可能转化为乡村艺术化资源。当前，应当抓紧保护传统村落，争取国家支持，探索省级、市级、县级传统村落保护办法，结合搞好川西林盘保护。抓紧保护传承传统工艺，把竹编、制茶、棕编、刺绣等传承下去。抓紧开发传统乡村美食，充分展示灯影牛肉、达达面等传统美食的特色。同时，以农民丰收节、农业博览会等节会为平台，推出花灯、书画、山歌、歌庄等群众性文化艺术活动项目，让乡村活跃起来。

五是总结推广乡村艺术化实践的好经验。近年来，蒲江县甘溪镇明月村、康定市新都桥镇等不少地方在幸福美丽新村建设、乡村旅游发展中，注重文化、艺术元素的植入，快速走上乡村艺术化的发展路子，其经验值得总结，教训更加珍贵。应对不同区域、不同类型的乡村艺术化实践进行全面系统的剖析，不仅帮助他们完善思路和提升水平，同时有必要通过电视、报刊、网络等多种媒体，广泛进行宣传推介。条件好的地方，可组织相关部门在有一定基础的乡村中，选择一批特色鲜明、代表性强的，从艺术设计入手，进行试点探索，积累经验。还应打开视野，学习省外甚至发达国家的成功经验，打造四川乡村艺术化品牌。

六是加快培养乡村艺术化所需各类人才。乡村艺术化，人才是关键。应当立足长远，大力培养不同层次、不同类型的乡村艺术人才。一方面，在各种艺术类专业，特别是职业技术学院的艺术类专业中，增加乡村振兴课程或专题，让学艺术的学生了解乡村、热爱乡村，增强服务乡村的意识，自觉把艺术知识运用到乡村振兴中去。另一方面，在与乡村振兴相关的各类专业中，普及艺术方面的知识，培养学生的艺术意识和“艺术细胞”，让他们走上工作岗位或回到乡村后，能够把实际工作同艺术结合起来考虑，增强乡村艺术化的自觉。同时，挖掘和培养民间文化艺术传人，在乡村艺术化过程中，把优秀传统文化、传统艺术传承下去。

总之，艺术化是乡村的未来，未来的乡村将成为人们诗意的栖居之地；乡村振兴需要插上艺术的翅膀，让美丽乡村美得有韵味、有品位、有魅力；四川有条件、有基础，乡村艺术化大有可为。

B.8

四川农村人居环境整治的现状和措施

张泽梅*

摘　要： 四川是农业大省，农村人居环境的改善不仅关系到农民的健康和安居乐业，更关系到四川的生态系统保护和农业绿色发展。开展农村人居环境整治，对于加快四川从农业大省向农业强省跨越，推动治蜀兴川再上新台阶，具有重大现实意义和深远历史意义。本文通过对四川推进农村地区人居环境整治的主要做法、成效及存在的问题进行分析，提出了强化环保意识，突出重点、整合资源、加大投入，强化科技支撑，强化体制机制创新，以及转变农业发展方式的政策建议。

关键词： 农村人居环境　乡村振兴　环境整治

一　乡村振兴对农村人居环境整治的新需求

从新农村建设、美丽乡村建设到“乡村振兴”战略的提出，党中央高度重视农村环境的改善与治理。乡村振兴背景下，要解决好“三农”问题，解决好人民日益增长的美好生活需要和不平衡不充分的发展之间的矛盾，农村人居环境整治就显得极为重要和紧迫。2018 年 2 月，中办、国办印发了《农村人居环境整治三年行动方案》，提出用三年时间集中力量在推进农村生活垃圾治理、开展厕所粪污治理、梯次推进农村生活污水治理、提升村容

* 张泽梅，博士，四川省社会科学院农村发展研究所副研究员，主要研究方向为农村经济。

村貌、加强村庄规划管理、完善建设和管护机制等六个方面推进农村人居环境整治。农村人居环境整治是全面推动乡村振兴战略，实现乡村生态宜居的重要抓手；是实施乡村振兴战略的第一仗。

四川高度重视农村人居环境整治，2008 年以来，积极开展农村人居环境整治工作，取得了显著成绩。同时，四川省农村人居环境整治仍面临诸多挑战，形势严峻。

首先，农村“脏、乱、差”现象还普遍存在，人居环境堪忧。主要表现为以下几个方面。其一，设施建设投入严重不足。四川地域广阔，地形地貌复杂多样，以山地为主要特色，山地、丘陵、平原和高原均有分布，分别占全省面积的 74.2%、10.3%、8.2%、7.3%；四川是多民族聚居地，56 个民族均有分布，是全国唯一的羌族聚居区、最大的彝族聚居区和全国第二大藏区，是全国 6 个扶贫任务最重的省份之一，特别是凉山州属于深度贫困地区，脱贫攻坚压力大；农村人居环境整治成本高昂，而生活垃圾、污水处理、卫生厕所改造和粪污治理等设施建设投入严重不足。其二，已有设施形同虚设。在四川农村，相当一部分村民，尤其是民族地区村民，长期形成的不良生产生活习惯难以改变，生产生活垃圾随意堆弃，生活污水随意排放，使得农村卫生配套设施形同虚设。其三，多数农村畜禽粪便未进行无害化处理，也未设立病死动物无害化收集与处理点。其四，多数农村农药包装物和农膜等废弃物未能集中管理、处置，农业生产存在面源污染问题。

其次，村庄缺乏科学规划管理。主要表现为以下几个方面。其一，农村“空心村”问题普遍，造成资源浪费。四川作为农业大省，乡村面积大、农村人口多，2017 年末常住人口 8302 万人，其中城镇人口 4217 万人，乡村人口 4085 万人，常住人口城镇化率 50.79%，接近半数为农村人口。四川是人口输出大省，农村“空心村”问题普遍。其二，近年来，随着外出务工人员返乡成潮流，农村新建住宅增加，由于村庄缺乏规划管理，大多新建住宅分布在村庄的外围或新建道路的两旁，而村庄内则出现了数量不等的空闲房屋和闲置宅基地，形成了内空外建的不合理格局。

最后，乡村道路重建轻管，路面损毁严重。近几年来，四川农村虽然实现了“村村通”、街巷硬化“全覆盖”，但由于维护保养不善，部分乡村道路严重损毁，且道路交通安全设施不完备，既影响道路的使用寿命也存在很大的交通安全隐患。

四川是长江上游重要的生态屏障和水源涵养地，具有得天独厚的生态优势，推动农村人居环境整治，有利于将生态优势转化为产业转型升级的发展优势。新时代四川推动农村人居环境整治，具有“一带一路”建设、长江经济带发展、新一轮西部大开发等机遇。乡村振兴背景下，从改善农村人居环境入手，全面加强农村基础设施和公共服务建设，有利于解决城乡发展不平衡、农村发展不充分问题，加快补齐乡村建设这块突出短板。开展农村人居环境整治，坚持农业农村优先发展，促进乡村振兴，加快四川从农业大省向农业强省跨越，对决胜全面小康社会，推动治蜀兴川再上新台阶，具有重大现实意义和深远历史意义。

二　四川推进农村人居环境整治的主要做法及成效

（一）农村生活垃圾治理

在推行农村生活垃圾处理的实践中，四川省不断完善相关政策法规和技术标准体系。2008 年以来，先后制定和发布了《四川省人民政府办公厅关于进一步加强城乡生活垃圾处理工作的实施意见》《四川省城乡生活垃圾分类及评价技术导则》《四川省城乡环境综合治理保洁队伍及工作机制建设标准》等政策性文件和技术性文件，为提升全省农村生活垃圾处理整体水平提供了有力的政策保障和技术支撑。2011 年 7 月，四川省人大常委会颁布了《四川省城乡环境综合治理条例》，把全省农村生活垃圾治理工作纳入了法制化轨道。

1. 因地制宜，探索创新模式

四川省地形地貌复杂，以山地为主要特色，山地、丘陵、平原和高原均有分布。四川各地政府和群众坚持从实际出发，充分发挥群众的创造性，探索出了具有地域特点的农村生活垃圾治理新模式：盆地边缘山区的达州市探索出了“以城带乡、区域辐射、因地施策”的“达州模式”；丘陵地区的眉山市丹棱县探索出了“因地制宜、分类收集、村民自治、市场运作”的“龙鹄模式”；平原地区的德阳市罗江县探索出了“户定点、组分类、村收集、镇转运、县处理”的“罗江模式”；西部边缘高原地区的阿坝藏族羌族自治州探索出了“实施三个转变，降低垃圾危害”的“阿坝模式”。2015年底，四川省在全国率先通过了农村生活垃圾治理验收。2017年，全省90%以上行政村生活垃圾得到有效处理，14个村被评为国家级改善农村人居环境示范村。

2. 开展农村生活垃圾分类和资源化利用试点工作

2017年，成都市温江区和浦江县、眉山市丹棱县、德阳市罗江县、泸州市纳溪区、宜宾市筠连县、雅安市宝兴县等7个县区入选为全国首批100个示范县区。2018年，四川大力推进试点示范工作，出台了《四川省生活垃圾分类制度实施方案的通知》和《四川省农村人居环境整治导则》，提出“有序推进生活垃圾分类试点工作”，完善农村人居环境整治技术体系，出台分级分类确定建设与考核验收标准，全面完成21个试点县农村人居环境整治目标任务。

3. 控制农村面源污染

四川大力推进农业面源污染治理。一是加强农业秸秆综合利用。出台《四川省秸秆综合利用工作推进方案》、《四川省“十三五”秸秆综合利用规划》、《四川省秸秆资源综合利用实施方案》、《四川省秸秆全域综合利用试点行动方案》和《四川省关于支持推进秸秆综合利用的政策措施》等政策性文件，支持8个县（区）秸秆综合利用收储运体系建设。二是扎实做好农药减量控害工作。2015年印发《四川省到2020年农药减量控害行动方案》，启动农药减量控害行动。2016年全省农药使用量4.77万吨，全省农药使用量连续3年负增长。三是加强农膜科学使用和残膜回收利用。2017年，印发《关于加强农膜科学使用促进农田残膜回收利用的指导意见》，全省农膜使用量由常年的13万吨降至11.3万吨，降幅13%。四是抓好畜禽养殖废弃物资源化利用工作。省政府印发《关于推进畜牧业转型升级绿色发展的意见》和《关于加快推进畜禽养殖废弃物资源化利用的实施意见》等政策性文件，对全省畜禽养殖废弃物资源化利用做了详细安排部署，按照《关于进一步调整完善畜禽养殖禁养区划定工作的通知》要求，科学划定禁养区①。五是强化农产品产地环境保护和污染源头治理。对于农业投入品的使用实施更加严格的管理制度，瞄准保障农产品质量和安全，大力推进农业标准化生产，制定和完善标准化体系各环节的规范和标准，强化农产品质量安全监管，加强农产品“互联网+”质量追溯体系建设，加快实现从田间地头到餐桌的全过程、全链条的信息化监管。2017 年全省大宗农产品例行监测和快速抽检合格率分别达到 99.2% 和 99.98%，均高于全国平均水平。其中，大邑县主要优势农产品标准化覆盖率达到 90% 以上，通过严格的农产品质量安全监测，不仅农产品质量安全水平得到明显提高，而且全县农药用量明显下降，生态环境明显改善。

（二）农村生活污水治理

近年来，四川省各级党委和政府高度重视水环境综合治理工作，四川省城乡污水处理设施建设取得了较大发展。

1. 加大农村污水垃圾治理投入，完善污水垃圾处理设施建设

2017 年，为全面贯彻落实中央关于生态文明建设的总体部署和省委关于推进绿色发展建设美丽四川的决定，省政府制定了《城镇污水三推方案》和《城乡垃圾三推方案》，制定资金平衡方案，全省三年计划筹集中央、省级补助资金 79 亿元，支持各地开展城镇污水和城乡垃圾处理基础设施建设。2017 年，整合省级专项资金、专项债券资金 5 个多亿用于农村生活垃圾污水治理，完成 4000 个行政村生活垃圾治理目标任务。2018 年 2 月，编制印发了《四川省农村生活污水治理五年行动方案》，优先安排 600 个“百镇建

---

① 《四川省环境保护厅对省十三届人大一次会议第 878 号建议答复的函》，http://www.schj.gov.cn/xxgklm/jyta/201808/t20180831_291897.html。

设行动”试点镇和岷江、沱江、嘉陵江、金沙江等重点流域周边农村地区生活污水处理设施建设。

2. 大力实施水利兴村，打造“水美新村”

认真落实《关于创新机制推进水利支持幸福美丽新村建设的意见》，大力实施水利支持幸福美丽新村建设。巩固幸福美丽新村水利基石，开工建设了蓬溪船山灌区、土溪口水库、黄石盘水库、李家岩水库、武引二期灌区、什邡八角水库等一大批大中型水利工程，统筹解决幸福美丽新村发展的水利公益性、基础性问题。2017 年提升解决 78.67 万贫困人口饮水问题，启动干旱河谷生态治理产业脱贫工程试点，推进都江堰等 11 处大中型灌区续建配套改造，建成农建综合示范区 134 个 275 万亩，打造 787 个有“水”特色的新村。全面建立河长制，设省市县乡村五级河（段）长 8.34 万名，深入实施最严格水资源管理制度。①

3. 深入推进农村生活污水治理“千村示范工程”

从 2018 年开始，四川省实施《四川省农村生活污水治理五年实施方案（2018～2022 年）》，省财政连续 5 年，每年安排以奖代补资金 2 亿元，支持四川省农村生活污水治理“千村示范工程”实施，优先解决重点流域范围内对水环境影响较严重的支流所在自然村（聚居点）生活污水治理问题。②探索适宜农村地区的污水治理方式，2017 年完成 7745 个乡村居民聚居点生活污水治理专项行动。③

（三）农村卫生厕所改造和粪污治理

1. 推进“厕所革命”

大力实施乡村“厕所革命”，2018 年完成乡村公厕新建 1050 座、改建

① 《四川省环境保护厅对省十三届人大一次会议第 878 号建议答复的函》，http://www.schj.gov.cn/xxgklm/jyta/201808/t20180831_291897.html。

② 《四川省环境保护厅对省十三届人大一次会议第 222 号建议答复的函》，http://www.schj.gov.cn/xxgklm/jyta/201808/t20180831_291889.html。

③ 《四川省服务保障中央环境保护督察工作专报》（第 53 期），http://www.schj.gov.cn/ztzl/2017/zyhbdc/dcgzzb/201708/t20170821_243816.html。

479座目标任务。

2. 加强畜禽污染防治

指导督促新建、改建、扩建畜禽养殖场（小区）配套建设粪便污水贮存、处理、利用设施，2017年科学划定禁养区5828个，关闭或搬迁养殖场及养殖小区13548家，其中规模化2528家，将全省21万家养殖场纳入监管，完成黑臭水体整治74条。[①] 加大农村畜禽规模化标准化养殖投入。2018年安排畜禽粪污整县推进项目中央预算内投资2.15亿元，支持射洪、南江等8个县开展规模养殖场粪污处理设施、区域性粪污集中处理中心、规模化大型沼气等建设，推进农业生产资源综合利用。

（四）旧村改造与村容村貌提升

1. 推进农村道路建设

一是推进通村公路建设。2017年，四川省交通精准脱贫取得重大突破，全省新改建农村公路2.7万公里，新增71个乡镇通沥青路、2547个建制村通硬化路，乡镇和建制村通畅率分别达到99%和97%。新增3820个建制村通客车，全省乡镇和建制村通客车率分别达到97%和83%。年度计划脱贫摘帽的16个县和3700个村实现交通高水平脱贫。2018年，四川将高水平办好脱贫攻坚“头等大事”，以年度脱贫摘帽贫困县和退出贫困村为重点，实现剩余的53个乡镇通乡沥青路全面建成，剩余的1380个建制村通村硬化路基本建成。[②] 2018年，四川省农村公路建设进入冲刺阶段。全年四川省投入200亿元，计划建设农村公路20000公里。二是推进“四好农村路”建设。2014年以来，四川省委省政府把“四好农村路”建设作为改善民生、脱贫攻坚、实施乡村振兴战略的重要抓手，出台多项支持政策，交通运输部门、地方各级党委和政府强力推进“四好农村路”建设。截至2018年10月，全省已成功创建6个

---

① 《四川省环境保护厅对省政协十二届一次会议第57号提案答复的函》，http://www.schj.gov.cn/xxgklm/jyta/201808/t20180831_291924.html。

② 《四川：今年实现建制村全通硬化路》，http://www.chinahighway.com/news/2018/1157018.php。

“四好农村路”全国示范县，是全国示范县个数最多的省份之一；创建了28个省级示范县、173个示范乡镇、1452个示范村、10158公里示范路[①]。

2. 推进旧村改造

一是因地制宜推进旧村改造。按照“前庭后院、种瓜种菜、鸟语花香、鸡犬相闻”的农村特色，确立“宜聚则聚、宜散则散、适度聚居”的规划理念，总结推广了“小规模、组团式、生态化、微田园”的四川乡村规划模式。严格管控新建乡村农房风貌，指导各县编制农房风貌专项规划，挖掘川西绿竹林盘、川东山地建筑、藏碉彝寨等传统民居特色并进行推广。二是推进“农村土坯房改造行动”。2017年，四川省政府印发《四川省“农村土坯房改造行动”实施方案》，提出通过“拆、保、改、建”相结合的方式，力争到2022年，基本完成269.6万户农村土坯房的分类改造整治工作。[②] 三是持续开展农村危房改造工作。2017年，完成农村危房改造14.4万户，占目标任务的151.1%；建成藏区新居17348户，占目标任务的100%；新（改）建彝家新寨住房17377户，占目标任务的100%。[③] 四是推进幸福美丽新村建设。出台了《幸福美丽新村建设行动方案（2014～2020年）》《四川省幸福美丽新村建设总体规划（2017～2020年）》，强化分类指导，历史文化村落、少数民族特色村寨、古民居得到有效保护，出台巴山新居、乌蒙新村、藏区新居、彝家新寨建设规划。在秦巴山区、乌蒙山区、川西平原地区、川中丘陵地区、高原藏区和大小凉山彝区选择具有代表性的县（市、区）和特色小镇，重点规划建设一批特色村、精品村，为同类型的县（市、区）编制乡村振兴规划提供指导性意见。继续将“扶贫解困、产业提升、旧村改造、环境整治和文化传承”五大行动作为幸福美丽新村建设的主要抓手，持续改善农村人居环境。

3. 改善农村生态环境

四川是长江上游重要的生态屏障和水源涵养地，肩负着维护国家生态安

---

① 《第二批“四好农村路”省级示范县获授牌》，《四川日报》2018年10月31日。

② 《5年内完成269.6万户农村土坯房改造整治》，《四川日报》2017年11月13日。

③ 《2017年全省十项民生工程及20件民生实事完成情况》，http://www.sc.gov.cn/10462/10464/10797/2018/1/18/10442997.shtml。

全的重要使命。四川省历来高度重视生态建设，20 年来，四川森林面积增加 1 亿亩，长江浑水期缩短一半。四川森林覆盖率已经达到 38.03%，距离建成长江上游生态屏障的目标越来越近。[①] 2016 年，开展大规模绿化全川行动。实施了重点工程造林、长江廊道造林、森林质量提升、草原生态修复、森林城市建设、绿色家园建设、荒漠生态治理行动、多彩通道建设和生态成果保护等九大行动。2018 年，增大财政投入力度。仅 2018 年前三季度，全省完成生态脆弱区治理投资 10 亿元以上，完成营造林 700 万亩，均创历史新高。

三　四川推进农村人居环境整治存在的问题

从 2008 年至今，四川省在农村环境综合整治中进行了积极探索和大胆尝试，取得了一些成就，但仍然存在一些问题。

（一）基层政府对推进农村人居环境整治重要性认识不足

目前，农村人居环境的整治在国家和省政府层面得到高度关注，并且采取了一系列的政策措施，但一些地方担负主体责任的县级党委政府和负责具体组织实施工作的乡镇党委、政府及相关部门还没有完全认识到改善农村人居环境和促进乡村生态宜居的重要性、必要性和紧迫性，未从根本上重视农村人居环境整治工作，工作开展迟缓。四川是农业大省，是劳动力输出大省，由于农村地区大量青壮年外出打工，人口多为留守老人和儿童，受教育程度低，环保意识不强。四川也是多民族聚居地，56 个民族均有分布，是全国唯一的羌族聚居区、最大的彝族聚居区和全国第二大藏区，少数民族地区的村民文明健康意识和环保意识薄弱，严重制约着农村人居环境整治工作的开展。

① 《四川森林覆盖率已达 38.03%　重点江河水质持续向好》，http://www.schj.gov.cn/xwdt/zhxw/201811/t20181129_294125.html。

（二）资金投入不足

四川作为农业大省和全国6个扶贫任务最重的省份之一，经济发展相对滞后。同时，四川地域广阔，地形地貌复杂多样，广大山区农村居民居住分散，农村人居环境整治的成本非常高昂。长期以来的“重城轻乡”，造成了城乡基础设施、人居环境条件等公共服务配套方面的巨大差距。目前，除成都、德阳、绵阳等经济发达地区外，各级财政投入较少，社会资本参与度不够，缺乏相关支持政策，资金投入不足。广大乡村地区基础设施和公共服务设施整体依旧落后、欠账太多，环保设施建设滞后，运行效果差。许多乡镇农村生活垃圾收转运设施缺乏，收集点、收运车辆和镇乡垃圾中转站等收转运系统尚未建立。对生活垃圾回收利用缺乏奖补激励政策，加之回收成本高、经济效益差，导致回收加工企业和农民自觉回收的积极性不高。农业固体废弃物综合利用仍存在运行机制、补贴政策等方面的问题，尚未形成以绿色发展为导向的农业补贴政策。

（三）技术支撑不足

四川省农村人居环境治理所需要的技术地域特征非常明显。目前，全国范围内推行“户分类、村收集、镇转运、县处理”的农村生活垃圾处理模式，具有经济条件的依赖性和区域局限性，对广大的山地、丘陵和高原地区根本不适用，将农村生活垃圾转换为有机肥资源的农家肥积造利用、沼渣沼液堆沤发酵等就地资源化利用的相关技术标准尚未出台，基层操作使用有一些困难。农业生产废弃物资源化利用技术还有待提升：秸秆快速还田相关配套技术和机具等关键技术突破不够，畜禽粪污综合利用难度大，特别是川西北牧区传统型畜牧业生产水平低、效益差。可降解地膜存在拉伸强度、降解时间与农艺要求不匹配以及使用成本高等缺点。农村生活污水处理技术的区域适应性较差，特别是缺乏高海拔、高寒缺水地区农村生活污水治理和厕所粪污无害化处理并资源化利用的有效技术。

（四）机制体制有待完善

首先，农村人居环境整治设施的运营机制缺失。近些年，四川在农村地区陆续配备了垃圾桶、垃圾箱及中转站、运输车等设施，但缺乏一个有效的运营与管护机制，既没有运营组织，也缺乏管护经费，从而导致了这些设施的闲置与浪费。其次，部门之间缺乏有效的工作协调机制。改善农村人居环境是乡村振兴战略的重要内容，涵盖农业农村生产、生活、生态的方方面面，牵涉面广、部门多。围绕着农村人居环境整治，国家相关部委都实施了相应的推动措施，农业农村部推行了“美丽乡村建设”，住房和城乡建设部推行了“改善农村人居环境示范村创建”，财政部与生态环境部联合推行了“农村环境连片整治工程”，但部门之间缺乏有效的工作协调机制。农村人居环境整治的管理办法由地方政府制定，但在很多地方，农村人居环境整治尚未得到足够的重视，缺乏顶层设计。各政府部门的管理职能也不相同，农业农村部门负责节能减排和农业废弃物治理，住建部门负责村镇人居环境改善和污水垃圾治理，生态环境部门负责农村环境整治，财政部门负责农村一事一议项目补助等，并未形成上下统一的管理体系，造成部门间各自为政，难以形成有效合力，治理效果并不明显。最后，市场机制不完善，企业、社会组织等社会力量多元主体参与不足，缺乏参与农村人居环境整治的激励机制，社会力量参与积极性不高。

四　四川省推进农村人居环境整治的政策建议

农村人居环境的全面整治是一项系统的民生工程，当前四川农村人居环境的全面整治尚处于起步阶段，还存在一些突出的困难和问题，需要在工作中坚持系统思维、规划先行、因地制宜、群众主体和建管并重的原则。有效推动农村人居环境整治，需要加大宣传力度，转变基层三农工作人员和村民思想观念，促进多元主体参与、政治保障和经济扶持等各个要素的协同发力，将科学规划与人人参与结合起来，将资金筹集与政策落实结合起来，将全面整治与共管自治结合起来。

（一）强化环保意识

强化环保理念和意识，培育农村人居环境治理的软实力。一是各级农业农村部门要转变观念。把改善农村人居环境作为实施乡村振兴战略的重要抓手，加强调研学习、主动作为，真正成为改善农村人居环境工作的行家里手，不断提高农村人居环境建设水平。二是培育村民的环保意识。开展多层次多形式宣传教育活动，通过宣传材料、技术讲座、科普活动、知识竞赛、公益广告、广播、电视、报刊、网络等方式，开展农村人居环境保护与污染治理系列宣传教育活动，普及环保知识，提高环保意识，发挥村民主体作用。大力宣传农村人居环境整治典型，不断放大试点示范效应。三是培育村民的现代生活意识。改进和增强村民卫生习惯与健康意识，提升村民的审美意识，促进村民进行生活方式革命。四川为多民族聚居地，应以尊重当地民俗、宗教信仰和经济发展程度为前提，认清其存在的现实依据，循序渐进地推进个人卫生革命、厕所革命、餐饮习俗革命、红白事宜革命和生活用能革命，不能盲目鄙弃，更不能一刀切。

（二）突出重点，整合资源，加大投入

一是突出重点。2019 年 1 月，四川省推出了《四川省农村人居环境整治村庄清洁行动方案》，提出 2019 年将重点推进农村生活垃圾处理、污水处理、村庄清洁、厕所革命和畜禽粪污资源化利用等“五大行动”；将重点做到“三清两改一提升”，即清理农村生活垃圾，清洁农村水源水体，清理畜禽养殖粪污等农业生产废弃物，改造农村户用厕所和公厕，改变影响农村人居环境的不良习惯，不断提升村容村貌。二是整合资源。根据农村人居环境整治需求，积极争取国家层面的资金投入，主要用于完善设施和建立运营机制。建立市县为主、省级适当补助的政府投入体系，统筹整合城乡污水垃圾处理设施建设、农村危房改造、幸福美丽乡村、水污染防治、农村节能减排、脱贫攻坚等相关资金支持农村人居环境整治，重点保障垃圾污水治理、厕所改造、村容村貌整治等项目建设和运行。将污水处理设施建设和农村公

共厕所建设与藏区新居、彝家新寨、易地扶贫搬迁、地灾避险搬迁等项目结合，重点推进脱贫攻坚农房建设户用厕所配套。三是加大投入。一方面，创新融资机制。建立“政府投入为主，村民支持为辅，积极发挥社会支持”建设公共设施的多元化投资机制和以村民为主体的公共设施运行维护管理机制，调动村民参与农村人居环境整治的积极性。另一方面，调动社会力量积极参与。引导企事业单位、社会组织和个人以捐款捐物、结对帮扶等形式，支持农村人居环境设施建设和运行管护，鼓励各类企业采取多种形式积极参与农村人居环境整治项目。

（三）强化科技支撑

一是设立农村人居环境保护与治理专项研究计划。加强与科研院所技术合作，重点支持种养配套工程，积极推动作物秸秆、畜禽养殖废弃物、厕所粪污、餐厨残渣堆肥或沼气处理还田等资源高效利用，坚持环保和农业一体化发展。推动种植薄膜、农药和化肥包装、电池、电线、玻璃、油漆、塑料袋等回收利用技术与装备的研发和应用。利用新技术改变农村能源的供给和使用方式，引入太阳能、省柴灶、沼气灶等新技术，彻底改变农村能源供给和使用形式。二是建立易操作、可复制、易推广的技术链支撑体系。组装集成农村环保和清洁生产系列技术，以垃圾分类、污水处理、厕所粪污无害化处理、种养循环、畜禽养殖废弃物资源化利用为重点，组织编写出版一批浅显易懂的科普手册，大力开展垃圾分类教育与农村环境保护技术培训。

（四）强化体制机制创新

加强政府引导扶持，发挥市场机制作用。一是健全组织领导机制。地方各级党委和政府一把手作为农村人居环境整治工作的第一责任人，要亲自抓、亲自管。乡镇党委和政府要做好具体组织实施工作。二是健全投入保障机制。加大财政投入力度，创新投融资机制，积极吸引社会资金，广开投资渠道，探索建立改善农村人居环境的多元投入格局。三是城乡统筹推进城市和农村人居环境共同治理。积极开展城市社区与农村社区对接，促进城乡人居环境共治共享。以政府购买社会组织服务等形式，充分发挥社区服务行业协会和社会工作者协会的作用，引导城乡居民实现垃圾分类和厨余堆肥。

（五）转变农业发展方式

四川是一个农业大省，改善农村人居环境，其实质是转变农业发展方式。一是推行生态循环农业。生态循环农业就是一种绿色生产方式，生态循环农业强调物质循环和能量多级利用，支持种养结合，推广使用农家肥，减少农药化肥的使用，有利于推动畜禽粪便和农作物秸秆等农业废弃物资源化循环利用。加大循环利用模式创新和示范推广力度，包括种植－养殖－沼气循环模式、餐厨垃圾－有机肥还田环农一体化模式，以及林下种养殖、玉米全株青贮、稻鱼鸭综合种养、菜稻循环等生态发展模式。二是推动一二三产业融合发展。四川是长江上游重要的生态屏障和水源涵养地，素称“天府之国”，具有悠久的历史传承和深厚的文化底蕴，是我国农耕文明的重要发祥地之一，发展乡村旅游、农耕康养等产业，促进农文旅融合，具有得天独厚的生态优势，对于农村人居环境整治具有巨大的推动力量。

B.9
四川乡村生态环境保护与修复研究

杜　婵*

摘　要： 四川地处国家生态安全战略格局中的青藏高原生态屏障和黄土高原－川滇生态屏障，是长江、黄河上游重要的水源涵养地和全球生物多样性保护热点地区。四川围绕森林资源保护与建设、草原保护与修复、重点流域环境综合治理、荒漠化和石漠化综合治理以及生物多样性保护与建设等方面，强力推进乡村生态环境保护与修复，农村地区环境质量不断改善，农村环境保护工作取得较大进展，但矛盾和问题仍然十分尖锐，需高度重视四川乡村生态环境保护与修复。

关键词： 乡村生态　生态环境　保护　修复

四川作为地处我国内陆的农业大省，尽管农业和农村经济发展取得长足进步，但从总体上评价，一方面，人口众多，资源约束严峻，另一方面，经济实力不强，投入相对有限，四川农业和农村发展仍然处于较低水平，存在的制约性矛盾依然十分尖锐。① 相关研究报告显示，四川省农村环境污染主要来源于农业现代化建设过程中生活污染的叠加，同时存在点源污染与面源

---

* 杜婵，四川省社会科学院农村发展研究所研究实习员，主要研究方向为农村生态。

① 郭晓鸣：《传统农业向现代农业跨越研究——四川农业跨越：发展中的困境与困境中的突破》，载贾松青、林凌主编《四川区域综合竞争力报告 2007》，社会科学文献出版社，2007。

污染并存、新旧污染交织的现象。[1] 农业资源偏紧和农村生态环境恶化的问题已成为制约四川省农村社会经济发展的瓶颈。根据四川省第一次污染源普查结果，全省农村污染负荷占整个污染负荷的比重已达到30%～40%，部分地区达到70%，从污染物氨氮、化学需氧量来看，以沱江流域为例，氨氮所占比重顺序为农业 > 工业 > 城市；化学需氧量所占比重顺序为工业 > 农业 > 城市。

一　四川乡村生态环境保护与修复现状

四川省地处国家生态安全战略格局中的青藏高原生态屏障和黄土高原－川滇生态屏障，是长江、黄河上游重要的水源涵养地和全球生物多样性保护热点地区。四川省高度重视生态环境保护与修复，2016 年 7 月，四川省第十届委员会第八次全体会议通过《中共四川省委关于推进绿色发展建设美丽四川的决定》，进一步明确时间表、路线图，着力把生态文明建设和环境保护融入治蜀兴川各领域全过程。2017 年 3 月，四川省政府印发实施《四川省“十三五”环境保护规划》，明确提出到 2020 年，四川省生态环境质量明显改善，绿色发展方式基本形成，突出环境污染问题基本解决。2017 年 12 月，四川省第十一届委员会第二次全体会议通过的《中共四川省委关于全面深入贯彻落实党的十九大精神，推动治蜀兴川再上新台阶，加快建设美丽繁荣和谐四川的决定》强调，要深化生态文明体制改革，加快建设美丽四川；持续用力打好污染防治“三大战役”，推进大气污染联防联控工作，全面落实河（湖）长制，持续改善环境质量；加强生态系统保护，开展大规模绿化全川行动，推进荒漠化、石漠化、水土流失综合治理，维护好“四区八带多点”生态安全格局；发展绿色低碳循环经济，建成国家清洁能源示范省。2018 年 7 月，确定《四川省生态保护红线划定方案》，划定全省

① 冉再平、李娟：《丘区农村环境污染影响因素的实证分析——以四川省为例》，《农业经济》2012 年第 4 期；朱清：《四川农业面源污染与农村经济发展研究》，《西部发展评论》2012 年 00 期。

生态保护红线面积总计14.79万平方公里，占全省面积的30.42%，涵盖国家级和省级禁止开发区域以及其他有必要严格的各类保护地等，呈“四轴九核”空间分布格局。

（一）森林资源保护与建设

1. 天然林保护工程

2015年，省林业厅落实中央和省天保工程建设资金31.75亿元，其中，中央预算内资金9300万元、中央财政专项资金28.32亿元、省级财政专项资金2.5亿元。组织完成“双线”目标责任书的签订工作，将天保工程纳入各级人民政府年度目标考核。针对公益林补偿政策落实兑现中存在的政策宣传不够、基础工作薄弱、资金兑现迟缓、管护存在缺失和违规使用资金等问题，联合出台《关于进一步加强集体公益林生态效益补偿政策落实兑现工作的意见》。全面完成补偿兑现任务，核定兑现公益林补偿约1.02亿亩，其中国有国家级公益林1877.3万亩，集体所有国家级公益林7248.4万亩、集体所有省级公益林1048.6万亩。对全省31个县（局）级实施单位开展2014年度天保工程省级复查，复查人工造林、封山育林面积12.2万亩，森林管护面积466.5万亩；组织开展2014年天保工程区国有中幼林抚育省级核查工作，核查单位15个，按10%~15%的比例抽查林区面积3.34万亩、林业小班109个。对全省21个市（州）、2个直属造林局2014年度天保工程建设情况进行“四到市、州”考核。修订出台《四川省天保工程二期信息统计与考核计分办法》，将天保工程信息统计工作纳入“四到市、州”考核内容。

2. 退耕还林工程

四川省于1999年10月正式启动新一轮退耕还林工程，当年即完成造林300万亩；1999~2006年，四川省完成退耕还林任务1336.4万亩，占全国总量的9.6%，居全国第三位。2007年，国家暂停安排退耕还林新任务，工程建设进入巩固成果阶段。2011~2013年工作以巩固前一轮成果为重点，

2014～2015年工作以推进新一轮建设为重点。[①] 截至2015年底，四川省完成中央和省级退耕还林工程投资36.15亿元，完成新一轮退耕还林任务93.9万亩。其中，2014年度65万亩任务按期完成，2015年度50万亩任务完成28.9万亩（居全国前列，允许跨年实施），完成荒山造林3.33万亩，巩固前一轮退耕还林成果1336.4万亩。完成20个市（州）、141个县（市、区）的退耕还林县级自查和省级复查，完成省级复查35万亩。《2014～2020年省级实施方案》涵盖秦巴山区、乌蒙山区、大小凉山彝区、高山藏区88个贫困县，规划实施266.36万亩，占全省规划任务总量的81.7%。将国家下达的2014年度和2015年度115万亩新一轮任务，重点向四大扶贫片区贫困县倾斜，安排任务97.88万亩，占比85.1%。针对政策瓶颈造成任务"落地难"的突出问题，联合省国土资源厅下发《关于加快推进新一轮退耕还林任务落地到户工作的通知》，联合省发改委等四部门下发《关于加快落实新一轮退耕还林还草任务的通知》，提出具体落实办法。落实中央巩固成果专项建设项目资金4.2亿元，组织18个市（州）、106个县（市、区）发展后续产业。新建（改造）工业原料林、经果林、森林蔬菜等基地203.96万亩，建圈舍202.51万平方米，培植食用菌715.29万单位。落实中央财政新增专项建设资金1.68亿元，组织53个县（市、区）发展退耕还林特色后续产业。新建核桃、花椒等产业基地47.36万亩，培植食用菌221.5万单位，建林下养殖圈舍（围栏）41.73万平方米，配套建设林区道路377.48公里。

（二）草原保护与修复

四川是全国五大牧区之一，草原总面积3.13亿亩，是四川绿色植被生态环境中最大的生态系统。四川草原涵水量达16亿立方米，相当于全省常年水利工程蓄水量的近1/4；每年可减少水土流失2.65亿吨；年可固碳5600多万吨，释放氧气1.5亿吨，大约能抵消全省年碳排放总量的1/3。而天然草原是四川省牧区绿色植被生态环境中最大的生态系统，是长江黄河上

---

① 李晟之主编《四川生态建设报告（2016）》，社会科学文献出版社，2016。

游重要的水源涵养地和绿色生态屏障，是草原畜牧业发展的重要物质基础和牧区农牧民赖以生存的基本生产资料。① 作为地球的“皮肤”，四川天然草原在涵养水源、防止水土流失、固碳储氮、维护生物多样性以及净化空气等方面发挥着重要功能，在全国具有十分重要的生态战略地位。四川省认真贯彻落实中央一号文件、省委一号文件、《中共四川省委关于推进绿色发展建设美丽四川的决定》以及国家草原生态建设有关文件部署精神，落实禁牧休牧、草畜平衡、基本草原保护三项基本制度。②

一是抓好草原生态补奖政策实施。落实补奖资金 8.8 亿元实施草原生态保护补助奖励政策，开展草原禁牧补助 7000 万亩、草畜平衡奖励 14200 万亩。补奖工作有力有效推进，得到农业部、财政部的评定优秀等次，获得中央绩效奖励资金 2.65 亿元。二是抓好退牧还草工程实施。抓好退牧还草工程建设，落实中央投资 1.52 亿元，开展草原围栏 133 万亩、退化草原改良 50 万亩、人工饲草地建设 18 万亩、舍饲棚圈建设 0.6 万户、黑土滩治理 3 万亩、毒害草治理 2 万亩，圆满完成了建设任务。三是抓好退耕还草政策实施。下发了《进一步落实责任加快推进新一轮退耕还林还草工作的通知》，国家下达四川省退耕还草任务 5 万亩，总投资 5000 万元。在项目安排上，向贫困地区、革命老区、生态脆弱地区倾斜，将任务落实到广元、巴中、乐山、绵阳和凉山等 5 市州实施。同时，积极做好政策宣传和技术服务，督促项目县合理布局，确保成效，指导项目县调整产业结构，培育后续产业，不定期检查，确保推进力度。四是加强草原鼠害防控。依托国家防灾减灾鼠虫害防治补助资金，完成全省草原鼠害防治 576 万亩，绿色防治比例达 87.8%；完成全省草原虫害防治 500 万亩，绿色防治比例达 60% 以上；挽回牧草鲜草损失 3.2 亿公斤，直接经济效益可达 6500 多万元，为推动草原生态保护、增加牧区牧草贮备、抗御冰雪灾害、降低牲畜冬春掉膘和死亡、减少牧民经济损失、促进增收脱贫致富奠定了坚实的基础。目前，全省草原

① 四川省农业厅：《2016 年四川省草原监测报告》。

② 李晟之主编《四川生态建设报告（2017）》，社会科学文献出版社，2017。

植被综合盖度稳定在84.7%，较2012年增加2.6个百分点。牲畜超载率9.57%，较2012年下降14.63个百分点。

《2017年四川省草原监测报告》显示，近年来，四川省稳步推进草原生态保护补助奖励等强牧惠牧政策和退牧还草等草原生态保护建设工程，集中治理生态脆弱和严重退化草原，草原生态退化趋势得到有效遏制，草原生态状况逐渐向好。①

（三）重点流域环境综合治理

2017年，四川印发《沱江流域水污染防治规划》《沱江流域水质达标三年工作方案》《2017年沱江河长制工作清单》《四川省环境污染防治“三大战役”科技支撑工作方案》。争取中央专项资金和省级财政支持资金约8亿元，开展水污染防治和农村环境整治；安排30多亿元地方政府债券资金开展重点流域污染治理；开展流域水环境管理系统建设，对岷江、沱江所有断面进行自动监测，实时预报预警，逐步实现国、省控水质断面自动监测全覆盖。据《2017年四川省环境统计公报》，四川六大水系：长江干流（四川段）、黄河干流（四川段）、金沙江水系达到或好于Ⅲ类水质比例为100%，嘉陵江、岷江和沱江水系达到或好于Ⅲ类水质比例分别为89.6%、66.7%和13.9%。

147个国、省控监测断面中，有98个达到或好于Ⅲ类水质，占66.7%；Ⅳ类水质断面31个，占21.1%；Ⅴ类水质断面8个，占5.4%；劣Ⅴ类水质断面10个，占6.8%（见图1）。主要污染指标为总磷、氨氮、化学需氧量、高锰酸盐指数和五日生化需氧量。

13个湖泊中，泸沽湖、白龙湖为Ⅰ类，邛海、二滩水库、升钟水库为Ⅱ类，水质优；黑龙滩水库、瀑布沟、紫坪铺水库、老鹰水库、三岔湖、双溪水库、鲁班水库为Ⅲ类，水质良好；大洪湖为Ⅳ类，受到总磷的轻度污染。13个湖库中，泸沽湖、二滩水库、紫坪铺水库为贫营养，邛海、黑龙

① 四川省农业厅：《2017年四川省草原监测报告》。

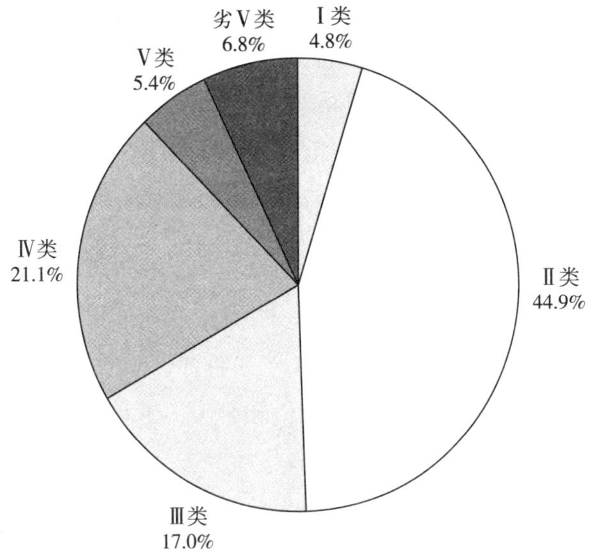

图1　2017年四川省六大水系水质状况

滩水库、瀑布沟、老鹰水库、三岔湖、双溪水库、鲁班水库、升钟水库、白龙湖为中营养，大洪湖为轻度富营养（见图2）。

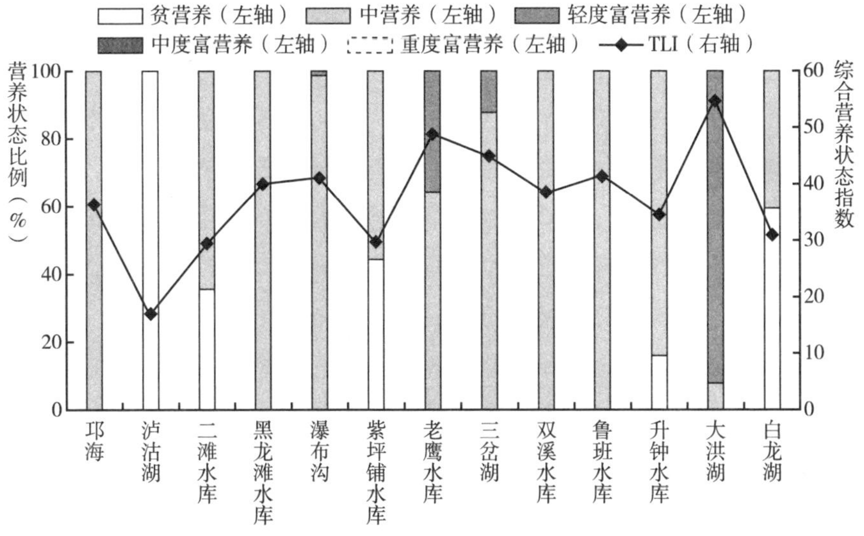

图2　2017年湖泊、水库营养状况分布

（四）荒漠化和石漠化综合治理

2008年，四川全面启动17个石漠化严重的县（市、区）岩溶地区石漠化综合治理一期工程，治理区面积达18163.9平方公里。2009年，四川省制定《四川省〈中华人民共和国防沙治沙法〉实施办法》，沙区植被保护、防沙治沙推进有法可依。2013年3月，国家发改委批复实施《川西藏区生态保护与建设规划（2013～2020年）》，明确在2020年前投入资金32.22亿元，治理沙化土地28.85万公顷。2014年，将沙区植被划入四条生态红线。明确“红线即高压线”，任何组织、单位和个人，不得随意破坏。截至2017年，17个县已累计完成封山育林38904.32公顷、人工造林22195.58公顷；人工种草4204.3公顷，改良草地2419.88公顷。①

（五）生物多样性保护与建设

四川省在面临人口增加、资源过度开发、植被破坏、外来物种入侵、环境污染和气候变化等压力不断增大的同时，陆续实施了一系列生态环境保护措施，初步遏制或减缓了生态系统中物种与遗传多样性的丧失趋势。自然保护区工程建设是生物多样性保护的重要途径之一，尤其是对自然生态系统和野生生物物种的就地保护，作用更为显著。2015年，全省有林业自然保护区123个，其中国家级23个、省级51个、市（州）县级49个，保护面积725万公顷。从类型上分，森林和野生动植物类型自然保护区82个、湿地类型自然保护区41个。近90%在四川有分布的国家重点保护野生动植物物种和近50%的自然湿地在自然保护区内得到有效保护。②

2017年，四川省组织编制羌塘－三江源、横断山南段、岷山－横断山北段、武夷山、大巴山五个生物多样性保护优先区域保护规划。平武县、青川县申报的生物多样性减贫示范项目获得环保部批准。全省共建有各级各类

---

① 《对荒漠化说不　四川全面打响石漠化、沙化土地治理攻坚战》，《四川日报》2017年6月19日。

② 李晟之主编《四川生态建设报告（2017）》，社会科学文献出版社，2017。

自然保护区167个（排全国第5位），其中国家级自然保护区31个（排全国第2位），省级自然保护区64个，市县级以下自然保护区72个，涵盖野生动植物及湿地等多个类型，保护区总面积达8.31万平方公里，占全省总面积近17.1%，近90%在四川有分布的国家重点保护野生动植物物种得到有效保护。

二　四川乡村生态环境保护与修复面临的问题

四川地处长江上游，是全国农村改革发源地之一，是人口大省、农业大省。省委省政府立足四川经济社会环境全面协调可持续发展，历来高度重视农村环境保护工作，各地、各部门认真贯彻落实环境保护的基本国策，围绕“三江”（长江、岷江、嘉陵江）治理，强力推进农村污染防治和生态保护，农村地区环境质量不断改善，农村环境保护工作取得较大进展。但是，必须清醒认识到，当前全省农村生态环境形势总体上仍然严峻，矛盾和问题仍然十分尖锐。

（一）生态屏障功能仍较脆弱

一是森林生态保护方面，四川省积极实施退耕还林、天然林保护等重大生态工程建设，全省森林覆盖率提高到38.03%，但森林系统低质化、森林结构纯林化、森林生态功能低效化问题较为突出。二是草原生态保护方面，四川省草原退化面积占可利用草原面积的58.7%，天然草原平均超载率10.03%，草原承载压力较重，从空间分布来看，草原退化主要集中在川西高原的甘孜州、阿坝州和凉山州的部分草原。三是荒漠化治理方面，土地荒漠化呈蔓延趋势，荒漠化面积1.59万平方公里（其中石漠化土地0.73万平方公里、沙化土地0.86万平方公里），石漠化土地主要分布在四川盆地南缘和川东平行岭谷的喀斯特山区。四是重点流域治理方面，水电工程建设、过度放牧等导致部分湿地和河湖生态功能退化，自然湿地面积逐渐萎缩，四川水土流失面积（不包括冻融侵蚀）12.1万平方公里，占辖区面积的24.9%，水土流失主要发生在凉山州南部和攀枝花市的金沙江下游干热河谷区。[①]

（二）农村生态环境保护立法缺位

我国现行的生态环境保护法制体系建设，主要关注的是大中城市环境污染防治和城市市民的生态环境利益，很少顾及农村生态系统和环境保护。我国直到2007年才召开全国农村环境保护工作会议，出台了《关于加强农村环境保护工作的意见》，《环境保护法》《水污染防治法》等都有涉及农村生态环境管理和农业源污染治理问题，环境法律制定者的初衷并不是想偏离农村，而是希望制定的环境法规是系统而完整的，但由于农村和城市环境的特点及造成环境问题的成因不同，现行环保法律法规不能涵盖农村生态环境问题，具体措施和制度均没有详细规定，相关的环保法律法规在农村环境保护方面具有一定的局限性。

（三）公众环保重要性认识不足

当前，四川农业和农村经济增长方式还没有根本转变，各级党委、政府对农村环境污染问题的严重性认识较晚，对其防治的重要性认识不足，农村环境污染的控制问题还未得到系统的足够的重视。从各级部分来看，由于各级党委、政府的重视程度都不够，政府职能部门没有把农村环境污染治理工作纳入其工作重点。从基层干部来看，部分乡镇干部对农村环保问题和形势认识不足，畏难情绪大，在处理经济社会和环境协调发展的关系上，仍然存在“重经济轻环保”“先污染后治理”的思想。从农民群众来看，环境意识普遍较差，一些群众长期存在随意排污等不良习惯，大部分人还没有具体明确过量施肥、用药的危害，环保自觉性、责任感有待提高。[②]

---

① 《四川省人民政府关于印发四川省生态保护红线方案的通知》，http://www.sc.gov.cn/zcwj/xxgk/NewT.aspx?i=20180724103703-811421-00-000。

② 杨雪鸿、杜明、叶扬：《四川省农村环境保护的现状与对策》，《中共四川省委省级机关党校学报》2009年第2期。

（四）生态补偿机制不健全

生态补偿在我国部分行业和省份已有较好的试点，但国家层面的生态补偿机制到目前为止仍未真正建立，总体来看，生态补偿的范围仍然偏小、标准偏低，保护者和受益者良性互动的体制机制尚不完善，这在一定程度上影响了生态环境保护措施行动的成效。政府生态补偿的补偿标准偏低的现实，导致产生的实际生态效益远低于预期效益。[①] 目前生态公益林补贴标准远低于林地所产生的经济效益。对于四川偏远山区的农村而言，山林是社区老百姓全部的生活来源，过低的补助收益显然难以满足他们的生活需要。此外如果按照面积补偿，而对林地、森林覆盖率、森林结构等重要生态指标未加考虑，导致林农对生态公益林的维护缺乏积极性，易造成“公地悲剧”。这也是山区农村存在采挖森林矿石资源、采集薪柴与烧炭以及盗猎等现象的重要原因。因此，迅速建立健全生态补偿机制对于保护好生态环境、统筹推进经济社会协调发展、妥善解决当地生态工程区农牧民生活困难等问题具有战略意义。[②]

三　强化四川乡村生态环境保护与修复的对策建议

四川生态环境保护形势严峻，环境污染状况恶化导致三个方面的后果：一是影响农产品安全，危害农民群众健康；二是影响农村污染减排，制约生态省建设；三是影响城乡统筹发展，阻碍推进农业现代化和幸福美丽新村建设进程，制约全面建成小康社会。为此，我们需要高度重视四川乡村生态环境保护与修复。

（一）健全农村生态环境保护法律制度

构建农村生态环境保护法律制度，要将相关条款进行修订，增补空白法律制度，制定综合性的农村农业环境管理保护法律，完善农村环境和资源保

① 徐岩：《国家生态安全视角下的生态补偿机制的构建》，《改革与战略》2011 年第 9 期。

② 杜婵：《多元参与的社区生态补偿机制创新研究》，硕士学位论文，四川省社会科学院农村发展研究所，2016。

护基本规则。针对土壤污染防治、化肥农药污染防治、畜禽污染防治、乡镇企业的污染扩散及城乡污染转移等农村地区的污染防治问题，要制定专门的法律法规予以规范。要切实发挥农业补贴法律制度的环境保护功能，建立健全农业生态补贴法律法规体系，为农业生态补贴政策的执行实施提供法律依据，为农业生态补贴政策的持续性提供法律保障机制。①

（二）重视发挥科技支撑和宣传教育作用

充分整合科技资源，完善农村环保科技支撑体系。加强农业环保技术科技攻关，从政策和资金上特别扶持和推动农村环境保护科技创新，建立农村环保实用技术发布制度，积极推广环保实用技术。在农业种植源污染上，加强作物高产、优质、高效与安全并重的科学施肥和用药技术研究，在主推品种中筛选氮、磷高利用效率和高抗病性品种，集成创新肥料、农药减量高效施肥技术体系等。在农业有机废弃物利用上，加强轻简、高效和适宜机械化操作的秸秆还田对土壤-作物-大气系统的综合应用，加快可降解地膜的研发速度，加强农业生态节水技术和用养结合农作模式的研究等。加强与知名大专院校和科研单位的积极合作，推行一些适宜的控制农业面源污染的有效措施。把环境管理作为村民自治的重要内容，充分利用广播、电视、网络、挂图、板墙报、环保知识下乡等宣传载体，多层次、多形式普及环保知识，提高农民环境意识，培养健康文明的生产、生活方式。凡是对环境有影响的发展规划和建设项目，都要征求村民意见，确保农民的环保知情权、参与权和监督权，维护农民的环境权益。②

（三）落实生态保护与修复的监督管理机制

为加强四川乡村典型生态脆弱区生态修复和保护，各级政府应根据主体责任不改变的管理原则，明确生态修复和保护的部分职责和管理要求。建立

① 赵辉：《城镇化进程中农村生态环境保护的法律制度缺陷与对策》，《河南财经政法大学学报》2015年第4期。

② 杨雪鸿、杜明、叶扬：《四川省农村环境保护的现状与对策》，《中共四川省委省级机关党校学报》2009年第2期。

“天地一体化”的监测与监管体系，对已经开展的生态修复工程利用大数据技术加强日常监控和定期评估，实现常态化监管。对监管发现的问题，及时通报地方政府和行业主管部门，并作为绩效考核和责任追究的重要依据。建立典型生态修复和保护检测预警技术规范，形成修复区和保护区全覆盖监测预警网络，及时掌握生态修复和保护的动态变化。健全生态补偿机制，实行分类分级的补偿政策，将生态补偿与精准脱贫有机结合，创新资金使用方式，开展贫困地区生态补偿试点，探索生态脱贫新路。①

（四）建立健全生态补偿机制

建立强适应性的生态补偿政策体系是实施生态补偿的重要步骤。② 建立并完善政策激励机制并强化其正向激励作用，努力探求既能有效保护生态安全，又能实现经济社会健康发展的补偿方式。此外，重视协调现有政策法律制度之间的冲突，尤其是要认真梳理、修改和整合各部门政策法律之间相互矛盾的、不利于发挥生态补偿政策效率的制度规定。同时，还应该给予地方政府在执行生态补偿政策中的主体地位以及一定的二次决策的空间，不应强调全国统一的模式和“一刀切”的做法。

农村社区有着中国传统农村普遍面临的空心化和老龄化问题，同时对环境和资源的高度依赖性和灵敏性造成其经济收入的有限性和不稳定性。传统的依靠脉冲式的生态补偿项目投入的方法存在不可持续性。因此，从长远来看，应因地制宜挖掘社区生态系统服务价值，创新农村社区生态补偿方式，采取包括技术补偿、智力补偿、政策补偿、产业扶持等最切合社区实际需求的补偿方式，在促进生态建设的同时提高受偿社区的自我发展能力，由“输血式”补偿转变为“造血式”补偿。③

① 徐梦佳、刘冬、葛峰等：《长江经济带典型生态脆弱区生态修复和保护现状及对策研究》，《环境保护》2017 年第 16 期。

② 孔凡斌：《生态补偿机制国际研究进展及中国政策选择》，《中国地质大学学报》（社会科学版）2010 年第 2 期。

③ 杜婵：《多元参与的社区生态补偿机制创新研究》，硕士学位论文，四川省社会科学院农村发展研究所，2016。

B.10
乡村优秀文化遗产保护与传承的四川实践

杨璐涵　曾旭晖 *

摘　要： 中华文化千年传承，主要原因之一就是连绵不断的乡土文化传承。挖掘和发展乡土文化，是必要和必须之举。优秀的乡村文化遗产是一个地区长久发展历程中积累的宝贵财富，是一种不可替代、不可再生的历史文化遗产，在传承与发展地区特点和地域文化特色过程中发挥着非常重要的作用。四川省有着丰富的物质文化遗产和非物质文化遗产，四川乡村是文化遗产的载体。推动乡村文化繁荣发展，是实现乡风文明的关键，也是全面落实乡村振兴战略的现实需要。四川省对接乡村振兴战略，在着力推动乡村优秀文化遗产的保护与传承方面，累积了一定的实践经验，取得了预期的成效，同时也面临着一些亟待解决的问题。

关键词： 传统乡村文化　乡风文明　文化传承

一　引言

乡村振兴战略是习近平同志在党的十九大报告中做出的重大战略决

* 杨璐涵，四川省社会科学院社会学所硕士研究生，主要研究方向为社会学；曾旭晖，四川省社会科学院农村发展研究所副研究员，主要研究方向为社会学。

策，是新时代党和国家推进农村社会全面发展、最终实现农村现代化转型的重要战略部署。乡村振兴战略的实施要按照“产业兴旺、生态宜居、乡风文明、治理有效、生活富裕”的总要求进行。乡村振兴不仅是经济的振兴，也是生态的振兴、社会的振兴，文化、教育、科技、生活的振兴，以及农民素质的提升。乡村文化振兴是乡村振兴战略的重要组成部分，是推进农业农村现代化的重要举措，对实施乡村振兴战略发挥着至关重要的作用，也是传承发扬四川优秀巴蜀文化的有效途径，可以持续助力农村焕发新气象。

文化体现着乡村的特色，乡村也是文化的载体。乡村文化是人们在从事农业生产生活的过程中，逐渐形成和发展并约定俗成的规则、道德，以及在风俗习惯、行为方式上的反映，以物质和非物质的形态存在于乡村。在新时代，乡村的优秀文化是那些包含社会主义核心价值观的、有利于农村社会健康发展、有利于丰富农民精神世界的乡村文化。四川素称“天府之国”，具有深厚的文化底蕴和悠久的历史继承，拥有农耕、孝道以及林盘文化等优秀乡村文化遗产和巴蜀、红色以及民族文化等优秀乡村文化资源，那么保护和利用好这些乡村优秀的文化则是乡风文明建设的重中之重。

如今，随着社会主要矛盾的转变，农民对美好生活的需要也在日益增长。当前，乡村文化发展的程度已经不能满足农民精神生活的需要。他们追求更丰富、更高质量的文化以满足精神文化的需求。因此，面对乡村振兴战略实施的这一契机，我们应牢牢抓住，并按照乡村振兴的总要求，达到乡村文化振兴的目的，增强文化自信，坚定文化自觉，充分发挥优秀乡村传统文化的独特作用，加强乡村文化研究、保护、传承、利用，不断赋予其新的时代内涵，注重吸取城市文明及外来文化优秀成果，创造性地加以转化和发展。保护与传承乡村优秀文化遗产，更好地满足广大农民美好生活的需要。

总之，乡风文明建设是乡村振兴战略实施的重要内容之一，如何让乡村文化更具鲜活的生命力以及得到更好的传承和繁荣，是我们实施乡村振兴战略时必须要关注和解决的问题。

二　四川乡村优秀文化遗产保护与传承的现状

（一）四川乡村优秀文化遗产基本概况

四川拥有得天独厚的文化宝藏，是中华文明起源地之一，也是中华民族文化火种保存地和传承地。四川地处中国西南腹地，且位于长江上游，盆地四周高山环绕，长江横贯南部，其岷江、乌江等支流流经北部和南部，地处温带，气候温和，雨量充沛，土地肥沃。全省21个市（州）、14个县级市、120个县、4个自治县分布在48.6万平方公里的土地上。山脉、水系的不同组合形成了高低起伏、差异巨大的地形，丰富的物质资源孕育出四川独有的农耕文化、川西林盘文化、川菜文化、川酒文化以及川茶文化等；数百年来历史的锻造，三星堆遗址、金沙遗址出土文物是成都平原古蜀文化伟大创造的结晶，武侯祠、剑门关、张飞庙等三国文化遗迹影响广泛；四川地区又是西南丝绸之路的出发地和主经之地，与西南各族乃至南亚诸国都保持着密切的文化交流，茶马古道是我国西部文化原生形态保留最好、最为多姿多彩的一条民族文化走廊，古道沿线有丰富的历史文化遗存；同时，在抗战时期，四川一跃成为全国的政治、经济、文化中心，如今在“长征丰碑、伟人故里、川陕苏区”三大主题之上形成了“一线两区”（一线指中央红军长征入四川境内的南北纵向路线，两区指川东地区的伟人故里和川陕革命根据地）的红色文化资源分布格局。四川还是一个以汉族为主的多民族地区，有藏、彝、羌等14个世居少数民族，是全国第二大藏区、唯一的羌族聚居区和最大的彝族聚居区。各个少数民族在服饰、语言、生活习俗等方面都各不相同，各市（州）在地形、民族分布等方面都存在差异，在民族歌舞演艺、民族艺术节庆、民族风俗以及宗教等方面都生长出各自的民族文化和民俗文化，形成了独特而丰富的地域性民族风情。四川文化的繁荣兴盛，是四川文化自信的源泉，也是治蜀兴川的有力支撑。

乡村文化遗产包括物质以及非物质两种形态。物质形态的文化遗产，又称有形文化遗产，根据《保护世界文化和自然遗产公约》规定，包括历史文物、历史建筑、人类文化遗址几个种类；非物质形态的文化遗产，是指各族人民世代相传并将其视为文化遗产组成部分的各种传统文化表现形式，以及与传统文化表现形式相关的实物和场所。①

四川是文物资源大省。2018 年之前，四川拥有的物质文化遗产包括三星堆遗址、金沙遗址这两座国家考古遗址公园；不可移动文物 65231 处，全国重点保护单位 230 处，省级文物保护单位 969 处；博物馆、纪念馆 258 座，拥有文物藏品 360 万件（套）；古镇村落中，共有 56 个省级历史文化名镇、15 个省级历史文化名村和 869 个省级传统村落，其中 24 个名镇、6 个名村和 225 个传统村落被认定为国家级。

四川也拥有丰富的非物质文化遗产资源。2017 年，全省已有入选联合国教科文组织非遗名录的项目 6 项，国家级非遗项目 139 项、省级 522 项、市（州）及县级非遗项目超过 6000 项。其中在国家级和省级非遗项目名录中，传统手工艺项目共计达到 251 项。四川以刺绣、竹编、年画、唐卡、陶艺、漆器、井盐、民歌、羌族羊皮鼓舞、川剧等传统技艺，蜀锦、蜀绣、藏族唐卡、羌族刺绣、彝族漆器、绵竹年画、竹编木雕等文化产品，以及彝族火把节、都江堰放水节、自贡灯会、羌年等文化活动彰显四川民族地域的特色，体现中华民族优秀传统文化。它们是巴蜀文化的瑰宝，是建设美丽繁荣和谐四川的丰厚滋养。

（二）四川乡村文化遗产保护与传承的做法

1. 以规划引领乡村文化遗产的保护与传承

首先，四川省以《四川省乡村振兴战略规划（2018 ~ 2022 年）》为引领，明确了推进乡村文化遗产保护和传承的“十大行动”，包括乡村文化铸魂行动、乡村文化挖掘整理行动、乡村文化研究阐述行动、乡村文化保护抢救行动、乡村文化弘扬传承行动、乡村文化创新发展行动、乡村文化转化利

① 根据《中华人民共和国非物质文化遗产法》规定。

用行动、乡村文化品牌塑造行动、乡村文化文明涵养行动以及乡村文化人才培养行动。

其次，各地政府积极编制乡村振兴规划，挖掘和收集当地遗存的历史文化遗产。一是立足本土文化资源，积极整合现有相关资源，收集整理当地乡村文化年鉴、乡村历史、传统村落、景区景点、名人故里、传统习俗及文化故事等相关资料。二是编制乡村传统文化保护名录，如古镇、古村、古民居、古树名木、乡土文物等，开展对传统技艺等乡村非物质文化遗产资源普查，建设和管理乡村文化博物馆。三是注重对传统乡村文化遗产的发掘和保护。加快抢救保护乡村优秀文化遗产，加大对传统村落、乡土建筑和民族特色村镇保护力度，按照一村一策、一户一策进行保护修缮，建立健全文物“四有”档案和推行传统村落“一村一档”，积极保护和传承乡村文脉。

案例1：达州区乡村文脉保护规划编制

达州市达州区积极主动联系全区乡村振兴规划编制单位，推动资源共享，并提出编制建议，在推动乡村振兴的过程中注重文化振兴，以乡村发展展现乡土文化特色魅力。达州区积极配合编制《广元市利州区四古保护规划（2018~2022年）》，收集挖掘了辖区3乡6镇5个涉农街道范围内所遗存的历史文化遗产（古镇、古村、古民居、古树名木）。整理了自先秦作为古代南方丝绸之路的商贸驿站到新中国成立后作为国家发展核工业的三线建设重要基地的省级历史文化名镇——三堆镇，以及明清老街、魁星楼、宝珠寺、三线建设821工业遗址等资料。展现了形成于明代与清代之间金洞乡清河村、荣山镇宋坪村、大石镇高坡村等9处市、区级古村落的典型川北民居土木结构建筑的特色。发现了宝轮镇苍溪村李家大院、赤化镇清江村3组曹氏祠堂暨红军医院、三堆镇井田村王氏祠堂等5处古民居，其中4处为市级历史建筑乡土建筑。同时，在乡村振兴规划编制中，积极挖掘乡土文物资源、传统技艺、非物质文化资源、农村“知客”、新乡贤等文化要素，积极以文化引导群众弘扬社会主义核心价值观，倡导树立文明新风尚，培育文明乡风、良好家风、淳朴民风。

2. 挖掘本地传统特色文化，坚持保护与开发有机结合

一是着力推动乡土文化活态传承。划定乡村建设的历史文化保护线，保护文物古迹、传统村落、民族村寨、传统建筑、农业遗产、灌溉工程遗产。同时，在“科学规划、修旧如旧、保持原貌”的基础上，适度打造传统村落和民族民俗精品文旅线路。盘活区域性、民族性特色文化资源，深度挖掘乡村特色文化符号，打造文化价值突出、民族特色浓郁、地域特色鲜明的传统村庄院落、川西林盘聚落。依托蜀锦、蜀绣、藏族唐卡、羌族刺绣、彝族漆器、绵竹年画、竹编木雕等国家级非物质文化遗产；加强藏、羌、彝、苗等少数民族文化资源的研究保护和开发利用，在保护优先的基础上适度开发具有价值的资源。

二是积极重塑乡村文化生态。振兴乡村文化整体面貌，推行乡村建设新标准，推动建筑设计和当地绿色生态环境相适应、高度融合。以四川民间文化艺术之乡、特色小城镇、美丽四川宜居乡村等建设为载体，深入挖掘农耕文化精神和内涵，把民间文化元素融入建筑物，留住乡土气息，焕发乡村魅力，保护传承各具特色的民居、民宿原生形态，走特色化、差异化发展之路。挖掘阐释优秀乡村历史文化、民俗文化、生态文化等的时代价值，展现历史古韵，重塑巴蜀之美。当然，文化传承绝不只是对各种文化的简单再现，在保护优秀乡村文化的过程中，通过对各种乡村文化的扶持，这些文化遗产不仅成功地保留了自己的古老根基，也使其与时代更加接轨，从而让乡村文化延续和繁荣。在这方面具有代表性的例子有李庄古镇传统文化遗产的保护与开发。

案例 2：李庄古镇传统文化遗产的保护与开发

抗日战争时期李庄集聚了一批学术大家、爱国进步人士及热血青年，成为与重庆、成都、昆明齐名的四大文化抗战中心之一。于是“抗战文化”成了李庄独具影响力的文化符号。如今，李庄充分挖掘自身历史资源、文化资源，着力打造“抗战文化”、“建筑文化”、“民俗文化”和“美食文化”这四张名片，让更多人了解到李庄作为“万里长江第一古镇”的魅力。

在建筑文化上，除了有慧光寺、玉佛寺、南华宫等“九宫十八庙”，还有被梁思成一并称作“古镇四绝”的“螺旋殿”、“魁星阁”、“百鹤窗”和“九龙碑”，是现存较为完好的明清建筑古迹。自2016年起，李庄成为“中国古建营造技术保护与发展论坛”永久举办地，李庄这张古建筑文化的名片，随着更多专家、学者、古建筑爱好者的到来被传播出去。在民俗文化上，李庄通过“民俗文化进课堂”以及组建10支民俗文化宣传队伍等形式，让草龙舞等具有李庄特色的民俗活动，深入到市民生活当中。还通过2017年、2018年连续两年“民俗文化活动周”和“民俗文化活动月”的举办，更加集中地展现李庄民俗文化的魅力与特色。李庄美食以“一花（花生）二黄（黄辣丁、黄粑）三白（白肉、白酒、白糕）”著称。作为民俗文化活动周、民俗文化活动月的系列活动之一，“古镇刀客”不仅让民众参与到文化中来，还使李庄的美食得到更广泛的关注。通过一系列文化品牌、文化节日的打造以及文化活动的开展，李庄的“文化”已不仅是一个象征性符号，而是让市民走近其中，成为可触摸、可参与的文化。2018年，李庄古镇通过5A级景区评价，依托产业推动发展。2018年12月，由中共中央台办、国务院台办新批的海峡两岸交流基地，李庄古镇也位列其中，李庄文化将具有更加广泛的影响力和更加持久的生命力。

3. 对接市场激活壮大乡村文化产业

四川省按照《四川传统工艺振兴实施计划》在全省范围实施一批传统工艺振兴重点项目，打造一批具有鲜明四川特色的传统工艺精品，并基本形成独具四川特色的巴蜀传统工艺振兴体系。按照政府引导、社会参与、市场运作的原则，建立健全协调合作工作机制。要强化社会参与，鼓励社会力量兴办传统工艺企业；而政府也将利用现有资金渠道，对符合规定的传统工艺相关项目以及特色文化产业传统工艺发展予以支持。特别是在特色文化传统工艺方面，以羌族刺绣、藏族唐卡、彝族漆器等为代表，彰显四川民族地域特色，体现中华民族优秀传统文化，长期以来深受广大群众的喜爱，极具市场潜力，大有可为。

在推动乡村文化产业发展过程中，四川省以市场为导向，着力搭建项目推介平台，创新投融资模式，扶持一批创新力、竞争力强的文旅和文创企业，开始建设一批“文创 + 农创 + 旅创”示范乡村和新型复合型示范园区，打造了一批集农业文化创意、生态饮食体验、特色食材交易和观光旅游为一体的综合产业体。在这方面具有代表性的例子是藏羌彝文化产业走廊建造和川西林盘打造。成都平原的川西林盘项目搭建了项目推介平台，在北京、上海等地进行招商融资的项目多达 29 家。藏羌彝文化产业走廊依托区域优势，充分利用乡村的人文景观、民风民俗、农耕文明、自然生态、乡村风情等特有资源，积极推动乡村文化走上产业化道路，把丰富多彩的乡村文化资源转变为文化资本。

案例 3：夹江县藏羌彝文化产业走廊

1978 年 9 月，费孝通提出“藏彝走廊”这一民族学概念，经过发展，将“羌”也纳入其中。四川省具有包括甘孜藏族自治州、阿坝藏族羌族自治州、凉山彝族自治州在内的三大核心区域，以及绵阳市、乐山市、雅安市、攀枝花市这四个辐射区域，还有成都这一城市枢纽。古往今来，生活在这里的羌族人，创造了繁荣特色的羌文化。甘孜州是四川省的第一大藏区，藏传佛教底蕴深厚；阿坝州不仅是省内第二大藏区，也是羌族的主要聚居区，藏族嘉绒锅庄、羌族瓦尔俄足节等都是阿坝州的文化名片；凉山州是国内最大的彝族聚居区，彝族文化颇具特色。

2018 年 10 月 24 日至 11 月 2 日，在新建成的夹江县藏羌彝文化产业走廊园区（夹江县千佛禅意小镇），一场名为四川藏羌彝文化产业走廊文创产品展的展览吸引了众人的目光。来自全省的民族、民俗文化创意人才齐聚一堂，市民和游客通过观赏一系列品种丰富的藏羌彝文化创意产品，感受到藏羌彝文化的魅力。此次产品展共设四川文创馆、乐山文创馆、夹江年画馆、夹江陶瓷艺术馆、夹江手工造纸馆、彝族服饰馆、藏族唐卡馆、羌族刺绣馆、藏羌彝文献馆等 11 个展馆，展出以蕴含非物质文化遗产元素的文创产品为主。其中，被誉为“藏文化百科全书”的唐卡，针法精细、色彩雅致的藏羌织绣，以及拥有佛禅文化寓意的小摆件，都带有浓郁地域色彩。产品生产企业的工作人员也来到现场，与观众交流。此次四川藏羌彝文化产业走廊文创产品展，以文化搭台、产业唱戏的发展模式，促进省内少数民族文化大融合、文创产品大交流，为藏羌彝文化的发展注入动力。

案例4：崇州市道明镇竹艺村川西林盘打造行动

我国传统乡村聚落是各族人民生产、生活的聚居地之一，川西林盘是我国西南地区独有的一种传统生态聚落，周边高大的乔木、竹林、河流及外围耕地等环绕着成都平原及丘陵地区，自然环境与农家院落的有机结合，孕育出风格特别的乡村居住环境形态和地区文化，是蜀汉文化的载体，也是四川人原始生态文明的实践。具有丰富的美学价值、文化价值和生态价值。

2015年，道明镇竹艺村启动筹备竹艺村规划方案。围绕“产业新城、品质崇州”的发展定位，结合自身实际，计划打造具有“竹编韵、川西味、国际范”的新中式林盘。

一是精准村庄定位，实施规划组织标准化。2016年，竹艺村规划方案决定注重生态标准。在保证尊重所在地地理风貌、乡风习俗、产业结构等差异的基础之上，遵循以“社会治理与社区运营标准化”和“艺术审美与空间设计标准化”为中心内容的两大标准化原则。根据资源现状进行专业规划设计路线，针对空间、交通、环保、服务、景观、生态、人文、旅游、农业、慢生活十大系统整体布局村庄，综合施治“林、水、田、院”，制定风貌导则保持原有村庄形态，保持屋顶小青瓦、墙面露出蒸汽砖、外墙刷白、半透明围墙等，保存乡村生态外貌。设计中保证有点有面有纵深，并根据产业发展方向规划具体点位，合理布局引领性点位，带动林盘整体向好发展，探索乡村建设与社区营造的各种可能性。2016年10月，竹艺村一期工程建设正式启动。

二是强化特色产业，推进产业市场化。为解决农村空壳化问题，村里先后成立了土地股份合作社、竹编文创合作社、旅游合作社3个合作社，原住居民通过土地、房屋入股或出租等方式参与其中。2017年9月，与专业公司合作，按照“公司+设计师联盟+集体组织经济”发展思路，统筹竹艺村境内资源整合和产业培育。引入“新村民”带来新的发展理念和视角，切实让竹艺村资源活起来，产业做起来。推动形成竹编特色产业链，使竹艺村呈现餐饮、住宿、书院、培训等多种业态。通过发展，形成了富有天府文化特色的文创企业“竹里”“青旅无间”“来去酒馆”“三径书院”“遵生小院”等商业联盟，丰富了经济业态，提升了竹编附加值，增加了群众收入。新老村民共享乡村振兴成果，创造了更多的发展红利。

道明竹艺村以“一核”引领，通过“两会”驱动，紧随成都“西控”部署，践行“乡村振兴战略”，在传统竹编产业振兴和新产业发展上取得了显著成效，推动了产业的融合发展，为川西林盘打造注入活力。

三　乡村文化遗产保护与传承中面临的问题

（一）乡村文化遗产保护工作存在漏洞

四川省是文化大省，文化遗产涉及广，对文化遗产点位保护的工作量大。在保护工作中存在城乡、区域发展不平衡问题，大、中城市和经济发达地区的文化遗产保护机构、人员队伍、保护经费等都明显优于贫困地区、民族地区、革命老区等偏远地区，偏远地区机构、人员、经费严重不足，保护工作存在漏洞，需要引起高度重视。具体问题表现在以下两个方面。一是文化遗产点位存在安全隐患。文保单位存在电线老化严重、灭火器失效、灭火器数量少、围墙倾斜、周围大树倾斜等安全隐患。二是文化遗产点位保护力度不足。文保单位管理人员重视程度不足，一些文化遗产点位年久失修，墙体外表斑驳，文保单位内部损坏物品未经修复。

（二）乡村文化人才队伍建设滞后

乡村文化遗产保护与传承离不开乡村文化人才队伍的建设，但当前面临的最大问题恰恰是人才队伍建设严重滞后，主要表现在以下三个方面。

1. 队伍现有人才素质偏低

基层文化工作者承担着发展乡村文化的重任，队伍质量的高低直接影响乡村文化建设的质量。随着时代的发展、知识的更新、科技的进步，工作人员原有的知识体系老化，不能适应新的工作需要，心有余而力不足。

2. 队伍缺乏对乡村优秀文化的系统培训

部分工作人员对一些乡村的文化了解甚少，缺乏对该文化内涵的深度理解和共鸣，从而导致个别优秀文化的遗漏和挖掘方向的错误。而且工作人员缺乏长期、系统的专项培训，专业素质有待提高。

3. 队伍中乡村文化人才数量缺乏

乡村文化人才是乡村文化遗产保护与发展的主体。但工作队伍缺乏对乡村文化人才的发掘、管理和使用，以及在资金政策等方面对乡村文化人才的倾斜力度还不够大，没有对其进行重点扶持，导致人才外流，乡村文化人才出现人才断层和老龄化现象，进而导致乡村文化遗产缺乏有效的保护与传承。

（三）乡村文化产业发展的外源动力不足

乡村文化产业发展面临外部环境的约束，体现为外源动力不足。

1. 资金来源单一

在政策上对社会资本引入的鼓励机制不够强，引导进入文化领域的社会资本还比较少，通过社会资本推进文化与旅游、商贸、金融、科技等产业互相融合的程度还不够。具体体现在财政政策上，政府对文化遗产保护工作的资金投入在逐年增加，对小微文化企业发展的专项资金投入却比较少，而且支持的重点还体现在不合理的信贷和税收政策优惠，因而无法真正有效地激发规模较大、经营效益好的小微企业的带头作用。

2. 文化产业形态发展单一

面对日益繁荣的文化市场，乡村文化产业的发展形态还是注重传统的“量的扩张”，并且对文化产业新业态的发展意识薄弱，没有创造出新的文化产品，文化供给力弱，因而不能满足多样化的文化需求。并且对乡村优秀文化产品的传播方式仍停留在传统传播方式上，与互联网等技术的结合不够，导致乡村文化产品缺乏吸引力。

（四）乡村文化产业发展的内生动力不足

四川乡村文化产业发展缺乏内生动力，主要表现为两个方面。

1. 缺乏具有核心竞争力的乡村文化品牌

产品更新停滞不前，没有再继续深入挖掘乡村文化品牌，市场上依然保留着过去创造的文化产品，产品附加值低，成长缓慢，缺乏对品牌“质的提升”。

2. 缺乏对外界优秀发展模式的借鉴

从乡村文化产业发展的现状来看，乡村文化产业和其他文化产业相对隔绝，在发展过程中更多是注重纵向挖掘乡村文化，而在对城市文明与外来文化的优秀成果的吸取和借鉴方面仍存在短板，尚未完全和新的时代内涵相结合。

四　对策与建议

（一）加强对乡村文化遗产保护工作内容的完善

1. 对文化遗产点位及时排危

文化保护主管单位（乡镇政府），要组织相关人员，对本辖区内的文保点定期检查，对存在安全隐患的点位及时排危；文保单位管理人员对发现的安全隐患要及时上报，配合主管单位（乡镇政府）排危，杜绝文化遗产点位安全事故发生。

2. 对文化遗产点位加大保护力度

坚持保护第一，在保护中发展，在发展中保护，加大人力和物力的投入，文保单位要积极向上级争取资金支持，用于文化遗产保护和修复。加大宣传，号召社会力量加入文化遗产保护队伍，争取物资和资金帮助。强化保护工作者的责任意识和担当意识，主管单位要组织文保管理人员学习文保知识，提高专业水平。

（二）加强对乡村文化保护传承工作队伍的培养

1. 加强对乡村文化队伍的培养

新形势下，加强对乡村文化队伍进行长期、系统的专项培训，推动其对乡村优秀文化内涵进行更深入的理解，促进其与社会主义核心价值观更相符的知识体系和工作能力的形成。可以从当地挖掘了解、热爱本土优秀文化的能人，支持乡村文化能人参与文化设施管理和文化活动组织，为乡村文化保护工作队伍注入活力。招募组织志愿者投身乡村文化建设，引导社会各界人士投身于乡村文化的建设当中，打造一支留得住、能传承、有热情的乡村文化人才队伍。

2. 加强对乡村优秀文化传承人的扶持

一方面要树立“寻找乡村优秀文化人才，传承乡村文化事业”的工作理念，加大对乡村文化传承人的发掘。另一方面要给传承人提供发展的平台以及技术、政策、资金的支持，全方位地给予他们合法权益，有效抑制传承人的流失，确保乡村优秀文化得到保护和传承。

（三）提升乡村文化产业外源动力

1. 加大对社会资本的引流

可以通过政策引导等措施，鼓励个人、企业和社团对乡村优秀文化保护工作进行资助。同时，减轻乡村优秀文化保护企业税收负担，听取企业税收政策方面的诉求，切实为乡村优秀文化保护企业传承发展排忧解难。

2. 发展创新型乡村文化产业

实施“文化+”战略，加强文旅、文创企业培育，加快建设文化产业特色乡镇、文化产业特色村和文化产业群。整合区域资源，精准定位市场，开拓“深度旅游”模式，建设游客参与性强的文化吸引项目，开发精品文化旅游线路。鼓励搭建项目推介平台，创新投融资模式，扶持一批创新力、竞争力强的文旅和文创企业。

3. 推进相关政策条例的出台

为了更加有效地实施对乡村优秀文化的保护与传承，各地应积极落实相关法律法规，对乡村优秀文化的界定、价值判断、保护政策、科学方法以及政府的职能和义务等以立法的形式加以规范，做到对乡村优秀文化的保护有法可依。规范保护名录制度、传承人认定制度、生态保护制度、考察限制制度等，结合本区域实际情况进行创新。

（四）提升乡村文化产业发展的内生动力

1. 打造乡村文化品牌，增强核心竞争力

深度挖掘乡村优秀文化内涵，更新文化产品及提升产品附加值。实施乡村创意产品推广行动，以传统文化、地方特色优势产业及产品为基础，打造一批乡村文化旅游示范村、精品农家乐专业村。以专业市场为纽带，充分运用互联网技术，促进文化品牌推广与大数据营销相结合，形成完整的品牌传播路线，有效助力文化产品向外推广。对村落、民俗等文化进行集中挖掘和整理，丰富及提升乡村文化的内涵，提炼文化特色，抓住文化重点，打造现代文创精品和特色公共文化品牌。

2. 加强与其他优秀文化的交流与融合

打破农村文化与城市文化之间的隔膜，吸取城市文明与外来文化的优秀成果，向优秀的产业发展模式进行借鉴学习。同时，发展乡村优秀文化要与新的时代内涵相结合，从而实现对乡村优秀文化的创造性的转化与发展。

参考文献

刘正阳：《乡村文化的传承与保护》，《人民论坛》2018 年第 21 期。

贾云飞：《乡村文化遗产保护的三大困境》，《人民论坛》2017 年第 8 期。

易敬亭：《乡村文化遗产的保护与利用策略探索》，《中国高新区》2017 年第 24 期。

罗富民：《四川文化遗产产业化发展中的小微企业合作研究》，《西部经济管理论坛》2017 年第 1 期。

杨嘉嵋：《四川省非物质文化遗产保护现状与对策》，《新闻爱好者》2012 年第 23 期。

B.11

四川乡村文化产业发展：机遇、问题与建议

——基于文化产业“金字塔模型”

刘 恋*

摘 要： 党的十九大召开以来，乡村振兴被提高到国家战略的高度，保护和繁荣乡村文化是乡村振兴战略的重要内容与必要条件，受到各级政府的高度重视。发展乡村文化产业有利于调整产业结构、吸纳剩余劳动力、提高居民收入，同时也是复兴乡村文化，提高我国文化软实力的必然要求。四川是农业大省，文化资源丰富，具有发展乡村文化产业的巨大潜力。本文运用文化产业“金字塔模型”，从经济、技术、艺术等方面分析四川乡村文化产业发展面临的机遇、存在的问题以及可参考的发展路径，并提出了相应的建议。

关键词： 乡村文化 文化产业 金字塔模型

一 发展乡村文化产业是乡村振兴的重要途径

2018 年 2 月 4 日，国务院公布了 2018 年中央一号文件，即《中共中央国务院关于实施乡村振兴战略的意见》，乡村振兴的各项工作被提上国家议

* 刘恋，四川省社会科学院新闻学研究生，主要研究方向为传媒与文化产业。

程，获得前所未有的重视。乡村振兴必须是全方位的振兴，它不仅体现在乡村经济的繁荣发展以及乡村社会的长治久安，还体现在乡村生态环境的健康美好以及乡土文化的自信与活力。

长期以来，乡村不可避免地被卷入以城市为核心的经济发展逻辑中，乡村文化在城市化的高歌猛进中被日益忽视，其内涵逐步损耗、缺失。乡村文化，是起源于乡村、根植于乡村、流传于乡村的文化，与乡土密不可分，具有很强的在地性，既具有文化的共性，也具有其独特个性——乡土性，它存在于广大乡村的田野阡陌，存在于乡村民众的躬耕劳作与日常生活，存在于乡村民众的生老病死、婚丧嫁娶，它是一种活态化的文化，体现出乡村居民的精神意识与思想面貌。我国的乡村文化是一种崇尚人与自然和谐相处、追求“天人合一”境界的文化，虽然受到都市文明的影响，但历史源远流长，塑造了中华民族内在的精神气质。

文化产业最早由霍克海默和阿多诺在《启蒙辩证法》一书中提出，曾译为文化工业，带有浓厚的批判色彩。如今，文化产业发展速度与行业实践影响了人们对其本质的把握，不再是持简单的批判或认同态度，而是将其视为一种特殊的文化形态和特殊的经济形态以及国民经济的重要组成部分。何谓“文化产业”，各国有不同的界定，不同的学者也从各自的角度给出了定义。其中，联合国教科文组织给出的定义具有较强的概括性与解释力：文化产业就是按照工业标准，生产、再生产、储存以及分配文化产品和服务的一系列活动。虽然对于文化产业的定义至今莫衷一是，但文化产业巨大的社会价值与经济价值却得到了广泛认同，被誉为“21 世纪的朝阳产业和黄金产业”，成为许多发达国家的支柱性产业，其中最具代表性的便是韩国。文化产业具有低能耗、高附加值的特点，可以为经济的可持续发展提供强有力的支撑。此外，文化产业的繁荣不仅能为人民群众提供丰富多样的精神文化产品，满足人们日益增长的精神需求，而且能弘扬民族文化，提升国家文化软实力。

目前，我国正处于快速城镇化时期，在城市文明主导下，乡村文化要在夹缝中实现存续与发展，产业化是其必经之路。“发挥区位优势实现乡村经济稳步增长，推进乡村文化资源与现代产业有效对接，已经成为乡村经济发展的重要目标。”[①] 乡村文化产业化是将乡村文化作为生产资源投入产业发展中，让文化与产业有机结合，形成互动同构的关系。乡村文化为产业发展提供丰富文化资源，产业化让乡村文化活起来，让乡村富起来。因此，有效保护与传承乡村文化、挖掘优质乡村文化资源、促进乡村文化的产业化发展是缩小城乡差距、建设社会主义新农村的重要任务。

二 文化产业“金字塔模型”

芬兰学者芮佳莉娜·罗玛建立了文化产业的金字塔模型，在模型中，文化产业处于金字塔的顶端，由经济、技术和艺术组成的三角位于金字塔底端，这个三角支撑了文化产业（见图 1）。该模型直观地反映了经济、艺术和技术是文化产业的根基，对其发展起着的决定性的作用。文化产业的发展是以物质生产技术的进步为前提的，作为一个独特的产业门类，其资本逻辑尤为突出。然而，具有独特而丰富乡村文化的地区，往往是经济欠发达地区。经济落后意味着最重要的生产要素——资金的匮乏。西部很多地区，尤其是少数民族地区，地域偏远，交通闭塞，这在一定程度上保护了当地文化免受外来文化的同化与污染，保持了本土文化的原生态，但也给文化的产业化发展带来很大阻碍，如缺少产业发展必要的启动资金、发展文化产业的意识淡薄、与外界市场信息不对称、基础设施落后、文化产业人才匮乏，等等。

艺术文化为人们提供了丰富的精神食粮，对于文化产业发展的推动作用不言而喻，日本越后妻有的复兴就是有力证明。越后妻有位于日本新潟县南部，随着社会发展，这里经济日益萧条，面临着与我国绝大多数乡村同样的问题，空心化与老龄化现象十分严峻。从 2000 年起，在策展人北川弗兰（Fram Kitagawa）的努力下，这里诞生了“大地艺术祭”。大地艺术祭已经成功举办多届，成为日本乃至全球家喻户晓的文化名片，它每一次的举办都

① 李娟：《新型城镇化视阈下的中国乡村文化及其产业化问题研究》，《学术交流》2014 年第 11 期。

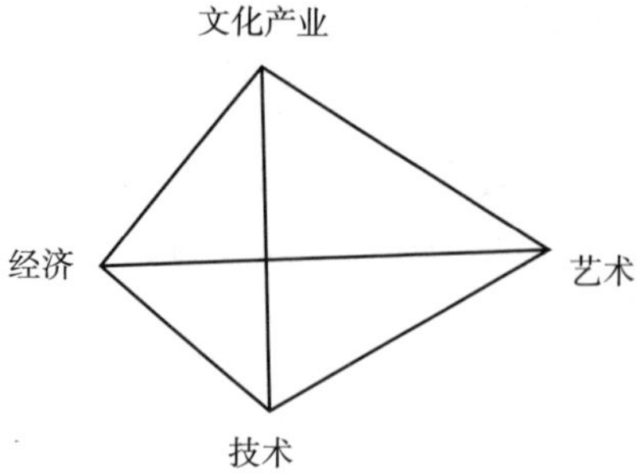

图 1　文化产业的金字塔模型

资料来源：芮佳莉娜·罗玛：《以盎格鲁—萨克逊方式解读文化产业》，载林拓、李惠斌、薛晓源主编《世界文化产业发展前沿报告（2003～2004）》，社会科学文献出版社，2004。

将世界的目光引向这一名不见经传的小县城，它的成功给越后妻有这一原本没落的地区重新注入了活力，并让这里获得了世界知名度，每年吸引大量日本本土与国外的年轻人前来参观，仅 2015 年“越后妻有艺术三年展”的观光人数就达到了 49 万人次。在我国，也有艺术让乡村重获生命力的例子。宋庄画家村是北京市通州区的一个小镇，因 1994 年一批画家的迁入而声名远播。历经十余年风风雨雨的沧桑变化，现如今已是享誉四方的当代艺术画家村，它聚集了众多的艺术家，浓厚的艺术氛围引起了国内外艺术界和文化界的极大关注，成为当今许多来北京旅游人们计划中的一站。

文化产业发端于城市，是工业化的产物，依托大规模复制技术和数字化生产手段发展。随着现代信息技术的发展，文化产品的生产越来越依赖于技术。现在，动漫产业已经离不开电脑绘图，电影特效为观众带来全新的视听体验，人工智能已经发展到可以进行诗歌、小说、新闻的写作，2019 年 3 月全球首个 AI 合成女主播已经上岗，虚拟现实正在慢慢重塑整个游戏产业。技术的迅速迭代促进产业的脱胎换骨，虚拟技术、人工智能、物联网、区块链等新概念层出不穷，这些技术诞生后无一例外地被迅速运用到文化产业领域，带来新闻、出版、音乐、电影、游戏等行业的大变革，文化产品的生产、流通、消费朝着更加科技化、智能化的方向发展。

三　四川发展乡村文化产业的优势与瓶颈

（一）四川乡村文化产业发展优势

四川省乡村文化资源非常丰富，政府对发展乡村文化产业给予了高度的重视与政策支持，加上四川良好的文化氛围与广阔的市场，在发展乡村文化产业上优势十分显著。

1. 乡村文化资源丰富多样，艺术价值高

什么是资源？这个问题看似很简单，但实际上人类对资源的认识是一个不断深化的过程，资源的概念与内涵随着人类物质需求和精神需求的不断变化而变化。目前，文化产业成为重要的经济门类，为国民经济发展注入新的动力，其重要性毋庸置疑，甚至有的学者声称文化是决定经济长期增长与衰退的关键性因素和最终解释变量。四川有历史悠久的民间传说，丰富多彩的乡村民俗，特色鲜明的民族文化，载入史册的红色文化遗址，这些为乡村文化产业发展提供了取之不尽、用之不竭的文化产业原材料。

四川地处大西南，是我国的民族大省，民族文化资源丰富，有全国最大的彝族聚居区、全国第二大藏区和唯一的羌族聚居区。近年来，四川大力挖掘优秀的少数民族文化资源，发展文化旅游业，使之成为脱贫攻坚以及乡村振兴战略的重要抓手。绚烂多彩的少数民族文化是非常珍贵且富有吸引力的文化资源，许多游客为了体验差异化的文化魅力，不远万里来到少数民族地区，喝酥油茶，跳锅庄，购买唐卡、羌绣，领略当地建筑文化、历史文化、宗教文化，极大促进了当地经济发展。

民俗文化是在普通人民群众的生产生活过程中所形成的一系列非物质的东西，也是文化产业取之不尽用之不竭的文化资源。四川餐饮、手工艺、节庆活动等都为发展文化产业提供了丰富资源。都江堰放水会、凉山火把节、黄龙庙会、塔公草原赛马会等主题鲜明的节庆活动每年吸引大量游客。年画、漆器、糖人、草编等手工艺也是重要的民俗文化载体，精心挖掘与打造便可创造巨大价值。例如绵竹市孝德镇的年画村，以乡村旅游、年画商品生产、加工基地建设为主，结合新农村建设的精品型乡村民间工艺文化旅游景区，提供了依托手工艺品发展乡村文化产业的范例。

四川的红色文化独具特色，在全国红色文化中都占有重要地位。这里既有红军长征遗址，又有川东将帅故居与川陕革命根据地遗址。红军长征在四川经过的时间长，活动的范围广。这里举行过重要的会议，进行过激烈的战斗，留下了彝海结盟、安顺场、泸定桥、夹金山、红原草原、红军长征纪念总碑、红军长征四渡赤水的太平渡和二郎渡、华蓥山游击队根据地等重要革命遗址。

四川民居受地形、气候、文化等多种因素的影响，在博采众长的基础上自成一体，独具鲜明的地方特色。许多古镇、古村的建筑保存较好，具有极高的艺术价值与文化价值。四川各地建筑风格也有很大的差异，其中川西林盘最具有代表性。位于崇州市集贤乡徐家渡林盘的运营实现了跨界文化创意和技术创业，建设有机农场树屋木屋、胶囊旅社等旅游项目，在与世界有机农场机会组织的合作中打造出集乡土教育、农事体验、文化交流为一体的特色旅游项目。

2. 政策支持力度空前，发展环境好

资本、艺术与技术对于文化产业发展的重要性在全世界范围内都是一样的，但文化与意识形态高度相关，我国长期把文化纳入事业管理的范围内，因此，政策对乡村文化产业的发展也起到至关重要的作用。四川的乡村文化振兴工作一直坚持“输血”与“造血”并重。除了向贫困地区输送文化设施设备和服务之外，还极力扶持当地文化产业发展。

2018 年 2 月 8 日，四川省委省政府出台了《关于实施乡村振兴战略开创新时代“三农”全面发展新局面的意见》，提出推进乡村文化产业发展是新时期四川乡村振兴重要举措，要实施乡村文化品牌培育行动与乡村创意产品推广行动，扶持一批创新力、竞争力强的文旅和文创企业，支持开发农村特色创意民族民俗文化产品，促进乡村文化产业优秀品牌“走出去”。

2018 年 9 月，《四川省乡村振兴战略规划（2018 ~ 2022 年）》正式印发，将乡村文化振兴作为工作重点，明确提出要以社会主义核心价值观为引领，传承发展巴蜀优秀传统文化，持续推进农村公共文化建设和农村文化市场繁荣，焕发农村文明新气象，推动乡村文化振兴。

2018 年 10 月，四川省乡村文化振兴现场推进会举行，进一步部署四川省乡村文化振兴工作，明确将通过“十大行动”推进乡村文化振兴。

3. 文化产品消费市场成熟，发展空间广阔

在乡村地区，随着收入的增长，人们也开始追求精神文化需求的满足，文化消费占家庭消费总支出的比重越来越大，乡村释放出巨大的文化消费潜力，为发展乡村文化产业提供了广阔市场，乡村文化产业发展后劲十足。除了农村市场，乡村文化产品与服务的城市市场也不能忽视。中国人骨子里都有着浓厚的“乡愁”，在快节奏的都市工作与生活中饱受“都市病”的困扰，人们对恬静优美的乡村风光、淳朴亲厚的邻里乡情、富有特色的民居民宅、原生态又充满烟火气息的农家宴、饱含文化意味的手工艺品以及特色农产品等充满向往。因此，近些年城市近郊的乡村旅游方兴未艾，发展速度非常快。

此外，四川的文化消费市场非常成熟，也为乡村文化产业提供了很好的发展契机。根据中国人民大学和文化部文化产业司联合发布的 2016 年“中国省市文化产业发展指数”和“中国文化消费指数”，四川文化产业发展指数在全国排名第七，文化消费指数位列全国第九。[①] “少不入川，老不出蜀”，四川人追求高品质的生活与文化享受，而乡村正好提供了安静闲适的环境，因此受到广大消费者的青睐，这也是郫县农科村成为乡村旅游发源地的原因之一。广阔的消费市场与成熟的文化消费环境为四川省乡村文化产业的发展提供了巨大空间。

（二）四川乡村文化产业发展瓶颈

乡村文化资源丰富代表着乡村文化产业开发潜力巨大，但资源并不等同

---

① 《四川文化产业发展和文化消费指数进入全国前十》，http://www.sc.gov.cn/10462/10464/10797/2017/8/21/10431225.shtml。

于产品，更不等同于产业。从资源到产业，这中间还有一个转换的过程，故宫文创的走红就为文化产业化提供了很好的示范。只有通过转换，丰富多彩的文化资源才能成为经济发展要素，这个过程，就是乡村文化资源的产业化过程。从乡村文化资源到文化产品的转化，需经过适度组织化、技术化才能实现。根据文化产业"金字塔模型"，缺乏与时俱进的技术与充足的资金来支撑文化资源的转化，将带来难以突破的发展瓶颈。四川乡村文化产业的发展也存在许多问题。

1. 乡村文化产业基础薄弱，发展不平衡

尽管近年来四川乡村文化产业发展势头良好，但不可否认的是当前仍处于产业发展的初级阶段，乡村文化产业相关的企业数量较少，且大多数经营规模较小，经济效益不高。乡村文化产业以分散的个体经营为主，文化企业的实力不强，知名度不高，缺少有代表性的龙头企业，市场影响力不足。由此可见，乡村文化产业虽然得到政府重视，处于快速发展之中，但由于基础薄弱，产业的发展成熟仍然有很长的路要走。

正如金字塔模型所示，经济繁荣是文化产业发展的重要支撑，经济发展的不平衡导致乡村文化产业发展不平衡。四川省乡村地区地域辽阔，地区差异很大，经济发展极不平衡。在成都平原经济区与经济发展较快的地区文化产业得到了较高的重视与大力的支持，发展态势良好。与此相反，在一些民族地区、偏远山区，交通闭塞、信息匮乏等因素使该地区的乡村文化产业发展非常落后，有的地区甚至可以说处于产业发展的空白状态。

2. 市场意识不足，观念未更新

一方面，文化产业的发展在很多乡村地区并没有得到足够的重视，许多地区热衷于承接城市淘汰的制造业，却对本地区宝贵的文化资源缺少认识。另一方面，乡村居民较低的文化水平和陈旧的思想观念以及广大乡村地区落后的文化价值观，严重阻碍了乡村文化产业的健康发展。此外，一些乡村文化产业的经营者与从业者市场意识不足，缺少竞争意识、精品意识，生产经营的观念较为落后，致使产业粗放发展，难以形成气候。

3. 乡村文化产业发展人才队伍匮乏，技术落后

文化产业是知识密集型产业，乡村文化产业也不能例外。人才是第一生产力，乡村文化产业人才的缺乏是阻碍产业发展的最大障碍。乡村文化产业人才的不足不仅体现在劳动力的规模，更体现在劳动力的质量。目前我国从事乡村文化产业的劳动力素质较低，四川也不例外。目前乡村文化产业严重缺乏设计、策划、管理、营销等方面的高端人才。劳动力素质不高导致了产业发展中技术与观念的落后，让四川的乡村文化产业在发展过程中少有能够在行业中发挥巨大影响力的项目或品牌。乡村旅游能带动相关文化产品与行业的发展。因此，乡村旅游的发展最能代表一个地区文化产业的发展情况。四川省乡村旅游普遍缺乏跨区域的吸引力，英国乡村农场和庄园享誉全球，安徽宏村、江西婺源已成为具有全国知名度的景点，而四川乡村旅游景点吸引力的辐射范围往往只有周边城镇。

四　发展乡村文化产业的路径

（一）建立乡村文化产业园

“产业集群”作为一种产业发展模式，与文化产业的区域性高度契合，文化产业依托的文化资源具有较强的历史性和地域性，要求区位上的相对集中。因此，文化产业与其他产业相比具有更强的集群化特质，这是文化产业发展的重要模式。而乡村正好提供了有地方特色、有历史积淀的文化资源以及便于规模化、产业化发展的广阔空间，且土地成本较低。目前，中国以乡村文化为代表的特色文化产业集群已经初步形成。乡村文化产业集群化发展将成为我国新型城镇化进程中的重要内容，而建立文化产业园正是产业聚集的常见形态。乡村文化产业项目的发展需要平台，政府可以优化基础设施配套，建立乡村文化产业示范园，鼓励地方特色文化项目集聚化、产业化发展，打造集文化生产、包装、展示、消费、互动体验为一体的乡村文创平台，提供租金、税收减免等优惠，吸引广大青年创客主动参与，鼓励有技

能、有文化的大学毕业生前来创业，同时与高校、科研院所开展广泛合作，形成集产、学、研于一体的文化项目创新孵化平台，不断激发乡村文化产业发展活力。

（二）促进农文旅融合发展

乡村文化产业本身具有多产业融合发展特色，促进农业、文化与旅游融合发展，更能助推乡村文化产业向规模化、精品化发展，为乡村振兴注入新动能。农业三产化是提高农产品附加值的重要手段，要促进农业文化遗产展示、民俗节庆活动体验、特色乡村美食、民宿与休闲农业和乡村旅游相结合，提升农产品文化品位和历史内涵，吸引更多的人走进乡村。发展文化旅游，可吸纳农村剩余劳动力就业，增加农民收入渠道，具有很高的经济价值与社会价值。同时，发展乡村旅游对于改善农村村容村貌、保护农村生态环境大有裨益，其生态价值也不容忽视。随着旅游大众化时代的到来，以及全域旅游发展战略的深入实施，农文旅融合发展定是未来产业发展的新高地。

（三）打造优势文化品牌

四川省乡村文化资源丰富，随着对文化产业重要性的认知不断提高，许多地区都开始挖掘地方文化特色，发展乡村文化产业，这几年乡村旅游遍地开花就是很好的证明。许多项目虽然被打造出来，但知名度与影响力还十分有限，究其原因，就是缺乏品牌意识与营销思维。打造优势文化品牌，才能清晰地表达乡村文化产业的核心竞争力，提高文化产品附加值。首先，要对文化产业项目进行科学规划，认真考察、分析、研究地区历史、传统、地域特征以及自然、经济、文化资源等，明确具体项目开发的可行性与市场需求，从而制定项目规划与发展战略。此外，要摒弃“酒香不怕巷子深”的传统思维，运用多种手段开展文化品牌营销，扩大品牌知名度，尤其是要善于运用互联网工具，打造具有跨地区吸引力以及世界知名度的乡村文化产业项目。

五　促进乡村文化产业发展的建议

（一）加大对乡土文化的保护力度，提升乡村文化艺术魅力

乡土文化是乡村文化产业发展的根基与灵魂，是中华民族得以存续与发展的精神动力，是中华文明区别于任何其他文明的最显著、最独有的特征。改革开放以来，我国城市经济发展突飞猛进，取得了举世瞩目的成就，农村经济发展相对滞后，我们对中国乡土文化的了解和认识还相当有限。历史上，乡村文化经历了被城镇文化的同化、涵化，甚至被人们丑化、矮化，导致乡村文化长期的不自信，这对文化产业的开发形成了不利的条件。要发展乡村文化产业，首先要做的便是尊重、保护、传承乡土文化，承认其巨大的价值与意义，并有意识地对富有地方特色的民俗风情进行现代性改造，取其精华，去其糟粕，吸收传统乡村文化中有益的养料，培育人们的文化传承意识，开展民俗文化资源开发，进行民俗风情演艺、特色民宿、传统节庆活动策划，吸引广大文化消费者前来参与体验，并在这个过程中传播乡土文化之美。乡村文化产业发展需要尊重乡村文化，但这并不意味着完全呈现某种原生态文化资源，而是按照现代产业特有的生产要求和规律，根据文化消费市场需求的变化与演进，精心规划和打造乡村文化，精心发展和丰富乡村文化，充分挖掘和提升乡村文化的艺术魅力。

（二）注重人才培养与引进，促进观念与技术升级

人才是文化产业竞争力的核心。首先，艺术创意大师、营销策划人才、咨询机构的专业人士和高校、科研院所的专家应重视乡村文化的保护与开发，更多地走进乡村，走进田间地头，为乡村文化产业的繁荣与发展提供智力支持，在乡村文化产业的项目规划、产业布局、经营管理和人才培养上发挥自身力量，站在全面建成小康社会、保护与传承优秀民族文化的高度，促进乡村文化产业可持续发展。其次，提高乡村文化产业人才素质要将“请

进来”与“走出去”相结合，除了人才引进与“借脑”，还应鼓励有先进管理手段、眼界开阔的经营者“走出去”，为经营者到乡村旅游发展更为成熟的国家和地区学习提供帮助。最后，走在行业前沿的地区可以建设乡村文化产业人才培训基地，为乡村文化产业的科学化、多元化、品质化、国际化建设培养专业化的人才队伍。提高从业人员的专业素养，才能保证乡村文化产业的健康发展和品质化发展。

（三）建立健全乡村文化产业投融资体系

金融是现代经济的核心，是血脉。乡村文化产业要发展，离不开金融杠杆的撬动。过去文化产业的快速发展离不开金融的助力；未来的发展更离不开金融更深层次、更大维度的助力。搭建文化产业与各种社会资本联姻的桥梁，首先要加强政策性金融支持。当前我国的乡村文化产业经营者主要是中小型企业及当地的个体农户，他们资金往往有限，而文化产业向高端方向发展需要大量的资金支持，所以首先需要解决的是他们的融资问题。可由政府来主导，建立乡村文化产业项目开发专项基金，鼓励当地农村信用社和农业发展银行发放周期长的低息贷款。

此外，应扩大商业性信贷支持。要搞好乡村文化产业，促进一二三产业融合发展，仅仅依靠政策性金融支持是不够的。政府应该引导更多商业资金流入乡村文化产业，让商业信贷机构参与到乡村文化产业项目开发和评估中，让他们看到资本升值的可能性，资本是逐利的，有了可观的项目回报，才能让商业性信贷助力乡村文化产业发展。

文化产业的发展需要良好的经济支撑、专业的技术与艺术人才、丰富多样的文化资源，虽然目前依然存在发展不平衡、人才匮乏等难题，但四川省乡村文化资源丰富，文化消费市场广阔，政策支持力度空前，在发展乡村文化产业上具有极大的优势。当前形势下需要做好对乡土文化的保护与开发，注重人才培养与引进，建立健全乡村文化产业投融资体系，抓住文化产业大发展的历史机遇，促进乡村文化产业繁荣发展，为乡村振兴战略的顺利实施贡献巨大力量。

参考文献

陈治渊、马尚平：《互联网下乡村文化产业的发展机遇与对策》，《江苏商论》2018年第6期。

李佳：《从资源到产业：乡村文化的现代性重构》，《学术论坛》2012年第1期。

李佳：《乡村文化产业的分析模式及演进趋向》，《曲靖师范学院学报》2012年第2期。

李娟：《新型城镇化视阈下的中国乡村文化及其产业化问题研究》，《学术交流》2014年第11期。

李宁、李玲：《文化产业视角下的乡村振兴研究》，《人文天下》2018年第11期。

李勇军、王庆生：《乡村文化与旅游产业融合发展研究》，《财经理论与实践》2016年第3期。

李宇佳、刘笑冰、江晶等：《乡村振兴背景下乡村文化产业发展展望》，《农业展望》2018年第7期。

林玮：《特色文化产业集群的资源开发与乡村实践》，《西北农林科技大学学报》（社会科学版）2015年第5期。

谭敏：《文化再生：我国台湾地区的乡村文化复兴实践》，《福建论坛》（人文社会科学版）2018年第8期。

严再来：《乡村文化产业对乡村经济发展的影响分析——以温州市为例》，《赤峰学院学报》（自然科学版）2016年第6期。

伍广津：《民俗竞技与乡村文化产业的发展：以宾阳炮龙节为例》，《广西民族大学学报》（哲学社会科学版）2008年第6期。

徐艳芳、仇文静：《我国乡村文化治理研究回顾与展望》，《中国文化产业评论》2015年第2期。

张振鹏：《新型城镇化中乡村文化的保护与传承之道》，《福建师范大学学报》（哲学社会科学版）2013年第6期。

赵华、于静：《新常态下乡村旅游与文化创意产业融合发展研究》，《经济问题》2015年第4期。

B.12
新时代农村基层党组织发展、现状和对策研究

李 羚*

摘 要： 当前，党中央明确提出把实施乡村振兴战略作为新时代“三农”工作的总抓手，乡镇振兴带来基层党组织结构和作用的深刻变化：党政领导体制的调整，强化基层党组织政治地位；基层党组织面临城乡共生共长新时代；全面从严治党深化基层党组织组织力提升。四川在推进基层党组织发展中注重构建党领导乡村振兴的领导体制；注重区域协作全面提升党建引领城乡社区发展治理水平；注重改革性，创新基层党组织多样化和标准化发展。借鉴社会工作方法，优化基层党组织服务群众能力。但也存在组织力发展不平衡，党组织政治功能不强，党员干部能力不足，群众凝聚难等问题。未来基层党组织发展重组织覆盖和效能提升同步、重共建共治和空间发展同步、重人才培育和干部监督同步。

关键词： 农村基层　党组织　乡村振兴

推动“三农”工作，党组织是基础。基层党组织是党联系基层群众的政治和组织保障。当前，党中央明确提出把实施乡村振兴战略作为新时代

---

* 李羚，四川省社会科学院社会学所研究员，主要研究方向为政党政治与基层治理。

“三农”工作的总抓手，第一次明确提出乡村振兴五年发展规划。进一步明确了“五个振兴”的具体工作要求，乡村振兴带来基层党组织结构和作用的深刻变化。广大农村基层党组织如何在这一新的历史时期有所作为，提升组织力，强化政治功能，是当前农村基层党组织建设的重中之重。

一　新时代农村基层党组织面临的深刻变化

新时代中国社会主要矛盾的深刻变化，对于全面实施乡村振兴战略以及中国特色社会主义发展有着重要的实践价值。农村基层党组织是党在农村全部工作和战斗力的基础。党的十九大提出要着力于组织振兴，提升组织力，强化政治功能。2019 年中央一号文件提出要着力落实“四个优先”[①]，推进乡村振兴战略纵深发展。农村基层党组织发展呈现以下三个深刻变化。

首先，深化党政领导体制的改革，强化基层党组织政治地位。党的十九大以来，我国进入新时代主要标志在于社会主要矛盾转变为“人民日益增长的美好生活需要和不平衡不充分的发展之间的矛盾”[②]。

集中各方面力量解决发展不平衡不充分问题，一项根本性举措就在于深化党和国家机构改革。必须提高把方向、谋大局、定政策、促改革的能力和定力。深化党和国家机构改革，“优化机构、优化配置、优化职能、优化服务”[③]，就是为了适应这样新时代的新要求。此次改革的关键是牢牢把握党的全面领导这一根本原则。此次乡镇改革细分发达镇和不发达镇，提高承接权力下放能力和优化执政资源配置，破解乡镇有责无权的难题。建构优质高效服务体系。按照“编随事走”的原则，促进部门整合、人才整合，逐步

① 四个优先：干部配备优先考虑、资源要素优先配置、资金投入优先保障、公共服务优先提供。

② 《中国共产党第十九次全国代表大会文件汇编》，人民出版社，2017。

③ 《中国共产党第十九届中央委员会第三次全体会议公报》，http://cpc.people.com.cn/n1/2018/0228/c64094-29840241.html。

把乡镇工作重心转到公共服务、社会管理上来，增强服务能力。乡镇机构改革关系到乡村振兴战略落地，在改革中，党员干部必须服从改革大局，服从组织安排，积极担当，认清目标，努力作为，开创工作新局面。

其次，乡村振兴带来城乡关系深刻变化，基层党组织面临城乡共生共长新时代。乡村振兴战略是中国治理三农问题的纲领性文件。党中央对乡村振兴进行了一系列的顶层设计和战略安排。走中国特色社会主义乡村振兴之路，必须重塑城乡关系，从过去的以城带乡向城乡一体转变，实现城乡共同发展。我们要高度重视乡村功能，乡村不仅是提供农产品的生产基地。乡村在生态、文化、社会等方面的独特价值，对满足人民的美好生活需要有着越来越重要的作用。同时也要看到，乡村是精准扶贫的主战场，应以乡村振兴推进精准扶贫，实现乡村的振兴和发展。新农村需要新理念、新体制以及新人。要加强农村基层基础工作，健全自治、法治、德治相结合的乡村治理体系，培养造就一支懂农业、爱农村、爱农民的“三农”工作队伍。① 这也必然给农村基层党组织培育适应农村发展的各类人才带来深刻的影响与变化，提出更高的要求与期望。在全面实施乡村振兴战略背景下，提升组织力就是要坚持和完善党对“三农”工作的领导，建立实施乡村振兴战略领导责任制，形成党政一把手是第一责任人，五级书记抓乡村振兴的工作新格局。

最后，全面从严治党，着力提升基层党组织组织力。党的十九大是中国共产党作为执政党进行的一场深刻的自我革命，也标志着中国自身现代性的转变。其最大的特征就是组织体系和组织能力现代化。2018 年，习近平总书记在组织工作会议上提出，必须更加注重党的组织体系建设，明确了党组织建设的三大着力点，“把党员组织起来，把人才凝聚起来，把群众动员起来”②；要树立大抓基层的鲜明导向，以干部队伍和人才培育为重点，突出政治功能，推动基层建设全面进步、全面过硬，把基层党组织建设成为宣传

① 《中国共产党第十九次全国代表大会文件汇编》，人民出版社，2017。

② 《习近平总书记在全国组织工作会议上的重要讲话》，《中国组织人事报》2018 年 7 月 9 日。

党的主张、贯彻党的决定、领导基层治理、团结动员群众、推动改革发展的坚强战斗堡垒。随着城市化和现代化进程的进一步加快，在未来很长时期内，中国的大多数乡村仍将遭遇人口日益减少和衰落这一阵痛过程。《中国共产党党内统计公报》的有关数据显示，2010 年有 59.4 万个建制村建立了基层党组织，2011 年为 59.1 万个，2012 年为 58.8 万个，2013 年为 58.4 万个，2014 年为 57.7 万个，2015 年为 57.2 万，到 2016 年已缩减为 55.1 万个，2016 年比 2010 年整整减少了大约 4.3 万个农村基层党组织。这说明随着农村社会结构变迁和城市化进程加速推进，村庄数量锐减，村庄聚集形式也呈现社区化，各种生产经营主体呈现多元。农村基层党组织的分布呈现区域性、生活性以及业缘性特点。农村基层党组织呈现出多样性，农村基层党组织建设正面临着基层社会结构深刻变革。

二 四川基层党组织发展的现状与困境

实施乡村振兴是一项长期的历史性任务。四川把党中央的安排部署与本地实际相结合，提出注重脱贫攻坚与乡村振兴相衔接、生产生活与生态相融合、生态发展与乡村发展相融合，并始终把基层党组织作为乡村振兴和精准扶贫的引领者、实践者和推进者。

构建党领导乡村振兴的领导体制。健全党委统一领导、政府负责、党委农村工作部门统筹协调的农村工作领导体制。[①] 建立实施乡村振兴战略领导责任制，党政一把手是第一责任人，五级书记抓乡村振兴，打造具备超强战斗力的基层党组织。明确了基层党组织在乡村振兴战略中的角色和作用；与过去有所不同的是，不仅重政策支持，更重人才帮扶和精神帮扶。深入实施抓党建促脱贫攻坚、促乡村振兴“一抓双促”工程，扎实开展万名党建指导员下万村行动，加强驻村扶贫工作队力量，推动乡镇班子成员沉到基层一

① 《中共中央国务院关于实施乡村振兴战略的意见》，http://www.gov.cn/gongbao/content/2018/content_5266232.htm。

线，“全省建农民夜校45832所，实现了所有行政村全覆盖”①。扎实推动产业振兴、人才振兴、文化振兴、生态振兴、组织振兴。坚持以基层党建引领乡村振兴，强化农村基层党组织领导核心地位。

注重区域协同发展，全面提升党建引领城乡社区发展治理水平。四川省着眼解决发展不平衡不充分问题，强化区域联动，做强成都“主干”，“推动成都平原经济区、川南经济区、川东北经济区、攀西经济区、川西北生态示范区协同发展”②。成都基层党组织引领基层治理已经初见成效，尤其是创新了党领导基层治理的体制和机制，全面建设以党组织为核心的治理体系，在全国率先于市县两级党委序列设立城乡社区发展治理委员会，以党建引领城乡社区发展治理。全面推进街区环境治理、风貌改造和产业升级，加快形成15分钟社区生活服务圈，初步实现城市有变化、社会有认同、市民有感受的良好效果；主动推广成都社区发展治理经验，形成示范引领效应，实现共享共治。通过并签署了城乡社区发展治理交流合作协议；签订镇对镇，村对村的结对共建意向协议。共建协议旨在搭建五大经济区代表区（县）的沟通交流平台，促进区域性社会治理信息交互经验共享，共同促进城乡社区发展治理。成都在基层治理方面有许多可圈可点的做法，如成立社治委，统一规划社区发展治理工作；加大财政投入，开展社区发展治理五大行动，创新社会组织参与社区治理的有效机制，加大政府公共服务购买的力度，推动城乡社区公共空间改善，聚焦美丽乡村建设，促进生产空间集约高效、生活空间宜居适度、生态空间山清水秀，加快形成绿色发展的生产方式和生活方式。通过城乡社区治理创新城乡融合发展模式，缩小城乡公共服务差距，破解城乡社区发展治理不平衡问题，努力打造城乡社区协同发展标杆典范，造福广大人民群众。

注重改革性，推动基层党组织多样化和标准化发展。省委坚持“推进

---

① 《四川“农民夜校”点亮大山“脱贫灯”》，http://www.sc.gov.cn/10462/10464/10797/2018/2/26/10445615.shtml。

② 《四川实施“一干多支”发展战略　构建区域发展新格局》，http://www.sc.xinhuanet.com/content/2018-07/15/c_1123127188.htm。

改革创新，统分结合、分类指导”①，创建新时代组织体系新思路、新举措、新办法。全面系统推进全省各个领域、各条战线的基层党组织建设。根据社会结构、组织形式、行业分工、党员流向的深刻变化，不断推进党的基层组织设置。健全分类调研、分类施策、分类推进的基层党建工作模式，坚持以标准化引领规范化，制定基层党建质量提升工程的实施意见，明确以政治引领、组织覆盖、队伍建设、基层治理、推动发展、制度落实六个方面的质量提升为重点。切实加大党组织组建力度，重点做好在农民合作社、农业企业、家庭农场中的党组织建设工作，确保全面覆盖，有效覆盖。天府新区兴隆街道建立地企区域化党建联合体，形成在地企业与村社区资源共享、活动共联，创新支部活动方式，通过读书会、联谊会和志愿者行动，增强基层党组织的凝聚力和吸引力，真正实现党的政治优势和组织优势的竞争力。建立党群服务中心和小区工作站，建立小区党建联席会议制度和小区党代表制度，建立党工委委员联系社区党组织、社区党组织成员联系党员、党员联系小区网格（小区、楼栋、单元）的“三联＋”机制。

借鉴社会工作方法，优化基层党组织服务群众能力。党组织服务群众以社区为本，创新党建工作机制。城镇化在农村引发了一系列社会问题，传统农村家庭完整性被破坏，村落社区组织涣散，公共生活衰退，社区的社会支持薄弱。一句话，村庄的社会性和公共性缺乏支持。推动基层党组织有效治理，关键在于重建乡村社会联结和公共生活。借鉴社会工作理念和方法，引进多元主体，加强党群服务中心空间营造和公共职能建设，提升党组织服务群众能力和效率。社会工作理念与党的工作理念有一致性，应引导群众，服务群众，最终实现群众自助、自治。社会工作的许多方法，对于拓展基层党组织的服务功能有借鉴之处，如通过协商议事了解群众需求、开发社区资源、整合社区力量；鼓励村社通过村民自治、村规民约方式规范村民公共行为。四川在推进党群服务中心亲民化改造的同时，也培育各类社会组织在公共空间的服务能力以满足辖区群众多元需求，通过开展乡村文化的挖掘活

① 《加强党的组织体系建设》，《人民日报》2018 年 7 月 6 日。

动，为群众积极参与社区发展治理搭建组织化渠道和项目，如乡愁故事馆、书院的建设和农民诗人的挖掘，丰富了农村集体记忆；另外，也通过社区微基金找到了持久稳定的筹资渠道，发挥微基金资源整合的作用，培育一大批党员志愿者和乡村文旅项目。

乡村振兴战略对农村基层党组织建设提出了新的目标和任务——产业兴旺、生态优美、治理有效、乡风文明和生活富裕。这是对于基层党组织成效和能力的检验标准。我们在实地走访和调查座谈全省范围内的十余个县市区的一些有代表性的农村基层党组织过程中发现，组织力发展不平衡是农村基层党组织薄弱环节和困境。如基层党员队伍发展年轻党员人数少，党员老龄化现象普遍，性别结构失衡，基层组织发展新党员难度较大。有的基层党组织政治功能不强，弱化、虚化、边缘化问题尚未彻底解决，甚至受黑恶势力、宗族势力、村霸街霸等干扰操控，成为黑恶势力的“保护伞”；有的引才、育才、用才的制度机制不健全，创新创造活力不强，个别地方以引才来“装点门面”，不求实效，偏远地区、民族地区“留不住人”的问题比较突出；对于乡村振兴规划与社区公共生活参与少的问题较为突出，“等靠要”思想严重；基层党组织职能面临多重考验。归根结底，这是少数基层党组织的组织力和政治功能缺失，没有很好地服务和组织群众，同时财力不足、集体经济底子薄制约了基层党组织领导力。基层党组织组织力不强，原因是多方面的。首先，一些基层党组织对自身的政治功能认识不清，导致组织力不强。党组织是政治组织，这是政党的政治性所决定的，这是它与经济组织、社会组织以及其他利益团体最大的不同，它代表公共性，必须突出政治功能。一些基层党组织缺乏公共性，很难发挥政治引领功能，久而久之就会缺乏组织力。其次，一些基层党组织只注重组织设置，但党组织总揽全局、协调各方的能力不够，党员干部政治意识弱化。最后，一些基层党组织组织动员群众难。面对群众思想观念的深刻变化和社会利益格局的深刻调整，一些基层党组织在动员、宣传、组织群众方面不愿用传统手段，不会用现代方法，难以把基层群众有效组织起来。乡村振兴发展能力不足，凝聚广泛力量参与高质量发展、高效能治理的成效亟待提升。

三　四川基层党组织工作发展的趋势与对策

当前，四川发展站在新的起点上，正处在转型发展、创新发展、跨越发展的关键时期。聚焦构建“一干多支、五区协同”区域发展新格局，形成“四向拓展、全域开放”立体全面开放新态势，构建具有四川特色优势的现代产业体系，推动高质量发展等重大部署，强化政治思想引领、干部教育培训、班子队伍建设、人才工作保障和基层组织支撑，确保党委中心工作推进到哪里，基层党组织工作就跟进到哪里。从理论与实践的探索来看，未来基层党组织工作发展有以下四个趋势值得我们思考。

第一，以组织体系建设为重点，拓展组织覆盖面和增强政治能力。党的全面领导、党的全部工作要靠党的坚强组织体系去实现。基层党组织要在贯彻落实党中央一系列重大战略、重大工作中发挥好执行力。抓组织体系建设就是抓政治忠诚政治能力建设。党的十九大以来基层党组织建设一个显著变化就是党建向基层、向社区延伸。对广大基层党员干部来讲，其主要任务是执行上级的决定，办好自己的事情，干好自己的工作，履行好自己的职责。基层党组织把党员干部执行力转化为凝聚力、战斗力、创新力和发展力。在实践中主要探索了党群服务中心实体化空间营造，把它建成服务的阵地和平台，以此了解基层需求，推动政府购买，培育和引进各类基层组织参与社区发展治理。带动自治、法治、德治相结合的治理体系建设，不断夯实党在基层的执政根基。充分发挥基层党组织的战斗堡垒作用。

第二，强化乡镇党委统筹协调功能，以党建为引领构建共建共治新格局。当前，重点是要在打赢脱贫攻坚战、实施乡村振兴战略、引领基层治理等重大任务中发挥好基层党组织的领导作用。进一步纵深推进乡镇职能管理体制改革。此次行政体制改革重在党委领导体制改革的深化，一个重大变化是强化乡镇经济社会发展管理职能。探索提升乡镇党委政府在涉及本区域内人民群众利益的重大决策、重大项目和公共服务设施布局的参与权和建议权。针对当前社区公共服务薄弱、资源少、人手不足等问题，强化政治引领，构建党组织统一领导、各类组织积极协同、广大群众广泛参与的基层治理体系。发挥党员先锋优势，积极搭建人才、资源平台和增强治理能力，充分发挥党的群众工作优势和志愿公益力量。探索建立区域化党建服务常态化机制，共同制定需求、资源、项目三张服务清单；构建社区、社会组织、社工“三社联动”机制，实施“时间银行”“公益市集”“乡愁故事馆”等参与式服务项目。

第三，推动实施头雁工程，培育壮大乡村振兴带头人队伍。党组织功能一是推荐干部，二是发现人才，三是组织群众。党的路线方针确定了，干部是关键，人才是关键。优秀农村干部是引导农民走向幸福的领路人。在全面加强基层党组织建设前提下，积极探索基层党员干部的能力培训模式。四川通过建立多种类型的学院，如非公企业学院、社区学院、社会组织学院以及法治干部学校等，扎实推进“头雁”工程，全面夯实村组党员的战斗堡垒，为乡村振兴提供坚强的政治保障。培育壮大乡村振兴带头人队伍。出台村社干部激励措施，鼓励村社干部职业发展空间。有针对性、指向性地派出村“第一书记”，开展村民党员“挂牌亮户先锋行”活动，切实加强基层党组织的战斗力。重视基层干部队伍建设，充分发挥乡村振兴“领头人”带动作用，把“懂农业、爱农村、爱农民”的人才输送到乡村振兴主战场，将到农村一线工作锻炼作为培养干部的重要途径，形成基层干部用人优先导向。促进城乡社区交流与学习，搭建基层党组织交流平台，提升基层干部能力。

第四，以农村环境整治为重点，调动基层干部积极性，完善基层党组织监督考核机制。乡村振兴重点要实现环境优美，生态宜居。农村环境整治建设，既是关乎农村生产生活与生态的改善，也是关乎基层干部以人民为中心的价值追求。近年来，四川省农村人居环境治理有一定成效，但与群众美好生活需要还有一定差距，如存在工作进展不平衡、干部工作内生动力不足、缺乏长效机制、资金投入少等难题。硬仗难打，但多地已先行先试。此前，四川在21个市州各选择一县开展农村人居环境整治示范，其中，成都市温江区、德阳市罗江区等6地还跻身国家级试点，通过编发典型案例、召开现场会、强化检查督导等方式，推动农村人居环境整治工作由典型示范向面上推开，深化美丽乡村行动。省政府也将农村厕所革命纳入30件民生大事。同时，加大对干部的督查力度，确保各项工作顺利落实，“对环境整治履职不到位、落实情况差的通报批评、严肃追责，确保农村户用卫生厕所普及率和畜禽粪污综合利用率分别达70%、68%以上”①。调动基层干部积极性，对实施乡村振兴战略的实绩进行考核，破解基层干部“不想干，不愿干、不敢干”的问题，构建责任与激励相结合的基层干部考核机制，将考核结果作为选拔任用村社（区）领导干部的重要依据。激发镇村干部干事创业的热情和担当精神，使基层党组织成为服务群众的坚强堡垒。

提高基层党组织建设质量，是党的十九大总结实践经验、顺应新时代党的建设总要求提出的重大课题。四川基层党组织建设要提高发展质量，既要解决“有没有”问题，还要在“强不强”上求突破。要把为民、利民、富民作为第一目标，增强人民群众的获得感。真正实现农村有变化、群众有感受、社会有认同。关键要做好以下几方面工作。

首先，以生态环境为重点，发挥乡村功能，发扬乡村文化。乡村振兴关键是发挥乡村功能。以生态环境为重点就是要实现乡村振兴的多样性，维护好国家粮食、生态与文化的持久安全。基层党组织要做乡村生态环境的维护者和建设者，更要做乡村文化的传承者和创新者。以党委政府为主导，一方面，必须加强乡村规划引领，围绕发挥乡村功能来展开工作。与城镇功能不同，城镇的主要功能是集聚资金、集聚人才、集聚技术、集聚创新力，形成增长极。而乡村主要功能是保证粮食安全和提供重要农产品，提供良好的生态屏障和生态产品，传承国家优秀文化传统②。要树立城镇和乡村是命运共同体的理念，以确保乡村功能得到发挥。另一方面，开展一村一规划工作。修复乡土景观，提高乡建文化质量。生态宜居的乡村要尊重自然环境，尊重历史肌理，尊重地域文化。注重区域总体规划，编制镇村规划，打造与自然

---

① 《我省乡村振兴第一仗全面打响》，《四川日报》2019年2月12日。

② 陈锡文：《乡村振兴的核心在于发挥乡村功能》，http://www.aisixiang.com/data/114927.html。

环境、历史文化匹配的美丽乡村，提升乡村吸引力。此外，必须调动农民作为乡村振兴参与主体的积极性和创造性。注重党组织工作与乡村日常生产、生活和生态发展有机衔接。发挥民俗文化在乡村治理、公共活动、经济发展中的作用。从地方文化出发，开展群众喜闻乐见的文化活动。

其次，以集体经济为重点，增强党组织政治领导力。壮大集体经济是乡村振兴体制机制创新的重点和难点，也是党组织发挥政治领导力的内在基础。在这方面，要学习浙江推进美丽乡村建设的敢闯精神，学习浙江以"抱团飞地"（将贫困村、薄弱村用地指标集约打包和城郊用地指标置换）模式壮大集体经济，拓宽集体经济发展路径。围绕乡村全域规划，紧扣农村"资源、资产、产业"三要素，通过挖掘农业生产、生活、生态和文化功能，以土地为核心，促进村集体经济发展与文化产业园、乡村旅游和生态发展相融合。通过成立土地股份合作社、土地银行、集体经济股份合作社等将分散的资源有效加以整合，探索集体资产出租、入股分红等多种经营方式。建立村（社区）权责清单制度，将政务服务下沉与村级责任制度建设相结合，推进健全服务体系与满足群众多元需求精准对接。全面推动村（社区）党群服务中心建设提升，整合优化村级公共服务综合信息平台，落实基层干部为民服务全程代办制度。进一步完善村级治理体系，建立非户籍人口在常驻地参与村（社区）治理机制，引导非户籍人口有序参与村（社区）共治。推进村级集体经济组织与自治组织分离，全面构建起集体经济组织专注发展、自治组织专注社区治理的村级"政经分离"治理结构。

最后，以返乡农民工为重点，推动乡村人力振兴。四川是人口大省，户籍人口数量9100万，每年向省外输出劳动力1100多万人，来川务工者300多万人，这些是四川的优质劳动力资源和人口红利。各级党组织尤其是乡镇、村干部要重视外出务工人员。找机会登门看望慰问，为他们提供必要的帮助，介绍本地发展环境和政策措施，鼓励他们回乡创业。对在发展产业、推进乡村建设、带领群众致富等方面做出突出成绩的返乡农民工，要进行表彰奖励，注重从中物色培养人才，培养入党积极分子，充实农村基层干部队伍。要适应现代农业发展、乡村形态变迁等新情况，积极探索沿产业链、跨区域以及在园区、集中居住小区建立党组织的有效办法，为乡村振兴发展提供有力组织保障。瞄准都市现代农业现实需求和发展趋势培养新型职业农民，健全选拔培训、认定管理、政策扶持机制，培育乡村振兴发展所需要的规划、设计、产业、合作社、金融、生态、文创和社区营造等各类人才。

B.13
四川农村集体产权制度改革发展现状、问题与对策

周小娟　倪玖斌*

摘　要： 农村集体产权制度改革是促进农业农村经济发展的基础工作，是农村改革发展中一项具有方向性的重大课题，是四川全面深化农村改革中一项全局性、基础性的重大任务。四川高度重视农村集体产权制度改革，农村集体资产规模持续增加，集体经济实力不断发展壮大，农村集体经济呈现良好的发展态势。但同时，仍存在整体实力薄弱、发展不平衡、发展后劲不足等问题。随着工业化、城镇化的加快推进，农村经济社会结构正在发生深刻变化，农村集体资产产权归属不清晰、保护不严格、权责不明确等问题日益突出，不断侵蚀农村集体所有制基础，影响农村经济发展和社会稳定，改革农村集体产权制度势在必行。本文通过对四川农村集体产权制度改革的现状和做法进行梳理，研究改革过程中存在的主要问题，并提出了相应的对策措施。

关键词： 农村集体产权　产权制度改革　四川

农村集体产权制度改革是实施乡村振兴战略的基础保障。在城镇化不断

* 周小娟，四川省社会科学院农村发展研究所助理研究员，主要研究方向为农业经济理论与政策；倪玖斌，西南财经大学农业经济学博士，主要研究方向为农村社区发展。

推进的背景下，城乡要素流动加快，农村集体所有制根基受到挑战，影响农村经济发展和社会稳定，农村集体产权制度改革呼声高涨。2017 年 1 月，中共四川省委农工委、中共四川省委组织部、四川省农业厅等七部门联合下发《关于深化农村集体产权制度改革发展农村新型集体经济的试行意见》（简称《意见》），提出到“2020 年，四川全省农村集体产权制度改革基本完成，现代农村集体产权制度基本形成，农村集体经济组织的市场主体地位基本确立，80% 以上的村（组）建立农村集体经济组织”。《意见》的发布为探索四川农村集体经济的实现形式指明了方向。

一　农村集体产权制度改革的重要意义

（一）农村集体产权制度改革加快集体经济组织重构

随着城乡管理体制变革的加快，人口在城乡之间的流动更加频繁，农村人口结构出现了新变化。一方面，新型城镇化和户籍制度改革吸引大量农业人口进城务工经商，转为城镇居民。另一方面，在农业财政补贴力度不断加大和土地综合整治、“撤村并院”、“村改居”等一系列政策刺激下，农村特别是城郊接合部和经济较发达地区农村社区的外来人口不断增多，农村居住人口与集体经济组织成员呈现出明显的非重叠性，这种新的农村社会关系和社会结构变化趋势对传统的封闭性的集体经济组织形式产生强烈冲击。因此，现阶段亟须通过产权改革改造集体经济组织，推动农村由封闭型经济向开放型经济转变，以满足劳动力等资源在城乡之间自由流动的内在需求。

（二）农村集体产权制度改革明确集体经济组织市场地位

农村集体经济组织资产长期处于所有权主体虚置、收益权主体不清晰的状态，名义上“人人共有”，实际上却“人人没有”，产权虚置、权能残缺是制约我国农村集体经济发展的重点难题。同时，随着财政支农投入的持续增加，农村集体资产出现新的增长态势。财政投入修建的农用机库、仓储物流设施、初加工场地以及通村道路、小型水利、村卫生室、图书室、活动室等生产生活基础设施不断转变为集体资产，集体资产总量越来越大，“集体资产归谁所有、产生的收益如何分配”日渐成为农民群众关注的焦点。因此，现阶段迫切需要通过四川农村集体产权制度改革来明晰集体资产的权属关系，在摸清集体资产种类和存量的基础上，公平公正地界定集体经济组织成员，理顺集体经济组织内部利益分配关系，以还权赋能为取向解决好国家对农民赋权不足的问题，从而保障和维护集体经济组织及其成员的合法权益。

（三）农村集体产权制度改革有利于盘活集体存量资产

除已经确权到户的耕地、林地以外，农村集体经济组织还有大量荒山、荒坡、荒水、荒滩及路边、水边、田边、村边等集体“四荒四边”空闲地处于闲置状态，并没有得到充分的开发利用。同时，除少数集体经济发展较快的村、社集体经济组织借助地域优势使得农村集体资产开发利用程度较高外，大多数地区的集体资产尤其是资源性和公益性资产目前仍处于沉睡状态。从长远来看，随着农村经济社会的发展，农村集体资产、资源的价值将会越来越高，群众的关注度也会越来越大，权属不清条件下长期闲置的集体资产面临浪费和流失的风险大大增高，增大了外来企业或业主低价占有“闲置资产”的可能，对集体和集体成员合法利益构成挑战。因此，有必要依托明晰的产权制度，实现集体资产保护，加大集体闲置资源的开发力度，提高农民群众的收入水平。

（四）农村集体产权制度改革有利于改善基层治理结构

在农村土地集体所有的背景下，村民自治组织制度和农村集体经济组织制度相辅相成，是中国农村社会治理的基本框架。但长期以来随着集体“统”的经济功能逐步减少，集体经济组织不断“弱化”“虚化”，集体经济组织与村民自治组织混同成为常态。目前，对大多数村集体而言，集体资产主要由村委会代理行使管理职责，但同时村委会肩负村务管理职能，形成双重身份。这为集体资产缩水和流失埋下隐患。因此，需要通过对农村集体产权制度进行改革，进一步理清农村集体经济组织与基层党组织、村民自治组织之间的治理关系，实现经济职能与行政职能分离，逐步建立起产权清晰的现代农村经济组织管理制度。

二　四川农村集体产权制度改革的现状

早在2007年四川省就开始探索农村集体产权制度改革，温江区是率先成为全国第一批试点的区县，取得显著成效。2015年，以射洪县为代表的10个县（市、区）启动农村集体资产股份合作制改革试点。到2016年底，全省21个市（州）共53个县（市、区）加入了农村集体产权制度改革的行列。2017年，为进一步壮大农村集体经济，省财政厅、省委农工委共同印发的《扶持村级集体经济发展试点的指导意见》，通过扶持村级集体经济发展试点，组建集体经济组织，强化组织管理制度，形成符合市场运行规律的治理结构，建立能够持续增收的集体经济基础。明确自2017年开始启动扶持农村集体经济发展试点工作，首批选取成都市金堂县、攀枝花市米易县等共计50个县（市、区）作为试点（见表1），并为每个试点县（市、区）下发试点资金1000万元，共计5亿元，要求每个试点县（市、区）安排至少10个以上行政村作为试点村，重点支持开展以下工作。

表1　扶持农村集体经济发展50个试点县（市、区）

序号	地(市、州)	县(市、区)
1	成都市	金堂县、大邑县
2	自贡市	大安区、荣县、富顺县
3	攀枝花市	仁和区、米易县
4	泸州市	江阳区、泸县、合江县、叙永县
5	德阳市	中江县、广汉市
6	绵阳市	涪城区、游仙区、梓潼县、北川县
7	广元市	利州区、旺苍县、苍溪县
8	遂宁市	安居区、蓬溪县
9	内江市	市中区、东兴区、威远县、隆昌县
10	乐山市	峨眉山市、井研县
11	南充市	高坪区、嘉陵区

续表

序号	地(市、州)	县(市、区)
12	宜宾市	翠屏区、仪陇县、蓬安县、宜宾县、长宁县、兴文县
13	广安市	广安区、武胜县、邻水县
14	达州市	通川区、达川区、开江县、渠县
15	巴中市	恩阳区、通江县
16	眉山市	仁寿县
17	资阳市	安岳县
18	阿坝州	九寨沟县
19	凉山州	西昌市、德昌县

第一，推进农村集体资产清产核资和成员界定。对于有条件的试点村，根据集体资产清产核资结果，探索开展农村集体经营性资产股份合作制改革。根据实际需要，探索将财政资金直接投入试点村集体经济发展项目。创新政策措施，将财政资金形成的资产交由村集体持有、管护，并量化为村集体股权。尤其在贫困村，对于财政投入形成的资产，以折股量化方式，转变为村集体和农户共有的股份，对集体资产股权扶贫机制进行探索。

第二，建立农村集体经济组织。在农村集体资产清产核资和成员界定完成的前提下，在试点村探索以股份经济合作社的方式建立农村集体经济组织。由县级以上政府及主管部门承担颁发组织登记证书的职责，并完善相关管理制度。

第三，引导财政资金向试点村倾斜。统筹安排财政支农资金，探索以财政资金整合方式加大试点村的农业基础设施和产业发展的投入力度。加大力度扶持由村集体领办合作社和农业产业发展项目。探索以购买服务的方式，由政府向村集体采购，以此提高农村公共服务质量和管理能力。

第四，推动合作和交投。在发展村集体经济组织的试点过程中，充分发挥乡镇经济的带动作用，加强在市场、品牌、技术、劳动力等方面的联动与合作，促进三次产业在县域、乡（镇）域内的融合发展，增强产业外部竞争力。

2017 年，四川省农村集体经济组织集体资产总额约 382.66 亿元，当年有经营收益的村 19658 个，占比为 41%，村均集体资产经营性收入仍然偏低。同时，四川省计划退出的3700个贫困村中还有72%的村“有集体经济收入”一项指标仍未达标。

为加快推动农村集体产权制度改革，四川省将加快开展清产核资工作。2018年，除三州、雅安以外的17个市（州）127个县（市、区）农村集体资产清产核资工作已基本完成。截至2018年11月，省农业厅联合中国人民银行成都分行、省市场监督管理局下发《关于开展四川省农村集体经济组织登记赋码工作的实施意见》（川农〔2018〕3号），明确由县级农业农村行政管理部门负责向本辖区农村集体经济组织发放登记证书，赋统一社会信用代码，并加盖农业农村行政管理部门印章。全国农村集体经济组织登记赋码管理系统已于2018年11月5日正式上线运行，目前各地正在对完成改革的农村集体经济组织办理登记赋码，颁发“农村集体经济组织登记证”，正式确立其市场主体地位。第二批5个国家试点县已于2018年底上报总结并完成第三方评估，第三批国家试点县（包括三个整市推进试点市所辖区县）预计将于2019年10月基本完成，60个省级试点县计划于2020年底完成产权制度改革。四川省将继续扩大省级试点范围，省级试点县已增至130个，计划于2020年底全部完成改革，雅安、三州的部分县计划于2021年底基本完成。

三　四川农村集体产权制度改革的主要做法及影响

集体经济组织成员资格界定、集体经济组织股权设置、集体产权市场交易、集体经济组织与基层组织关系处理是四川农村集体产权制度改革过程中的重要工作内容。

（一）集体经济组织成员资格界定

集体经济组织成员权是在集体所有制框架下，农民享有的一项重要基础性、资格性权利，是农民在集体内生存和发展的前提。然而，由于农村人口结构复杂，四川省出台的《农村集体经济组织成员界定指导意见》并不能解决成员界定过程中所有问题，而国家层面尚未公布清晰的界定标准，关于集体经济组织成员的界定问题，在政策法规层面尚未统一。这就使得各个地方在“成员权”界定和固化工作中面临法规缺位的窘境。在此条件下，农户基于自身利益的需求未来将可能会推翻现有约定式的制度设计，从而对产权改革的可持续性埋下潜在的隐患。

一方面，新增人口对成员权固化造成冲击。在集体经济组织成员权固化问题的处置方面，目前普遍采用的方法是，确定一个时间节点，并以此为界线，以“一刀切”方式分配股权并固定下来，股权分配完成后，采取“生不增、死不减”的办法固定股权，新增的集体经济组织成员，不得追究以往的利益纠纷。新增人口可以采用抵押权、继承权等方式获得集体资产股权。但这样的股权转让方式与传统只有集体成员才能获得股权的方式相违背。

另一方面，农民市民化对原有集体经济组织改革造成冲击。目前以户籍作为集体经济组织成员认定标准的做法在短期内能很简洁、快速地确定集体经济组织成员，但随着集体经济的不断发展壮大，村级福利不断提高，村民“天然”享受本集体经济组织收益的固有分配机制必然会造成村民在身份问题和利益分配上的纷争。为了继续享受集体收益分红，大多已经长期在城镇生活和就业的村民，仍不愿将户籍迁入城镇而放弃集体经济组织成员资格及相关财产权，集体经济组织将因农民市民化而逐渐失去存在的基础。

（二）集体经济组织股权设置

在四川集体经济组织股份合作制改革过程中，重在体现基层民主制度的有效运行，以民主监督和民主决策的方式开展。有利于保障合作社成员的个体权利，但是封闭式股权设置有可能导致集体资产僵化。如一些地方创建的土地股份合作社的股权设置比较单一，且农村集体资产股份严格控制在本组织内部才能转移。从长期看，这意味着农民的权利并未通过市场化机制获取最大收益，量化的集体资产就只能成为“僵化的资产”，农村集体资产的价值并未完全显化。但在现有条件下，如果将股权设置放开，允许社会资金参与，将产生一定风险。应在保障农民拥有土地财产权的同时，促进农村集体经济组织发展。

（三）集体产权市场交易

农村集体产权制度改革的最终目标是要实现集体产权的顺畅流转，运用改革成果发展壮大集体经济。然而产权交易问题也是目前农村集体产权制度改革最需要突破的瓶颈所在。一是集体资产股份量化后，在偏远地区难以盘活，流转需求不足，农民的股权效益难以体现，集体产权后续流转陷入困境。涉及的问题包括大量沉淀的非经营性资产，如道路、供水设施、学校、卫生室等如何转换成经营性资产，发挥其市场价值；集体股份合作社如何与龙头企业、产业合作社等新型农业经营主体合作承担相关涉农项目，增加集体收入等。二是城郊等土地价值比较高的地区，由于受政策限制，土地等集体资源性资产陷入市场交易困境。涉及的问题包括农业经营主体通过流转取得农村承包土地的经营权如何确权颁证，如何运用承包土地的经营权进行抵押贷款；集体经营性建设用地和宅基地的产权流转是仍应在社区内封闭运行，还是可以逐步扩大流转范围，若放开应遵从哪些必要约束等。

（四）集体经济组织与基层组织关系处理

农村集体产权制度改革不仅是明晰产权和解决利益分配问题，更重要的是赋予集体经济组织后续发展活力，促进组织可持续发展。然而，现行的集体经济组织经营管理仍然存在“新瓶装老酒”的问题。其主要体现在以下几个方面。一是农村集体经济组织的法人地位尚未明确。现行的《土地承包法》《土地管理法》中，并没有在法律上明确“农村集体经济组织”的组织形式，而《民法通则》关于法人的分类中，企业、机关、事业单位和社会团体这四类没有涉及集体经济组织，而且其组织类型也不同于上述四类。因此，在法律上，没有对农村集体经济组织的法人地位予以明确，影响了它作为独立完整的市场主体参与经营管理。为解决这个问题，在试点地区，虽然政府颁发了组织机构代码证，名义上赋予农村集体经济组织以法人地位，但仍然不能像上述四种成熟法人一样开展经济活动。二是农村集体经济组织与村（居）委会等自治组织职能边界仍然不清。农民对集体资产产权归属的认识停留在传统观念上，对相关法律法规的了解不够。若不彻底转变村民传统观念，树立集体主人翁意识，建立现代治理结构，在思维惯性的影响下，集体经济组织改革可能会再次陷入“政经不分”的怪圈。农村集体经济组织改革后，理论上应该由理事会代表全体成员行使营运管理职责，但由于经营管理人才缺乏，实际上绝大部分地区农村集体资产仍然沿用旧有的由原“村两委”代为管理集体资产的管理模式。这种传统的信任管理、人治思维模式已经很难作为制度保障集体经济组织运行。借鉴现代企业管理制度，建立现代农村经济组织管理制度，遵循市场经济规律开展组织运营和管理，迫切需要实现行政职能与经济职能的真正分离。

四　四川农村集体产权制度改革存在的主要问题

随着农村集体产权制度改革的不断深入，在推进过程中产生了以下新的矛盾和问题。

（一）选择性改革倾向突出

在深化农村改革工作中，农村集体产权制度改革是基础性工作。在短期内，由于对人力、财力需求非常大，且很难在短期直接获益，地方往往没有动力开展该方面工作，在推进集体产权制度改革过程中，往往对一些关键环节和重点工作进行简化，甚至回避。例如，有些地区的资产评估量化过于简化，核资不充分不彻底。这主要体现在以下两个方面。一是未对全部资产进行核查。二是对资产评估不准确。清产核资时，多为集体内部核资，往往不会邀请第三方评估机构进行核查工作，导致不能准确评估资产的价值。此外，往往对改革敏感区域回避处理。例如，对农村产权体系重要组成部分集体建设用地制度的改革，大部分地区采取了回避的选择性改革方式，对于农村宅基地有偿退出、集体经营性建设用地入市等前瞻性问题尚未有实质性的改革探索。这种选择性的改革方式虽然短期内能降低改革成本，有效减轻阻力，规避改革中出现利益冲突和社会不稳定因素。但从长期来看，随着矛盾的继续积累将有可能存在冲击前期改革成果和影响整体改革进程的潜在风险。

（二）地方改革积极性不足

由于大多数地区属于集体资产空壳村和薄弱村，这些村的账面资产不多，主要是资源性资产和公益性资产，经营性资产占比很小，集体经营性收入薄弱，干部群众推进农村集体产权制度改革的积极性低，改革动力不足。此外，部分集体经济组织在改革后仍然维持原有经营方式，也没有积极性探索如何与地方产业配套融合，实现产业升级。基层对产权改革的认知存在偏差。农村集体产权制度改革的主要任务是推进未确权到户的土地、林地、荒山、养殖水面等资源性资产，公共设施、小型水利设施等公益性资产，以及厂房等经营性资产的股份化。特别是随着财政投入的增加，公益性资产是除土地以外农民集体所有的价值最大、最重要的资产，只有纳入公益性资产，才能保证农村集体产权制度改革的完整性。但调查发现，村干部等基层干部往往只考虑了农村集体经营性资产，而将资源性资产和公益性资产排除在改革范畴之外。

（三）改革成本分摊机制尚未形成

农村集体产权制度改革具有经济价值和社会价值，但也需要耗费较高的成本，其改革进程需要财政资金的大力投入。但就目前实际而言，农村集体产权制度改革总体上仍处于地方财政支持推进过程中，还没有形成来自中央、省级和地方财政的分摊机制。就农村土地确权颁证而言，例如经过测算，在广元市利州区，除去日常工作经费之后，仅“多权同确”登记颁证这一项工作就需要经费 1.26 亿元，财力薄弱的市县难以承担。这种情况在一定程度上导致地方政府在产权改革过程中采取“选择性”“规避性”

的改革方式，只对相对容易、成本较低的内容进行改革，对矛盾复杂、投入较大的改革内容选择暂时性回避，就积极性而言，基层开展改革的动力明显不足。

（四）改革政策扶持力度需要加大

激励机制尚未对农村集体产权制度改革起到推动作用，相关政策仍未落实，主要在资金支持、项目安排、金融支持等方面力度不足，导致地方改革缺乏动力。针对集体经济组织发展涉及的规划用地、项目安排、资金扶持、金融信贷等方面的扶持政策仍没有得到落实，致使地方政府改革动力不足。例如，税费已经成为影响农民参与农村集体经济组织改革积极性的重要因素。

（五）部门之间协调整合机制仍需完善

改革是一个综合性问题，按照目前改革工作部署，农村集体产权制度改革涉及工商登记注册、税收以及金融等方方面面的改革，这些体制改革项目和法治建设任务之间紧密联系，任何一个环节的断裂都可能影响改革成效，使得改革碎片化。但在基层的实际改革过程中，这些改革举措的方案制定和实施分别由财政局、税务局、工商局等业务主管部门牵头负责。由于部门协调整合机制缺失，协调难度大，部分试点地区在推进改革过程中仍然存在部门各自“单兵作战”的问题，彼此基础信息未能共享，支持政策没有统一，这不仅影响了改革推进的整体效率，而且增加了后期改革成果统一整合应用的难度。

五　四川农村集体产权制度改革的对策建议

（一）推动农村集体经济组织的地方立法

一是明确集体经济组织法人地位。在国家《农村集体经济组织法》颁布实施之前，建议借鉴浙江、广东等集体经济较为发达地区的经验，加快推动农村集体经济组织立法程序，以地方条例、政府规章等形式明确集体经济组织的法人地位。在法规中明确规定农村集体经济组织作为唯一主体经营和管理集体资产的权利。对集体经济组织的机构性质、成员界定、主体责任、治理结构进行明确，明确股份化改革后的经济组织的法人地位。二是确保成员权利，对农村集体经济组织成员权的界定应以农民作为绝对的主体，在尊重农民意愿的基础上，交由村两委上会讨论，采用集体经济组织、议事会、代表大会等方式自行商议。充分保障新增集体经济组织成员的合法权益。对还未完成股份化改革的，新增人员应同其他成员一样享有集体经济股权，但分配的份额可以有差别；对已经完成股份化改革的，新增人员可以不再进行股权分配，但应享有家庭内部分配权和继承权。

（二）加快探索集体资产清产核资有效机制

由于缺乏参与和公开度不够，农户对村集体经济组织的资产规模和经营状况的认知明显与村干部存在差异。这个认知上的差异很有可能在改革过程中成为基层社会矛盾冲突产生的导火索。因此，现阶段必须通过农村集体产权制度改革对集体资产进行清查审核，让集体资产经营透明化，增加村民对集体资产的准确了解。

一是加强组织领导。按照依法依规、自主决策、因地制宜和尊重历史的基本原则，由四川省农业厅牵头，会同省农委、自然资源厅、财政厅、林业厅等部门组成清产核资工作领导小组，组织领导对全省范围内的农村集体资产进行清产核资及其复核工作。清产核资及其复核范围包括集体所有的未确权到户的土地、房屋、设备设施等固定资产以及属于集体所有的流动资产、无形资产、债权债务、股权与收益等在内的全部资金、资产和资源。

二是扎实推进存量核实。存量核实的重点是资产核实和财务处理两个环节。坚持以账面数为基础，账内、账外相结合，以统一的基准日为时点，做好查漏补缺，复核纠错，对村集体经济组织的“三资”进行全面核对清理，逐笔逐项盘点，确保账账相符，账证相符。对于历史与现实资产不符情况或者出现财务问题的原因，应做出说明，并提交组织或成员代表大会进行审议，做出公开公正的决议。确保集体所有的资金、资产、资源清理核实到位，分类登记造册，建立台账，纳入农村集体“三资”监管系统。

三是开展资产价值评估工作。评估工作由第三方的评估中介机构或具备评估资质的产权管理部门人员来开展。可由集体经济组织委托上述第三方开展评估，对集体资产的资产价值、折旧、重置成本、盈利能力等进行评估，亦可自主选择评估办法对集体资产进行评估。通过评估确认价值，以此作为折股量化基数和集体经济组织注册资本金。集体资产比较匮乏的村集体经济组织在村民表决通过的前提下，现阶段可暂时进行简单的自我评估，一旦进入运营后再聘请专业第三方机构进行价值评估。

（三）分类推进集体经济组织股份制改革

根据不同地区的情况分类推进，新型农村集体经济组织可以是股份合作社、股份合作制的经济组织、公司等各类经济类主体。一是在发达地区和村集体资产价值丰富的地区，对具备经营条件的村组进行鼓励和引导，在坚持农村集体资产集体所有的前提下，以集体资产股权入股的形式规范组建集体资产股份制经营主体，开展股份制改革，借鉴现代企业管理制度，建立集体资产股东代表大会以及董事会、监事会等。对集体资产进行统一经营管理，集体组织成员按照股份分享集体资产经营的收益。二是在集体资产不具备经营条件的地区，对于拥有土地等资源的村组，主要通过还权赋能开展集体经营组织改革。一方面，鼓励各地方充分运用土地承包经营成果，开展确权颁证工作，加强土地产权制度改革力度。组建土地股份合作社，通过土地经营权流转等方式自主探索和创新其实现形式，由土地股份合作社履行对集体资产进行经营管理的职能。另一方面要规范、强化村集体资产的财务管理和制度建设，建立完善的风险防范机制和按股分红的集体收益分配机制，有效增加农民财产性收入。三是对于经营性资产较少甚至没有经营性资产的农村集体经济组织，在成员代表大会或集体组织成员大会认可的前提下，可清算和解体集体资产。已成立集体经济合作社的集体经济组织可到农业行政主管部门注销机构。

（四）不断加大对集体经济的政策支持力度

一是建立各部门的协调联动机制，进一步完善配套政策，设立村级集体经济发展专项资金，通过提供财政资金支持、开展基础设施建设、发展优势特色产业等方式加大对新型集体经济组织的扶持力度，促进集体经济发展壮大，促进农民增收。二是着力推进农村土地综合整治和深化城乡建设用地增减挂钩试点，鼓励村级集体经济组织参与土地整理，各地区确保将当地年度可用集体建设用地指标的5%以上优先用于村社集体经济发展。三是探索开展涉农项目建设管理创新改革试点，除公益项目外，对各级发改、财政、农业、交通等部门投入农村的资金用于生产、加工、经营等设施建设的项目，建成后统一交由村集体经济组织持有和管护，按照“谁受益、谁所有”的基本原则确权给相应的村组集体经济组织所有。四是积极引导社会各类产业发展资金和优势资源向农村流动，鼓励各级各类人才、企业人员、城镇居民，带着技术、资金、项目等优质生产要素参与农村集体经济的发展。五是对于改革后的农村集体经济组织和入股农民可以给予一定时期的税收优惠，过渡期满后应照章程纳税。对于部分仍承担农村公共事务的集体经济组织，在过渡期的基础上可以考虑对收益分配实施税收返还。此外应考虑免除集体经济组织在改革中因权利人名称变更登记、资产产权变更登记等发生的相关税费。

B.14 四川智慧乡村建设研究

戴旭宏　倪玖斌*

摘　要： 把信息化建设作为“网络强省战略”重要途径，通过充分发挥信息化的引领作用，四川省公共服务平台的信息化已见雏形，在各行业均具备良好建设基础。然而，信息化发展的城乡差距十分明显，在一定程度上阻碍了城乡统筹协调发展的进程。借鉴智慧城市建设经验，智慧乡村的提出有助于促进城乡公共服务均等化发展，通过“一库三平台”的建设，即一个平台型数据库以及管理、发展和监测三大平台的建设，智慧乡村的建设不但能够与智慧城市同步接轨，同时能够在乡村经济发展和社会管理等方面发挥重要作用，是深入实施乡村振兴战略的重要内容。

关键词： 智慧乡村　信息化　四川

一　四川智慧乡村建设的背景

“十三五”时期是贯彻落实创新、协调、绿色、开放、共享五大发展理念，深入实施网络强国、“互联网 +”行动计划、大数据战略，决胜全面建成小康社会的关键时期。其中，乡村的全面小康是全面建成小康社会决定性因素。智慧乡村建设作为一项系统工程，正在成为我国建设美丽乡村、实施

---

* 戴旭宏，四川省社会科学院农村发展研究所副研究员，主要研究方向为农村政策和财政支农；倪玖斌，西南财经大学农业经济学博士，主要研究方向为农村社区发展。

乡村振兴战略的重要途径。农村信息化是智慧乡村建设的重要基础，也是现代农业发展的制高点，中央早在2005年一号文件中就首次提出了农业信息化，在指导意见中明确提出加强农业信息化建设的论断。随后每年的一号文件都对农业和农村信息化提出了相应的工作部署。

四川省农业和农村信息化起步较早，“十一五”期间就实现了全省农村信息服务覆盖面超过90%。2017年四川省“互联网+”现代农业工作推进会议召开，会议指出：四川正在紧紧围绕农业供给侧结构性改革工作，按照“政府引导、市场主体、多元投入、协调发展”的总体思路，大力实施“互联网+”现代农业行动，从生产、经营、服务、基础和主体五方面入手，加快补齐生产信息化这一农业农村信息化首要任务的短板，利用互联网、物联网、大数据等发展精准农业、智慧农业。

《四川省“十三五”信息化规划》（简称《规划》）中关于加快农业农村信息化发展的布置也为智慧乡村建设阐明了未来的工作重点。《规划》指出：“推进信息技术与农业生产、经营、管理、服务深度融合，提升农业农村信息化水平。”“加快开展农业物联网示范、农产品质量安全追溯体系建设、农业综合信息服务体系建设、信息进村入户……建立健全智能化、网络化农业生产经营体系，加快农业现代化进程。”“加快提升城乡社区信息化水平，加强社区公共服务综合信息平台建设，加快推进智慧社区建设，整合社区公共服务信息资源，推动社区安保服务和社区物业设备智能化改造升级。”

四川已经具备全面开展智慧乡村建设的基础条件，而国家乡村振兴战略的实施将为智慧乡村建设提供重要的机遇。同时，智慧乡村建设也将为全省全面实现乡村振兴提供重要的支撑和推动力。

二　四川农业和农村信息化建设的现状和问题

（一）四川农业和农村信息化建设的现状

1. 四川农业信息化建设稳步推进

近年来，四川省各级农业部门及种养企业积极推进“互联网+”现代农业示范行动工作，在将信息新技术应用于农业管理、生产、经营和服务四大领域的过程中取得实效。截至 2017 年 11 月底，已有多项农业信息化建设跃入全国示范基地（案例、项目）的行列，比如荣获 2017 年度全国农业农村信息化示范基地、2017 年信息进村入户工程整省推进示范试点、2017 年全国益农信息社百佳案例等。预期到 2020 年，四川省农业物联网等信息技术应用比例达 20% 以上，农产品网络零售销售额占农业生产总值比重达 10% 以上，信息进村入户村级信息服务站覆盖率达 80% 以上。

2. 四川智慧农业发展成效显著

随着四川省财政投资力度的加大，以“智慧农业”为切入点，通过农业信息网电子商务示范工程、智能化农业信息技术应用示范工程、农产品质量信息追溯平台建设等，推动了四川智慧农业的发展。尤其是以“三品一标”为重点的农产品质量安全溯源体系建设成效显著，截至 2017 年，四川省已有 132 个县 512 家企业（合作社）的 2986 个产品入驻，追溯码使用 1.03 亿张，网上查询次数 125 万人次，处于全国前列。

3. “农村电商 + 精准扶贫”产业蓬勃发展

通过财政扶持和对“互联网 +”助力扶贫的思路探索，四川形成了“农村电商 + 精准扶贫”产业发展新格局。截至 2017 年底，全省累计建成县级电商综合服务中心 146 个、镇（乡）电商综合服务站近 3000 个、村级电商服务站点约 1.3 万个，覆盖率分别达到 82%、69.9%、27.4%；全省累计培育涉农电商企业 3610 家，开设农村电商网店近 3.2 万个，农村电商产业链创业就业累计达到 21.95 万人。全省在推进农产品商品化、标准化、品牌化等方面已取得了不少成果，四川特色品牌农产品线上推广步伐加快。2017 年，全省农村实现网络零售额 710.04 亿元，农产品网络交易额 116.29 亿元，同比分别增长 52.49%、27.28%。“大凉山”“巴食巴适”“圣洁甘孜”“净土阿坝”等一批区域品牌，“渠县柑橘”“松潘藏香猪”“九寨记忆”“马边绿茶”等一批县域品牌脱颖而出，经济效益和扶贫成效显著。

4. 四川农村信息服务覆盖面快速扩大

随着财政投入增加，农村信息服务覆盖面逐步扩大，早在“十二五”

期间，在四川省 9298 个边远山区农村，就完成数字教育资源全覆盖，实现公共文化设施网络初步建成。预期到 2020 年，全省半数以上农村家庭用户带宽可实现 50Mbps 以上灵活选择。

（二）四川农业和农村信息化存在的主要问题

虽然四川省农业和农村信息化建设取得了长足进展，尤其以基础设施建设为主的信息化建设和技术实力不断增强，然而，对农业农村信息化的应用和管理仍然任重道远。

第一，四川省农业农村大数据平台建设步伐较慢，虽然四川各地近年来已开始了农业农村大数据平台建设，但其起步晚于北上广等发达地区，同时建设水平和质量也依然落后，尤其是对于基础数据资源的整合，短时间内难以统一标准和进行收集。

第二，四川省农业信息化水平仍然偏低，农业信息化专业研究机构和相关企业数量较少，农业信息化成果以应用为主，自主研发和创新能力不强。农业农村信息化人才普遍缺乏，对于相关人才的培养仍无法弥补人才缺口，人才体系建设不尽完善，影响着农业信息化技术成果的开发、转化和应用。

第三，农业农村信息数据的收集和管理标准化水平有待进一步提高。由于四川农业和农村信息化建设工作仍然处于初期阶段，全省各地缺乏统一的数据信息标准和规范，这成为智慧乡村建设的一大阻碍。由于数据难以整合，农业农村信息数据质量不高，缺少建立统一数据库的依据，降低了使用价值，影响着大数据、云计算等智慧化技术的应用。

第四，农业农村信息化仍然处于探索和大规模投入阶段，在公共服务领域已经取得了较好的社会效益，然而在农业产业投资领域，仍然以探索为主，技术成果转化较少，还难以发挥积极的经济效益。

三　乡村振兴背景下智慧乡村建设的主要内涵

智慧乡村建设是实现乡村振兴的重要支撑，通过以数据信息为重点的资源整合，发挥智慧化手段在农村生产生活和社会管理方面的积极作用，是进一步贯彻落实党的十九大关于实施乡村振兴战略的安排部署，以信息化带动农村人才、物流、技术、资金各要素有效流动。在资源环境约束日益严峻、农业发展方式亟须转变、生产和消费结构快速升级的条件下，智慧乡村建设将成为助力精准扶贫、推动农业和农村高质量发展的重要内容。

（一）智慧乡村建设的核心是农业和农村信息化

农村信息化是互联网、大数据等技术在农村生产、生活和社会管理中实现普遍应用和推广的过程。作为社会信息化的一部分，农村信息化首先反映的是社会经济形态，表明农业和农村经济发展到特定程度。农业和农村信息化不仅包括农业信息技术的普及和应用，还应包括光电、通信、微电子技术在农村生产生活和社会管理方面普及和应用的过程。农业和农村信息化是农业发展到一定程度所产生的，标志着传统农业过渡到现代农业，并走向信息化农业的整个过程。

（二）智慧乡村建设的载体是平台建设

农业和农村信息化是智慧乡村建设的重要内容，而奠定基础的则是在智慧乡村建设过程中发挥管理、发展、监测作用的智慧化平台。作为智慧乡村建设的重要载体，平台建设是将农业农村信息资源充分利用的广阔舞台，也是推动信息化建设服务三农的重要工具。发挥平台对农业农村数据的挖掘和管理作用，提升信息传播、决策管理的有效性，不断降低获得公共信息和沟通交流的成本，将极大促进农业生产的高效和农村经济的高质量发展。

（三）智慧乡村建设的落脚点是推进城乡均等化

信息化在促进城乡基本公共服务均等化过程中发挥着重要作用。以信息化手段推动农村在教育、卫生、医疗、就业等公共服务领域的发展，是缩小城乡公共服务差距的重要内容。城市信息化发达程度领先于乡村，无论从公共服务覆盖率还是从公共服务质量来看，农村信息化水平的滞后是产生差距的重要原因。以电子政务服务、网络教育、电子商务、网络信访等为代表的信息化手段，可极大地丰富农村公共服务供给。供给量的增加将极大提升农村公共服务和供给管理水平，推动公开、透明、参与度高的乡村公共服务建设，加快城乡公共服务均等化的步伐。

（四）智慧乡村建设的亮点是农村社区治理智慧化

以大数据、互联网、物联网为技术支撑的智慧乡村建设为创新农村社会治理创造了优良条件，是贯彻落实党的十九大关于打造共建共享共治的社会治理格局的安排部署，是推进乡村社会治理能力和治理体系现代化的重点内容。农村社区治理智慧化是智慧乡村建设的重要亮点，农村社会、经济等信息将得到有效整合与统筹规划，公共管理部门将清晰地、便捷地、实时地监测农村社会治安、地质灾害、疫病疫情、舆论舆情等重要信息，从而及时响应做出决策，大幅度提高社会治理效率。

四　四川省智慧乡村建设的路径设计

信息化建设是四川省实施“网络强省战略”重要途径，通过充分发挥信息化的引领作用，四川省公共服务平台的信息化已见雏形，在各行业均具备良好建设基础，为智慧乡村建设提供了良好载体。将平台型数据库和智慧化管理、发展、监测三大平台（简称“一库三平台”）作为智慧乡村建设的重点，有效整合经济、社会、文化、生态等数据信息，实现统一数据库管理，配套建设管理、发展和监测平台，为乡村振兴提供智慧化支撑。

（一）构建平台型数据库

整合省、市、县、乡镇、农村社区五级数据资源，纳入统一的数据库进行分级管理，实现“一个入口、多个出口”的平台型数据库功能。在确保数据安全的同时，更加高效地实现信息和数据管理。

第一，政策数据整合。改变过去被动的宣传模式，整合所有涉及乡村振兴、农业、农村、农民的政策数据，结合乡村实际情况，主动匹配适合的政策，为乡村振兴提供政策支持，实现政策积极落地最大化。

第二，规划数据整合。建立公共地理信息共享平台，实现多规合一和动态更新。通过平台衔接各类国民经济和社会发展规划，以及城乡建设规划、土地利用规划、旅游专项规划、生态环境保护规划、文物保护规划、交通规划、社会事业规划等。各类规划整合后，形成土地空间规划，可确定保护空间、开发边界和城市规模等一致的空间数据信息。将一致的空间数据信息统一放在空间数据信息平台，从而建立空间管控体系，可及时有效地对空间布局进行优化调整，科学合理配置土地资源，提高地方政府对城乡空间的管控水平，提高治理效率。

第三，行政业务数据整合。通过统一的大数据平台，整合政务、民生、产业三个领域的业务数据，实现业务数据交换、共享，逐步消除“信息孤岛”，一是实现“数据多跑路，群众少跑路”和“只跑一次”；二是实现业务归口，打造综合型政务 App，实现基层干部“一个 App，办成好多事”，方便基层工作，实现一网通办，让基层工作人员更好地进行各制度政策宣传贯彻工作和服务群众。

第四，市场信息和数据资源整合。重点整合的是产业发展相关资源，如农业生产环境、资源禀赋、生产情况、市场情况以及农业管理等领域数据。农业生产环境和资源禀赋数据主要包括土地资源、水资源、气象资源、生物资源以及灾害等资源和数据。农业生产情况数据主要包括地区种养殖业的所有生产数据以及企业生产情况数据。农业市场情况数据主要包括市场供求信息、价格行情、生产资料市场信息、价格及利润、流通市场和国际市场信息等。农业管理数据主要包括国民经济基本信息、国内生产信息、贸易信息、国际农产品动态信息和突发事件信息等。

应建立大数据平台科学利用农业资源，以数字化工具挖掘农业生产潜力，以信息分析推进农业生产智能化，以技术手段保护农作物免受虫草危害等。

（二）搭建智慧化乡村管理平台

按照产业兴旺、生态宜居、乡风文明、治理有效、生活富裕的总要求，建立健全城乡融合发展体制机制和政策体系，通过智慧化手段的推动，逐渐培育实现乡村治理体系和治理能力现代化，建设智慧化管理平台，发挥其在党建、信息互通、公共服务管理等方面的功能，推进乡村高效治理，加快推进农业农村现代化，积极探索中国特色社会主义的乡村振兴智慧化之路。

1. 通过智慧化管理平台，开创党建工作新阵地

牢牢把握以加强党的执政能力建设、保障党的先进性、维护党的纯洁性为主要内容来开展平台建设。保障党的先进性不仅需要与时俱进，不断进行理论和制度创新，采取创新行动和工作方式，以及在各类载体上开展党的建设活动；而且要在党建的活动方式、工作方式及物质载体上大力创新。通过智慧党建，有效整合各类网络信息资源，实现党建工作科学、高效、规范的网络化管理，有效提升基层党建工作科学化水平，开创党建工作新阵地。特别是针对大多数党员时间碎片化的特点，通过智慧党建把党员教育管理延伸到每个支部、每名党员，进一步增强基层党组织的凝聚力、战斗力，从而实现组织生活规范化、学习活动常态化、党建考评科学化、党务办公高效化、党组织工作智能化。

2. 搭建信息化平台，推动乡村高效自治

第一，建设民情档案库，在信息化平台公开基层村务，将土地、人口、房屋、务工等信息数字化、掌上化，每位村民都获得一个二维码，通过简单识别便可对其家庭人口、土地、经济等内容进行收集，实现对农村和农业情况的及时跟进。

第二，贯通政策宣传渠道。利用网络和广播技术，打破宣传工作的时间和空间限制，让基层干部能够随时随地，进行政策宣传和执行，同时能够让基层群众和企业及时建议和献策，实现民意收集和对整个社会舆论热点的掌握和疏导。

第三，横向打破时空限制，打造乡村特色展示平台。把农耕文化和乡村文明以灵动的多媒体形式进行分享和传播，在源头实现乡村自治的高效和精神需求的丰富，同时为远在他乡的外出人员打造了一个爱心港湾，使他们能够及时地了解和关心故乡现状、家人的乡村集体生活状况。村民自治提升了参与感，对乡村乡情的打造丰富了精神文明，网上家园、网上宗祠、邻里互助平台、村镇演播室使得故乡的人、事、物都动态地展现给外出人员。乡情连绵不断，故乡的情愫有了科技的载体，更加持久、丰富。

3. 建立统筹规划平台，推进高效治理

建设智慧化终端，推动综合治理中心规范化建设，实施网格化管理，构建连通性强、时效性高、专业的平台数据中心，打破信息垄断，加强部门联通，将各部门规划信息和资源收集到统一平台进行管理。同时，通过对大数据的整理分析、对比研究，实现对基层生产生活情况的全面掌握，在解决邻里纠纷和群众热点问题上做到预警、预判、及时处理。在大数据技术支持下，实现大整治、大联动、大治理，推动智慧化、高效治理格局的实现。

4. 推动政务服务延伸，实现公共服务全覆盖

打造智慧政务平台，充分结合互联网、云计算、大数据等信息化手段，推动政务电子化、智慧化，向外延伸，覆盖乡村社区，在网上实现客户端自助服务，建立办事窗口，与第三方平台连接，为企业、组织、个人提供高效服务，实现一站式办理。以信息化推动政务服务标准化、便利化，协同高效处理事务，实现一个窗口全链式服务。

5. 建立统一平台，实现分级管理

智慧化管理平台将为所有信息化数据提供接口，在统一访问平台的同时，应通过物理隔离、软件技术、防火墙等手段对访问数据进行分级开放和管理，对不同类型数据设计访问权限，对所有数据划分保密级别，设置不同类型的用户访问权限，保障数据的安全。同时降低符合级别和权限的用户获取信息的成本。

（三）搭建智慧化乡村发展平台

通过搭建智慧化乡村发展平台，以信息化手段，推动农业土地、资金、

技术、市场等资源的信息共享，增加农业生产过程的透明度，提高农产品品牌价值，促进农业专业技术人才流动，提升农业发展公共服务水平。应对乡村产业选择少、规模小等产业发展难题，为实现产业要素合理流动、发展精品农业战略提供解决方案。

1. 建立农户发展平台，实现农村资源合理配置

一是强化农村耕地和宅基地的数据信息的高效管理。把农村土地资源资产化，并建立数据信息平台，实现智慧化检索和处理。扩大平台网络覆盖面，增强平台使用的交互性。对有意愿进行流转、退出、转让的农村耕地或宅基地，农户可自行上传信息到智慧发展平台，平台将其信息进行智慧化处理并反映在图纸上，进行自动分类和筛选。在该平台上可便捷地获取流转收益、费用、新点选址等信息，让参与者充分掌握农地现状及预期收益等信息，有利于建立稳定的市场，并通过网络开展申请、退出、代理等业务，做到程序规范透明、安全便捷。

二是通过智慧化发展平台推动城乡要素、资源的快速流动。为加快城乡均衡发展进程，进一步缩小城乡差距，应建立智慧化发展平台，实现城乡资源互换、交流，促进高效交易，建立有效通道，进一步实现资源的合理配置。增加农民财产性收入，促进农村土地、房屋等资源的资产化、资本化。建立完善的档案信息，为农户提供融资、贷款接口，联合金融机构开发农村土地金融产品，扩大农村土地等财产抵押范围，创新“经营权 + 农业生产设施”抵押贷款等助农金融产品，为农业农村经济带来资金活力。

2. 建立新型经营主体发展平台，提升农业发展活力

建立新型经营主体，坚持以农业发展为核心，深入推进一二三产业融合。坚持用“互联网 +”思维谋划现代农业发展，培育农村土地、林地合作社以及家庭农场、家庭林场、专业大户等新型经营主体。打造智慧农业，深度开发农业多种功能，拓展农业价值链，提高农业综合效益，推动农村经济繁荣，实现三产融合发展。通过智慧农业建设提升农业生产自动化、数字化、智能化水平，通过溯源和生长过程监测系统保障生产安全，提升农业产品附加值。通过大数据平台加强工业与农业的深化融合，实现工业反哺农

业，农业促进工业。通过电子商务平台聚焦本地特色产品，联合龙头企业，树立品牌，疏通渠道，扩大市场。

3. 建立村庄发展平台，全面提升农村公共服务水平

一是确保村庄规划，将建设布局、风貌打造、房屋设计等方面统一纳入智慧化发展平台并进行公示，实现公开透明。在房屋建设方面，农户可将信息上传至发展平台，全程实现网络申报，对房屋建设的关键环节和节点进行线上监控，保证报账平台更新的实效性，对违规操作实现及时预警和举报，便于快速查处。二是加强乡村人才培育，以智慧化手段建立信息化发展平台，鼓励人才回流到农村，完善网络化的基层服务功能，便于实现人才的信息化管理，增强终端使用便利性。

（四）搭建智慧化乡村监测平台

通过搭建智慧化乡村监测平台，对乡村发展的各个环节实现有效的监测和追踪，实时掌握乡村发展动态，实现高效管理，从而保障乡村高质量发展。智慧化监测平台重点内容包括农产品质量和安全监测、社会稳定监测和民生落实监测等。

第一，农产品质量和安全监测。建立农产品溯源系统。全面推进农产品物源系统的建立，实时动态追踪农产品质量和安全状况。以优质农产品和农业加工品为核心，建立产前、产中、产后完整监测链的溯源体系，市场终端通过扫描二维码即可查询原料产地、生产过程指标、仓储及流通环节、生产主体信用等级等源头信息，增强消费者对产品的信任感和忠诚度。

第二，社会稳定监测。利用大数据等智慧化手段对社会不稳定因素进行实时监控，尤其对集中居住区、大型场镇、客货流集散中心、学校、卫生院、交通要道等区域设置科学指标，通过大数据分析实现实时、动态和智能化监测，并提升实时预警的能力，结合智慧城市建设，为乡村社会稳定监测提供有力技术保障。

第三，民生落实监测。将民生政策项目纳入数据库进行项目跟踪和管理监测，针对政策项目的落实情况设置重要节点完成情况、资金进度、

群众意见等指标，实现信息化管理。通过智慧化手段，每年对各区县民生政策项目进行健康性评估，及时发现民生政策落实过程中存在的问题。通过推进智慧环保建设，采用先进的信息化手段，发挥环保状态感知、环保信息存储、环保事件监测、环保状态评估及预测等功能，以达到污染源控制、治理、消灭的目标，为环保政策制定、检验、评估、修正提供依据。

五　以智慧乡村建设助力实施乡村振兴战略的政策建议

（一）完善公共资源数据库建设和开放体系

对省级政务数据和社会数据进行资源统筹，对经济社会基础信息以及关键领域的重要信息进行汇总，建立资源数据库。根据智慧乡村管理、发展和监测平台的建设要求分类推进省、市两级的资源数据库建设。实现数据信息在源头整合、共享，并能得到更新和发布。以多种方式建立数据库，既包括建立人口、地理空间、自然资源等基础数据库，也包括建立乡村经济、基础设施建设、社会管理、民生保障、公共服务等主题数据库，实现两大数据库的协同和共享管理。同时，进一步推动公共数据的开放利用，在确保数据安全的前提下，逐步建立开放的公共信息资源平台，强化数据的监督和管理，提升数据的开放和利用程度，通过推动公共信息、数据以平台方式统一向社会开放，倒逼数据标准化程度的提升，促进对公共数据信息的开发和利用，充分运用大数据、云计算等先进技术，推动公共数据在智慧乡村建设领域的创新应用。

（二）提升乡村信息化管理和服务水平

完善基层农业农村信息化管理和服务网络，从基础设施、人员配备到网站后台的维护等方面进一步提高信息服务网络运营标准。建立信息搜索、共享应用平台，降低农民信息服务获取门槛，使之成为推动基层农业技术推广体系发展、提供三农综合信息服务的有效载体。推动城市社区信息平台建设向农村社区延伸，以农村社区为单位构建社区公共服务综合信息平台。强化服务平台对三农数据信息的采集功能，使之成为涉农信息资源整合共享的有效平台，从而进一步推动大数据等先进技术以及“互联网+”等先进模式在村务公开、社会治理、农村医疗、农村金融、农村教育等公共服务领域的应用，全面提升智慧化的乡村信息化管理和服务水平。

（三）推动农村社区治理精准化

以智慧化手段提升农村社区治理水平，通过大数据辅助乡村公共事务决策，建立社区治理机制，使其在社区管理、公共服务和生态保护等领域发挥积极推进作用，推动建立新型智慧农村社区，引入智慧城市中惠民便民服务、线上政务服务的新方式服务智慧乡村建设。通过网格化、透明化、动态化管理平台，强化农村治安防控体系，促进乡村社会的和谐稳定。推动农村社区治理的多元参与，加强农村公共服务领域数据信息的收集和管理，探索“互联网+”在农村信访监督领域的应用，优化线上信访应用功能，通过大数据分析实时掌握社区治理情况。加强农村生态保护与管理，尤其是加强对农村自然资源的动态监测，构建线上农村生态保护体系，确保对农村自然资源的合理利用和管理。

（四）推动农村电商产业集聚发展

推动电子商务在农村的应用和探索，培育“新型农业经营主体+电商”的新型农业经营模式，打造区域性、本土化、特色化的农村电商平台，加强农村电子商务服务体系的建设，配套以乡镇为节点的物流服务网络和设施，实现电子商务产业在农村尤其是贫困地区的有效延伸。对于旅游资源相对丰富的农村，搭建民俗、生态旅游信息化网站，以丰富的呈现方式，对外提供旅游服务、生态农产品预订等功能，向游客提供旅游信息、自助导游、智能监控等乡村旅游公共服务，充分发挥互联网、物联网的优势，建立智慧乡村旅游平台，提升乡村产业核心竞争力。

（五）构建乡村振兴指数

按照产业兴旺、生态宜居、乡风文明、治理有效、生活富裕的总要求，从党建工作成效、基层政务实施、农业资金投入、安全、经济、城乡要素流动、自然环境等多个维度打造乡村振兴指数，科学地评估乡村振兴进展，避免城市发展的问题在乡村振兴过程中再次出现，参照宜居城市指标，按照科学发展观打造乡村振兴指数，并建立动态监测系统，为正确处理乡村振兴各要素之间的关系提供支持，使得乡村振兴目标明确、体系科学。

B.15
四川乡村治理模式探索的主要做法和启示

甘庭宇*

摘　要： 乡村振兴战略的实施离不开乡村治理体系作用的发挥。近年来，四川省各级政府认真贯彻执行党中央、国务院关于推动乡村治理的各项决策部署，以强化基层组织制度建设、推动多元主体参与、创新农村社区治理机制等措施进行不断的探索和创新，形成了不同类型的具有地方特色的乡村治理模式。各地在构建基层治理新格局方面的探索和创新将会为四川乡村振兴战略的顺利实施营造良好的发展环境、提供重要的制度基础。

关键词： 乡村治理　模式探索　地方实践

乡村治理既是国家治理体系的重要组成部分，也是实现乡村振兴的基石。党的十九大报告提出了实施乡村振兴战略20字总要求，即按照“产业兴旺、生态宜居、乡风文明、治理有效、生活富裕”的总要求，建立健全城乡融合发展体制机制和政策体系，加快推进农业农村现代化。改革开放以来，伴随我国工业化、城镇化的快速推进和农村经济的快速发展，四川农村在人口和社会结构、农村社会关系、农村生产和生活方式、农民思想观和价

* 甘庭宇，四川省社会科学院农村发展研究所研究员，主要研究方向为乡村治理和农村发展。

值观等诸多方面都经历着重大变化。面对乡村治理形势更为严峻、治理目标更为多元、治理任务更为复杂的现实，原有的以管控为主的乡村治理体系已难以适应农村社会快速变化的要求。因此，通过乡村治理体制、机制创新，推进乡村治理体系和治理能力现代化，实现治理有效和乡村善治，是适应农村社会转型发展、破解农村社会现实困境、助推乡村振兴战略的重要途径和必由之路。

一　四川乡村振兴面临的治理困境和挑战

随着我国城乡一体化进程的不断推进和农村改革的不断深入，四川乡村在充满活力的同时，也出现了许多新情况，引发了许多新的矛盾和问题，使现有的乡村治理面临着巨大的挑战。

一是农村的人口和社会结构发生了巨大的变化。四川是我国农村劳动力流出大省，农村土地承包到户经营以后，农村劳动力的外流，特别是青壮年劳动力的离土离乡，导致大量的“空心村”出现，“三留守”问题越来越突出。同时，在大中城市近郊区，随着城镇化发展出现的“撤村并居”“农民集中居住”等现象，催生了大量的新型农村社区和农村“超级社区”。与普通村庄相比，新型农村社区和农村“超级社区”多是将几个行政村的村民集中搬迁到一起，甚至还有许多外来人口，农民变成了社区居民，原有的乡土关系不断弱化，新的社区共同体中村民关系渐趋生疏，村庄凝聚力下降，而原有的村级行政建制还在，如何与新型农村社区化管理并轨，所有这些都对乡村治理提出了新的挑战。

二是乡村各种利益诉求和矛盾冲突交织。转型时期农村社会不断分化，社会结构愈加复杂，农村的生活生产方式、农民的思想观和价值观都在发生很大的转变，农民的利益需求日益多元，各种利益诉求不断出现。与此同时，征地拆迁、土地流转、项目建设中的公平与获益，留守老人和留守儿童的关怀和照护，乡村安全和社会治安，乡村债务，环境治理，脱贫攻坚中的眼红和攀比、依赖思想严重而内生动力不足等诸多新旧问题的存在，导致农村社会矛盾不断，并呈现出民事纠纷、行政纠纷、轻微刑事纠纷等相互融合、相互渗透的复杂情况。而随着村民的民主法治意识的增强，村民对政府为民办实事的要求和期望越来越高，而解决这些矛盾都面临很多现实制约，导致治理难度加大。

三是乡村治理主体弱化。作为西部的欠发达地区和农村人地矛盾比较突出的地区，改革开放之后，四川成为全国主要的农村人口和劳动力流出大省，大量的农村青壮年人口“离土又离乡”，到城镇去寻找发展的机会，乡村留下的主要是老人、妇女、儿童。乡村精英和人才的流失，给村级管理人才的补给和更新带来了困难。由于乡村治理人才的严重短缺，村干部素质整体不高、能力不强，对很多事不敢管、管不了、管不好，农村社会的治理根基发生了变化。农民群众在农村事务中“失语”，成为当前乡村治理面临的最大挑战。

四是农民维权的通道受阻。在农村现代化和城乡一体化不断推进的进程中，如何维护农民在财产权、土地收益权、社会保障权、平等参与权等诸多方面的权益是乡村治理面临的最突出问题。近年来，围绕农村土地征用、土地流转、房屋拆迁、政府项目补贴、环境污染等方面的问题，聚集了农村中各种的矛盾和纠纷，冲突不断，村民维权行动有增无减。然而村民表达诉求的渠道有限和不畅，许多的矛盾纠纷和冲突无法在基层和源头上得以化解。由于基层维权受阻，农民不得不放弃理性表达诉求的方式和通过法律解决的途径，转而采取越级上访、进京上访、堵塞交通要道、围堵政府大门等极端方式，甚至演变成群体性事件，造成很恶劣的社会影响。

五是农村公共品投入不足，管理失效。一方面，村集体经济发展滞后，全省没有集体经济收入的空壳村、薄弱村占了2/3以上，农村内部提供社会服务的能力很弱。另一方面，国家和社会对农村进行的公共品投入需要有来自乡村内部的组织和管理才能提高其有效性，但是在农村基层组织凝聚力、战斗力不强，村民的集体意识淡化、弱化，集体的归属感也不是很强的情况下，村民难以被组织起来解决农村公共品投入“最后一公里”的问题。

六是村民自治在很多地方流于形式。作为我国基层政权的乡镇政府，还没完全实现其职能由管控到服务的转化，本应该在农村公共服务和乡村治理方面担当的作用没有很好地发挥出来；村民自治在一些地方并没有真正落实，村两委实际上成了乡镇政府行政职能的延伸，作为村民自治组织的村民委员会的作用发挥不够，没有在组织村民参与社区公共事务上起到应有的作用。村规民约由上级代发代写，虽然写得很好，内容全面，但是没有针对性，不接地气，很难落实。同时，农村民间组织发展非常滞后，导致推动村民有效参与的制度、机制和多元组织平台缺失。因此，村民自治的“四大民主”中，最重要的民主决策、民主管理、民主监督基本上还是流于形式，在很多地方只有民主选举还能够实施下去。

二　四川乡村治理体系建设的基本情况

为了贯彻执行中央乡村振兴的战略部署，应对当前农村人口和社会结构巨大变动带来的农村利益格局调整以及农村社会矛盾、社会问题凸显的挑战，四川省不断探索农村新形势下乡村有效治理的实现途径。

（一）强化政策支撑，突出四川特色

近年来，四川省委省政府认真贯彻执行中央的相关文件精神，连续出台了《关于全面深化改革加强基层群众自治和创新社区治理的通知》（川委办〔2014〕27号）、《关于全面深化农村改革努力开创“三农”发展新局面的意见》（川委发〔2015〕1号）、《关于贯彻〈深化农村改革综合性实施方案〉的意见》（摘要）等多个有助于推动四川乡村治理建设的相关文件。2018年4月，四川在全面贯彻党的十九大精神，落实中共中央、国务院《关于加强和完善城乡社区治理意见》精神要求的基础上，制定了《中共四川省委四川省人民政府关于进一步加强和完善城乡社区治理的实施意见》（以下简称《实施意见》）。《实施意见》紧密结合四川农村社会经济发展的实际情况和乡村治理的内在要求，进一步提出了具有四川特色的乡村治理方法和创新模式。

创新之一就是强调发挥基层党组织的领导核心作用，并把其放在事关四川发展的战略高度上进行谋划。明确基层党组织建设是社区治理的关键，政府要在这一过程中起主导作用，要以村（居）民的需求为导向、以改革创新为动力，不断地整合资源、增强能力，进一步完善城乡社区治理体系。

创新之二就是在对全省各个地方进行乡村治理的创新方法、措施和模式充分肯定的基础上，注重对成熟的地方创新实践的成果加以提升和推广，并将其纳入全省的顶层设计当中，在优化乡村治理方面提出了符合四川实际情况的明确要求。

创新之三就是突出四川特色，鲜明提出了增强文化自信的四川元素。强调推动城乡社区公共文化服务设施"建管用"一体化发展，运用各种方式培育社区文化认同。

创新之四就是下大力气破解城乡社区基础设施薄弱问题。提出了"到2020年，实现农村社区综合服务设施覆盖率达到50%，率先推动贫困地区易地搬迁安置区综合服务设施建设全覆盖，加快幸福美丽新村农村社区综合服务设施建设"。

创新之五就是注重从人才队伍培育、使用、激励等方面着力，全面加强乡村治理人才队伍建设。提出了促进社区工作者队伍专业化建设的"四个一批"工程，即每年从高等院校选拔一批具有社工专业背景的毕业生到社区工作，面向社会招考一批具有社会工作经验的专业人才，从社区工作者中培育一批具有较高水平的社工师、助理社工师，通过岗位历练储备一批优秀年轻的社区干部。

（二）四川乡村治理的探索与创新

乡村治理最重要的是须在贯彻落实中央政策的前提下，结合治理单元的特点，探索符合地方实际的手段、路径、措施和模式。人口多、底子薄、欠发达是四川农村的总体特征，不仅如此，四川不同的农村地区在自然地貌、资源禀赋、历史文化、风俗习惯、民族特征、人口分布等方面存在较大的差异，各地农村经济发展水平也极端不平衡。既有处于超大型城市成都周边且经济发展水平较高的城郊型乡村，也有处于凉山、甘孜、阿坝等少数民族地区的边远贫困乡村，还有人多耕地少、自然资源匮乏的四川盆地丘陵地区。不同的区域在乡村社会的发展进程及其演变上都有较大的差异。这些差异和不平衡必然带来各地对乡村治理的目标、内容、重点以及优先次序的不同要求。乡村治理有其内在复杂性，主要表现在治理主体多元，治理内容多变，治理方式多样，规范性与乡土性交融，传统性与现代性共生，稳定性与变动性并存。因此，乡村治理不能机械地照搬一种模式，必须与不同地区的农村社会发展进程及发展方向相协调，与治理需求及治理环境相吻合。为此，四川各地按照省委省政府的部署，结合自身的条件和需求探索出了不同类型的乡村治理模式。

四川在乡村治理模式探索和创新过程中，瞄准农村的需求和问题，探索有效的路径、方法和手段，不仅产生了像成都、江安、中江这样在全国有一定创新性和影响力的典型做法，同时各地根据本地的具体情况而进行的创新探索也取得了良好的效果。雅安市以推进基层治理法治化建设为切入点，形成了以基层党组织为领导核心，以村民自治、协同共治、厉行法治为重要抓手，以民主监督为基本保障的“一核三治一监督”的乡村治理体系。特别是针对芦山地震后因灾后重建出现的大量农村新村和集中居住区，制定了《雅安市新村聚居点管理条例》，使农村新型社区的管理有法可依、于法有据。这一做法对于在城镇化、工业化过程中出现的大量农村集中居住区的社会治理具有一定的借鉴意义。同时，借灾后援建的契机，搭建起了全国首个地方主动与社会组织交流的平台，并通过政府服务购买的方式发挥社会组织在乡村治理中的作用，推动了乡村治理的协同共治。万源市基于村级班子、党员队伍、农民群众“三个维度”，在坚持以群众为主体的前提下，在全县各村推行“村（居）民说事会”，通过“群众说事”促进村民决策。同时，坚持依规办事，探索实施社情民意收集点、矛盾纠纷化解点、法律服务联系点“三点串联”模式。阿坝州的乡村治理建设紧紧围绕脱贫攻坚的目标任务和藏区的特点，坚持以“养成好习惯、形成好风气”为总目标，以乡村基层社会治理为切入点，以影响乡村治理的民生、民族、宗教等深层次问题为导向，积极开展乡村“善治工程”。邛崃市为破解农村公共投入和公共服务多元共治的难题，创新性地提出了“三问三审三投入”制度。以群众需求为切入点，充分发挥社区党组织、居民议事会、监事会的基层自治作用，坚持向群众问需求、向议事会问先后、向监事会问效果，让群众参与乡村治理项目各环节；以分级审核为抓手，构建三级审查机制，对项目的可行性、科学性、实效性进行综合评定；以多元参与为关键，搭建多元参与平台，引导政府投入资金或资源，撬动企业和社会组织投入资本或服务，带动群众投入精力或筹资，立足社区资源，统筹推动社区党组织、驻区单位、党员群众等主体互联互动，实现共建、共治、共享。

三　四川乡村治理模式创新的地方经验

（一）以“赋权”“归位”“强社区”为重点的“成都模式”

成都市在探索乡村治理体系过程中，把着力点放在农村社区治理体系建设和治理能力的现代化上，最终形成了符合成都市农村社区实际和发展需求的“一核三治、共建共享”的治理格局。这一新的农村治理格局最主要是通过“赋权”与“归位”，来探索改进基层党组织领导方式和社区治理机制，旨在重建社区的规则和秩序，创造使各主体更好发挥作用的机制，唤醒村民的责任意识，重构乡村的公共精神，弘扬互助利他的社区文化，激发社区内生的发展动力，以满足村民实现社区的可持续发展的需求。2018 年 12 月 15 日，在由人民日报社《民生周刊》杂志社和农业农村部乡村发展司主办、全国农业科技创业创新联盟协办的“第六届中国民生发展论坛”上，成都市的“创新探索城乡社区发展治理新模式”获得“2018 年民生示范工程”第一名。“成都模式”主要体现了以下几方面的创新。

一是党委和政府做“减法”，即不再直接面对农村社区多元的利益主体和利益诉求，不直接插手村级事务，农村社区公共事务的决策、执行和监督交由社区自己决定。党委和政府腾出精力做“加法”，把重点放在定方向、定战略、定原则、定规矩上，不断提升为农村社区居民服务的水平。这种既做“减法”又做“加法”的方式，使政府在农村社区治理中的角色和定位更加清晰和明确，基层党组织政治功能和服务功能大幅提升，形成了社区党组织领导新模式，保证了社区居民自治的正确方向，为居民自治腾出了制度空间。

二是以做实民主决策、还决策权于村民作为村级治理机制改革的起点，通过建立村民协商议事会制度，解决农村社区民主决策虚化的问题。将村委会职能归位到执行组织，使组织村民参与民主决策的功能能够落到实处。从调整自治组织职能、理顺运行机制入手，按照“三分离、两完善”思路进行，将政府职能与自治职能分离、决策权与执行权分离、社会职能与经济职能分离，使农村社区公共服务体系和集体经济组织运行机制得到不断完善。

三是村民议事会制度的创设。村民议事会制度是在农村产权制度改革过程中村民的创新之举，成都市通过顶层设计使其机制化。村民议事会成员大都是村里有威望的人，由村民推选产生，村民议事会在经村民大会授权以后，方可以行使对村务的决策权。长期以来村民大会难召集是农村普遍存在的问题，村民议事会的建立既扩大村民的代表面，也较好地破解了这一难题，创新了基层治理的手段，为乡村民主注入了活力。同时，村上还成立了监督委员会，以便对村务管理工作进行全面监督。这样，就形成了在村党支部领导下，由村民议事会进行决策、村委会负责执行、村监事会进行监督的村级权力运行机制。村民议事会制度为村民的自治提供了制度保障。

四是农村社区公共财政制度的建设。为了实现城乡公共服务均等化，成都市从 2009 年开始每个村投入公共服务资金。资金的使用主要通过参与式预算的社区基金方式来实现。由村民、自组织、村委会提出议案，由议事会协商决策，由评审委员会评定资助，超过一定额度按照购买服务流程招标或比选。社区公共服务资金主要根据村民的需求，用于社区教育、环境治理、志愿者服务、社区文化、社区互助、社区公共空间等方面。

五是开展社区营造活动。社区营造活动有助于培养村民的公共精神，提升村民的道德水平。通过由农村自组织向具有公共精神的社区组织的转变，发挥群众性组织在社会治理中的组织动员功能，按照公共制定的社区公共事务的规则将农民组织起来开展集体行动，形成集体意识，提升农民的参与能力。通过口述史，村史，挖掘、收集和展示社区优秀的传统文化、传统技艺、生活习俗，营造丰富的社区文化，增强村民对社区的自豪感。通过社区公共空间的营造，形成有利于村民之间产生联结、交流、信任的互动的场所。社区营造活动使村民一起面对社区的问题，共同寻找解决方案，促进社区的全域参与式发展。

六是突出多方参与，共建共治共享。运行良好的社会组织具有贴近实际、创新力强的特点，成都市政府注重发挥社会组织在基层治理上的优势，把自己管不过来或者不能管好的农村公共服务事项都尽量交给社会组织去做。并按照“政府引导、社会协同、多元参与”的原则，建立起了“社区发现需求、社会组织开发项目、社工提供专业服务、政府予以财力保障”的“三社联动”的社区发展治理机制，既满足了农村发展和乡村治理的需求，更激发了社区的内在活力。社区购买支持社会组织的服务，陪伴自组织生长发展。激发培育各种功能型农村社区公益自组织，创造性地解决了社区生活议题。

（二）以“法治委员”建设提升基层治理能力和水平为特色的江安实践

法治是一种“硬治理”，有法必依、执法必严虽然已经喊了很多年，但“法不下乡”仍然是当前乡村治理面临的一大困局，严重危害乡村社会的稳定和谐发展。当前基层政府不依法办事、执法不公、侵害农民权益的行为时有发生，农民的合法利益得不到保障。在很多农村地区，基层法治服务载体缺失常常导致有法难用，降低了农民的用法意愿，农村解决矛盾冲突和问题通常不是靠法，而是普遍存在靠权势、靠人情、靠宗族规矩，甚至靠上访的情况。随着农村的发展和城镇化的加速推进，农村土地流转、集体股权划分、各种农村补贴落实等导致的纠纷也不断增多。在现实生活中，一些地方对农村集体资产非法占有、对农民土地进行非法征用等问题经常发生；农村土地流转过程中公司与农户互相“撕毁合同”的问题常常出现；在订单农业“下单”后，市场而不是“契约”成为履约的决定因素；视法如空文而毁占耕地、破坏自然资源和生态的案件屡见不鲜[①]。乡镇干部和农村居民都非常希望通过公正公平的司法途径，以法律维权的方式来解决他们的利益诉求和农村的矛盾冲突。因此，实现基层干部和村民知法、守法以及用得来法、用得起法和方便用法是当前乡村治理法治化建设的重要任务。

江安县于2015初在基层党组织全面增设“法治委员”，为全国首创。其主要目的是组织引导农村基层党员干部通过学法、知法、守法、用法，实现为广大群众提供服务和法律援助。与此同时，引导社会力量、民间组织以及广大群众等多元主体，按照法治思维和法治方式参与基层事务治理，使基层矛盾纠纷化解的渠道畅通。[②] 2018年1月5日江安县创新推出的“法治委员”建设被评为第四届全国100家基层党建创新典型案例。

经过一年在县基层党组织增设“法治委员”的试点探索，“法治委员”在推进乡村治理法治化建设中，担当基层普法宣讲员、法律文书审查员、矛盾纠纷调解员、社情民意收集员、基层法治引领员的“五员一体”的角色，为基层党组织以及广大党员干部在依法管党治党、依法行政、依法治理、服务群众等方面的水平提高起到了积极推进作用。2016年初，“法治委员”的设置在全县得到推广，并被正式纳入基层党支部或党总支的党组织管理体系中。作为支委委员的“法治委员”负有宣传法律知识、指导法律纠纷解决、帮助群众维权等具体工作职责。在田间地头、农家院落，都可以看到“法治委员”的身影。两年多来，全县各级“法治委员”共开展服务村（居）民群众活动10000余次，帮助农民群众解决了很多法律问题。他们在推动基层依法治理和提升乡村治理现代化水平等方面都做出了较大的贡献。“法治

① 岳石林：《乡村治理法治化思考》，http://www.qstheory.cn/laigao/2016-10/12/c_1119702686.htm。

② 《四川宜宾江安县：村村都有“法治委员”》，http://gs.people.com.cn/n/2015/1125/c183342-27172385.html。

委员”所做的工作不仅得到了群众的认可，受到了省市主要领导的赞扬，还引起了《人民日报》等各级媒体的关注。

江安县“法治委员”的设置和建设在乡村治理中起到了重要的作用。一是不仅有效解决了农村依法治理中“领导缺位”的问题，同时也在一定程度上解决了乡村治理过程中“民主缺位”的问题。例如，对村党组织的“法治委员”，要求他们以村民需求为导向，重点解决“服务缺位”的问题，引导推动所在村的《村民委员会组织法》的实施，将村民关心的“一事一议”“三务公开”等民主制度落到实处，推动践行落实村规民约。二是通过建立健全和运行由“法治委员＋网格员、调解员、联防员”构成的“1＋3”工作机制，将政府的法治服务和项目延伸到每个网格，提高基层法治服务和治理水平。三是通过“法治委员”的设置，既推动了“从严治党”，又实现了“依法治理”。在组织架构上，农村基层党组织的法治功能得到了强化，使从严治党意识和党员的规矩意识、法纪意识提高有了组织保障。同时，构建起的“党组织＋法治＋德治＋自治”的村级治理机制，使从严治党与乡村依法治理得到深度融合，有助于党组织对基层依法治理的领导和乡村治理法治化的推进。

（三）以村规民约为抓手的“中江经验”

村规民约是村民自治的重要体现，是村民自我管理、自我教育、自我服务、自我约束的行为准则，具有教育、引导和约束、惩戒作用①，是介于法律与道德之间的“软法”治理。通过村民参与村规民约的制定和执行，可以有效推动社区村民参与社区公共事务的决策和管理，是基于社区内生需求推动的制度创新。村规民约应该是全体村民共同意志的体现，但目前不少地方的村规民约并不是基于村民广泛共识形成的，往往是由业务主管部门或乡镇政府制定的，或者是村委会干部拟定几条规定，基本上没有经过村民大会

① 俞为鹏：《浅谈村规民约在基层依法治理中的作用》，http://luqiao.zjol.com.cn/luqiao/system/2016/02/26/020217187.shtml。

讨论。即便有时候走走过场，也仅经村民代表会议简单讨论，就公布出来。这样制定的村规民约的内容与村民的实际需要差距甚远，约束力不强，有效性差，导致村民对村规民约的认同度不高。

因此，中江县以“村规民约”为抓手，以推动村民为主体的多元参与为核心，形成了“三上、三下，六步工作法”的“中江经验”。这一工作法非常注重村民的过程参与，“三上、三下”是指村规民约的起草过程反复三次征求意见、三次整理修改，使其最终能够达成共识符合村民的意愿和需求；“六步工作法”是指村规民约的制定和实施必须要经过“强化领导监督、广泛宣传动员、精心组织起草、反复征求意见、依法表决备案、认真组织实施”六个步骤。中江县为了落实这一工作法，乡镇成立了村规民约制定工作指导小组，村成立了村规民约起草小组。起草小组根据各地自身的实际情况拟出村规民约的初稿，然后交给村民进行反复讨论研究，达成协议后形成草案，报到乡镇进行合法性审查，审查合格后再由村民会议进行最后表决，表决通过后公布施行。[①] 通过实践检验，“中江经验”在推动基层治理方式转变上已经起到很好的作用，产生了很好的效果。

从制定过程和实施结果来看，“中江经验”具备以下三个显著特点。一是在充分尊重民意的基础上，进行充分的民主协商和讨论。在村规民约制定过程中，通过村民大会或者走村入户征集意见，村委会与村民之间反复多次沟通，组织村民开会讨论，充分尊重村民的意愿和建议，通过民主协商达成各方共识后形成村规民约。这样的过程可以有效缓解乡村治理过程中因沟通交流不畅，各主体之间在社区事务认知处理上出现矛盾与冲突的各种难题。二是通过村民的有效参与增强村民的法治观念和自觉意识。通过村民参与讨论、村民参与立规，不仅让每个村民心中都清楚村规民约有哪些内容，同时使村规民约能够聚焦重点并具有针对性和可操作性。同时，用村民自己能够理解的方式制定的村规民约，便于村民了解、记忆和遵守，让“依法立约、以约治村、民主治理”得以落实，实现了从过去的“要我遵守”到“我参

① 孙文：《依法治村之“中江经验”》，《小康》2014 年第 8 期。

与、我制定、我签字、我遵守”的转变，村民民主参与的积极性大大提高。三是搭建起了有助于多元主体参与的平台，起到了凝聚人心的作用。在村规民约制定、完善和执行的过程中，在发挥党组织的领导核心作用和政府主导作用的前提下，在充分尊重村民主体地位的基础上，“中江经验”十分注重吸纳村社各相关利益主体参与村规民约的制定和实施，促进各相关利益主体依法、依规参与社区公共事务的管理和监督，有效推动乡村治理走向法治化、诚信化和规范化。

为全面推广“中江经验”，四川先后多次把政府文件以通知的形式下发，省委省政府《关于全面深化改革加强基层群众自治和创新社区治理的通知》（川委办〔2014〕27号）就要求各地积极学习推广“中江经验”，紧紧围绕公共事务管理基本规则和村（居）民道德基本要求，抓住重要事务和热点问题，通过民主协商、充分讨论、集体决策，推动依法制定完善村规民约和居民公约。村规民约和居民公约要突出特色，具有针对性、实用性和可操作性，做到易记、易懂、易行。2018年在《中共四川省委四川省人民政府关于进一步加强和完善城乡社区治理的实施意见》中又再次强调在城乡社区治理中，要充分发挥自治章程、村规民约的积极作用，促进法治、德治、自治有机结合。

四　四川乡村治理模式探索的启示

（一）有效的乡村治理要注重因地制宜

乡村治理不能生搬硬套，需要坚持顶层设计与基层创新紧密结合，因地制宜地落实党和国家的相关政策；需要根据本地的社会经济发展水平、传统习俗、风土人情等特点以及乡村自治水平、德治基础条件和法治保障等情况，从实际出发选定乡村治理的任务、路径、方法、手段和不同的乡村治理模式，不能搞“齐步走”。因地制宜的选择不仅有助于提高治理的效率，同时也可以降低地方的治理成本。如何让基层在执行中央乡村治理相关文件政策时既接“天线”又接“地气”？一是要吃透中央的文件精神内涵，在基层创新时确保政策在落实时不能走样。二是要根据不同地区、不同实际因地制宜地细化政策，按照不同地区的具体情况、具体问题、村民的实际需求和治理基础，制定不同的策略和路径，选择最适宜的治理模式。这样才能保证中央政策真正落地落实，并且符合地方的实际需要。三是需要根据农村的发展变化不断地深入调查，了解和掌握新的情况，不断调整和创新乡村治理的体制、机制和模式。

（二）农村社区建设是重点

农村社区既是农村社会的生活共同体，也是产生利益冲突和引发社会矛盾的重要源头。一方面，随着城镇化的推进和市场经济的发展，基层政府对乡村个体的控制力趋于弱化，已经难以对乡村的各项事务进行包揽式管理，传统的纵向管理模式已经表现出明显的不适应。另一方面，当前农村的微观管理和组织体制仍然很不适应转型时期的农村社会发展需要。一是资源的整合能力弱。国家和社会提供的农村公共服务向下延伸时缺乏合适的组织依托，导致各种支农惠农的政策、项目不能得到有效的落实。二是服务能力低。村委会承担了过多的上级政府下达的任务，疲于应付，再加上村集体经济普遍十分薄弱，现有的村级集体组织难以为村民提供有效的服务。因此，需要通过一个有效的载体，使社区自我管理与政府行政管理能够有效衔接，村民依法自治与政府依法行政得到良性互动。推进乡村治理中的村民自治，就是要让重心下移到社区，真真切切地把资源、服务、管理放下去，并通过农村社区建设培养村民的公共意识，培育服务性、公益性、互助性的农村社会组织和农村社区组织，实现政府服务、社会服务和社区自我服务的对接。

（三）村民的有效参与是关键

乡村治理离不开村民的有效参与，村民自治制度的基本内涵就是在中国共产党的领导下，在各级政府的指导下，在法治框架内和法律允许的氛围内实现农村基层公共事务的民主决策、民主管理、民主监督。实现农村有效治理的最大障碍是村民参与不足和村民的缺位，其主要原因有以下两个方面。一是基层政府的职能转换不到位，以强势之态越位对农村实行管制式治理，村民参与村庄治理的空间被严重挤压。政府包办型村庄治理一方面压抑了村民参与的积极性，另一方面也可能养成村民的依附心理，造成村庄治理的内生动力不足。同时，农村事务纷繁复杂，仅靠政府的力量难以把农村所有事情都管好，因此极易造成村庄治理的失序。二是政府在乡村治理中的缺位，使政府主导的多元参与机制难以形成，村民参与的能力不能提高，参与的环境得不到改善，导致农村治理的“空洞化”。因此，促进村民的有效参与，一要归位赋权，给村民留足参与社区公共事务决策、管理和监督的空间；二要强化社区组织，提供有利于村民参与的媒介、公共平台和空间等以激发村民参与的积极性；三要提高村民的参与能力，特别是村民对社区公共问题思考、表达、交流、讨论和解决的能力。

案 例 篇

Case Studies

B.16
乡村产业振兴的路径与模式
——以金堂县油橄榄田园综合体建设为例

庞森 许波*

摘 要： 本文以金堂县油橄榄田园综合体建设为案例，特别是2018年成都市乡村振兴产业融合发展的典范项目——“天府源”成都市首届乡村振兴“十大案例”之一的金堂县聚峰谷油橄榄产业融合发展项目为背景，着重分析和总结了其产业振兴的基本路径和建设模式，分析目前金堂县油橄榄产业面临的政策机遇与潜力，在国家乡村振兴战略背景下，在成都市东进战略、龙泉山城市森林公园建设和淮州新城建设等政策推动下，金堂县油橄榄田园综合体项目的产业融合发展得到充分

* 庞森，四川省社会科学院农村发展研究所研究员，主要研究方向为农村发展与生态建设；许波，四川聚峰谷农业科技开发有限公司总经理，主要研究方向为产业发展和企业策划。

发展，这能为其他类似地区发展产业提供积极参考与借鉴。

关键词： 田园综合体　乡村产业振兴　融合发展

在国家大力推动乡村振兴战略的大背景下，金堂县积极响应成都市东进战略，作为龙泉山城市森林公园的一部分，金堂县大力发展油橄榄产业，并整合油橄榄产业、文化、技术、产品、人才等优势资源，打造中国油橄榄集散中心。金堂县创新机制，引入社会资本进入油橄榄产业，其中聚峰谷油橄榄田园综合体项目建设，是以乡村振兴为己任、以油橄榄产业为引领、以旅游为带动，带领广大山区群众进一步做大规模、做强产业、做优品质，将油橄榄产业打造成为乡村特色的成都造农产品名片，将金堂建设成为西部对外交往中心的重要平台和一带一路的合作典范，将项目区打造成生态美、产业兴、百姓富的美丽新村，助力成都国家中心城市建设和成都城市绿心建设。

一　金堂县油橄榄产业发展政策机遇和潜力

（一）乡村振兴战略的顶层设计

党的十九大报告和2018年中央一号文件均提出乡村振兴战略，彰显中央对三农工作的高度重视。乡村振兴刻不容缓，也是国家大政方针。乡村振兴的五条振兴路径包括产业振兴、生态振兴、人才振兴、组织振兴和文化振兴。金堂县油橄榄产业的振兴与发展可以从这五条路径中寻找到方向，尤其是产业振兴和生态振兴是该县油橄榄田园综合体建设的重中之重。

（二）成都市东进战略的提出

成都市第十三次党代会决定重塑城市经济地理，从优化城市空间开局起步，推动城市发展战略调整。为此，成都市委提出构建“双核联动、多中心支撑”网络化功能体系，实施东进、南拓、西控、北改、中优“十字方针”。其中“东进”战略，即开辟成都经济建设除天府新区以外的“第二主战场”。实施成都工业重心向龙泉山东侧转移，沿龙泉山东侧规划空港新城、龙简新城、淮州新城和简阳城区四大产城相融的功能板块。依托天府国际机场和国际铁路港，建设通江达海、联结全球的多式联运枢纽，将龙泉山东侧工业走廊打造成为具有国家影响力和国际竞争力的战略性新兴产业基地，构建成都新兴增长极。

（三）龙泉山城市森林公园的打造

从“两山夹一城”到“一山连两翼”，将龙泉山由外围生态屏障变为城市中央绿心。建设面积为1068平方公里，相当于1.7个中心城区，投资额超过2000亿元。到2020年，龙泉山城市森林公园将初步建成；到2025年，将形成国际领先、国内知名的“城市森林”旅游目的地。最终成为国际大都市成都的“城市中央公园”和“城市会客厅”。

（四）淮州新城发展快速推进

2017年，金堂县原淮口镇新命名为淮州新城，其建设迅速推进。淮州新城规划范围330平方公里，将重点发展节能环保、智能制造装备、通用航空三大主导产业，打造1座万亿级产业新城，同时也是成都第四个“国家级开发区”。目前，淮州新城累计引进中节能、法国空客、中航工业、环能德美、巴莫科技、新兴际华等项目290余户，协议投资超700亿元。累计完成固定资产投资470亿元，企业产值超180亿元，呈现出“速度领先、总量倍增”的良好势头。

（五）发展潜力

金堂县龚家山片区正好是龙泉山城市森林公园的一部分，位于淮州新城内，地处成都东进战略的快速发展通道内。选择在金堂县发展油橄榄产业，既符合历史发展传统，也对未来油橄榄的产业发展有很好的市场前瞻。金堂县属于历史引种成功区域，而未来油橄榄市场前景也非常广阔。橄榄油又称“液体黄金”，是运用低温冷榨技术加工即可食用的优质油脂，含有多种有益人体健康的微量元素。随着人民生活水平的提升和对健康饮食的追求，植物油消费量将大幅增加。据调查，全世界油橄榄系列产品每年以 1.28% 的速度增长，其中食用橄榄油的增长速度为 2.8%。2017 年我国橄榄油消费总量已超过 5 万吨，其中自产不足 7000 吨，九成以上依赖进口，市场潜力巨大。因此，壮大油橄榄产业既有利于美化生态环境，又有利于发展适宜规模的支柱产业，可带动农民脱贫致富。成都金堂县推动以龚家山为载体的龙泉山城市森林公园建设，计划到 2020 年打造 10 万亩油橄榄，并建设相关旅游配套项目，通过油橄榄产业发展及其田园综合体项目建设初步实现“岭上橄榄园，富美龚家山”美好景象，走出一条生态优美、生产高效、生活舒适“三生”融合发展新路。

二　金堂县油橄榄产业发展基础与现状

金堂县水土和气候适宜栽种油橄榄，属油橄榄历史引种栽培区，20 世纪 70 年代，淮口镇便尝试过小规模引种栽植，虽后因疏于管理逐步荒废，但其是历史上油橄榄引种成功的区域，也是成都市油橄榄主要聚集区。2007 年《四川省油橄榄产业发展总体规划》中将金堂县归为油橄榄发展次级适生区。自 2009 年起，金堂县结合龙泉山脉生态植被恢复工程等建设，在淮口、官仓、平桥等 15 个乡镇引导业主、农户利用荒山、荒坡以及弃耕地发展油橄榄种植。2009 年，市龙泉山脉生态植被恢复工程全面启动，金堂县按照“生态发展产业化、产业发展生态化”思路，积极引导业主和农户栽植优良经济树种。2013 年金堂县制定了《油橄榄产业规划》，推动了油橄榄产业规模化发展。

在新的历史时期，在国家大力发展乡村旅游的号召下，在农业政策的鼓励下，在成都市东进战略、龙泉山城市森林公园建设和淮州新城建设等政策推动下，金堂县在淮口镇龚家山片区引入四川聚峰谷农业科技开发有限公司投资建立油橄榄田园综合体项目。该项目以油橄榄为特色主导产业，构建油橄榄全产业链基地，并利用沱江峡谷、千年古刹、百年教堂等自然人文历史资源和产业基础，融入四季花卉园林景观、乡村旅游度假功能和田园生活方式的理念，立足良好的交通区位条件和政策导向，打造具有国际视野的城市会客厅和一二三产业融合发展的田园综合体。项目规划范围涉及龚家村、天台村、小柏村、舒家湾村、万福村和姜棚村六个行政村，总规划面积约3万亩，目前流转面积约2万亩，计划总投资20亿元，已完成投资约4亿元。该项目以油橄榄科研、育苗、种植、加工、运营为主导产业，构建油橄榄全产业链基地，打造“一基地三中心”（油橄榄现代化种植示范基地、油橄榄博物馆和体验中心、油橄榄科技研究中心、油橄榄加工中心），做大做强龙泉山油橄榄产业。结合金堂县《油橄榄产业规划》，综合考虑中国油橄榄产业相关的政策环境以及西方油橄榄的种植历史、文化传统和产业价值，金堂县开启致力于以油橄榄全产业链为核心、一二三产业融合发展的田园综合体建设道路。2018年，金堂聚峰谷油橄榄产业融合发展项目荣膺“天府源”成都市首届乡村振兴“十大案例”之一，成为成都市乡村振兴产业融合发展的典范项目。

三　金堂县油橄榄田园综合体建设发展思路

金堂县油橄榄田园综合体建设的战略定位是“以产业为龙头，以旅游为支撑，做强一产，做优二产，做活三产”，油橄榄产业发展要与龙泉山城市森林公园和淮州新城建设相互交融，突出油橄榄文化，力争成为一二三产业融合发展的典范。以一产带动二产的提档升级，推动三产的多元化经营和利益分享模式建设，并以三产促进一产的繁荣发展。通过成都龙泉山城市森林公园的生态建设，带动农户增收，创新体制机制，建立与农户的利益联结，壮大县域绿色经济并加快现代林产业发展。充分利用营造好的生态环境，发展特色橄榄文化乡村旅游、研学旅行、橄榄油特色餐厅等产业，深耕橄榄树、橄榄油丰富多元的衍生品开发，多方位增强游客体验感，为消费者提供优质天然健康的橄榄油产品系列，为市民提供文化旅游休闲康养好去处，发挥好油橄榄产业生态效益、社会效益和经济效益。

四　金堂县油橄榄产业振兴主要路径

（一）打造万亩油橄榄现代化产业基地

金堂县将油橄榄产业作为金堂县农业支柱产业，引入聚峰谷公司于2014年底启动油橄榄产业建设，在中国油橄榄核心专家的指导和建议下，引进油橄榄品种（佛奥、莱星、克罗莱卡、皮瓜儿、豆果、阿贝桑娜等）共16个。2016年种植面积达3000亩，其中精品园800亩，品种园100亩，常规栽培2100亩，共计发展油橄榄苗木近8万株。目前公司种植油橄榄面积约1万亩，带动金堂县农户及业主发展种植面积达5万亩，计划2022年发展到10万亩。截至目前公司共流转土地面积约2万亩，发展油橄榄标准化产业基地近万亩，引进西班牙千年古树50余株，引进意大利进口榨油设备。经过几年的发展，该公司已经完成了生态农业板块的建设，下一步将结合成都东进战略，龙泉山城市森林公园战略和淮州新城战略，在第一产业的基础上大力推进二三产业发展，最终打造出一二三产业融合发展的中国油橄榄产业新高地和成都文化旅游新名片。

（二）引进国际一流加工设备和生产工艺

引进意大利贝亚雷斯集团最先进的油橄榄鲜果冷榨全自动处理榨油设备，通过先进的低温冷榨技术，最大限度地提升橄榄油品质，提高出油率。引进全球滴灌领导者品牌——耐特菲姆，实现园区产业水肥一体化灌溉，节约水肥资源。注重运用现代的科学理念、设施设备和管理方式来提升基地管理能力。除传统的橄榄油加工以外，深度挖掘和研发系列产品，尝试共同研发橄榄茶、橄榄精油、洗护产品、保健产品及文化产品等多元化的产品体系，最大限度地增加油橄榄产品的广度和深度，提高油橄榄的加工率及其附加值。

（三）共建油橄榄产业技术研究院

整合国内外科研院校和专家资源，共建油橄榄产业技术研究院，主要开展油橄榄优良品种选育研究、病虫害防治研究、栽培技术研究、产品综合利用研究和人才培训等，有力支撑油橄榄产业又好又快发展。2017 年 12 月，聚峰谷公司与四川农业大学、四川省林科院、西班牙科尔多瓦大学等高校和科研院所签署战略合作协议，共建油橄榄研究院，打造中国油橄榄产学研高地。目前油橄榄研究院已投入运营，该项目立足聚峰谷万亩油橄榄产业链基地，积极对接国内外专家团队，加强科技孵化和成果转化，推动油橄榄品种选育、种植生产、精深加工、品牌运营等工作。2018 年，公司全面进入升级打造阶段，油橄榄加工中心、博物馆、研究院、科技大棚相继建成并投入使用。同时，积极寻求对外合作，目前与四川旅投、港中旅等大型国有企业达成战略合作，西班牙风情酒店、悬崖酒店等文旅项目也将陆续呈现。

（四）着力打造成都油橄榄天府品牌

金堂县在大力发展产业基地的前提下，特别注重对高端品牌的建设，着力实现油橄榄品质化、本土化和产业化，为金堂油橄榄品牌走向全球奠定坚实基础。西中公司注册“阿贝基娜”橄榄油商标，打响“金堂一号”橄榄油品牌；聚峰谷公司生产的“成都造”橄榄油，从全世界 727 个产品中脱颖而出，获得 2018 年日本国际橄榄油金奖，这也是中国首个橄榄油国际金奖。从 2015 年开始，金堂县承办了四川省花卉（果类）生态旅游节分会场暨成都首届油橄榄节，举办油橄榄产业发展研讨会、农产品直销展及认养（种）油橄榄树等活动。金堂县不仅注重品牌建设，同时着力拓展建设多元化的销售渠道，借助成都国家中心城市建设和淮州新城成为国家级经济开发区的东风，以及蓉欧国际班列、天府国际机场的资源优势，继续打造“成都造”油橄榄产业新高地和成都文化旅游新名片，未来“成都造”橄榄油将面向全球推广和销售。

五　金堂县油橄榄田园综合体建设模式

在国家乡村振兴战略指导下，金堂县聚峰谷油橄榄田园综合体建设项目立足产业基础和区位优势，大力促进以龚家山片区为主的油橄榄产业、人才、文化、生态建设，推动片区产业转型，带动农民增收致富。主要包括以下几类建设模式。

（一）“公司 + 农户”等多种形式带动农户致富

1. 产业带动模式

金堂县为壮大该县的油橄榄产业，通过政府引导，带动社会资本进入，很好地促进了金堂县油橄榄产业的大力发展，并积极推动了龙泉山城市森林公园建设。金堂县引入包括聚峰谷公司在内的 15 家农业公司或专业合作社，积极扩大油橄榄种植面积，按照“大园区、多业主”发展机制，采取“公司 + 农户”“公司 + 村集体经济组织 + 合作社 + 农户”“村集体经济组织 + 合作社 + 农户”“家庭适度规模经营”“公司租赁型”等多种方式发展油橄榄产业。聚峰谷公司采取“统一购买生产资料、统一技术指导、统一田间管理、统一收购、统一打造品牌”的五统一方式严格管理，每年收获时节，按当年签约保底价（超过保底价按市场价计算）收购，最大限度带动产业发展，保障农民收益。以聚峰谷公司为例，以“公司 + 基地 + 合作社 + 农户”的组织形式，通过土地租赁、吸收劳动者前来打工等渠道带动农户直接就业 2000 余人，实现约 2200 户增收，平均每户年增收约 1 万元，带动油橄榄产业发展种植面积约 5 万亩。

2. 技术服务承包模式

聚峰谷公司通过与村集体经济组织共同建立社会化的服务公司，组建产业修枝打药等技术服务队，将包括除草、施肥、修枝、采果等产业技术服务承包给农户，组建清洁队、保安队、巡逻队，将包括路面清洁、垃圾收集清运等清洁任务和夜间巡逻、安保等任务划片分区后承包给农户。按照不同工种不同酬劳的方式，以聘请当地农民为主，积极探索多元化发展模式。例如将除草任务按照400～600元/亩分包给村组，清洁、施肥、修枝等临时用工按照人均70～100元/天计酬，巡逻、安保工作按照人均800～1000元/月支付相应的费用。这类技术服务承包模式很好地带动了周边农户积极参与油橄榄田园综合体项目建设，不仅促进当地村民就近就业，增加了收入，还壮大了集体经济，使村集体经济年收入增收约50万元。

3. 先租返包模式

农民是乡村振兴的主力军。聚峰谷公司将挂果油橄榄土地以适度规模承包（签约）的方式，返包给经过技术培训且具有创业意愿的农户，以20～30亩为一个单元，每亩每年保底交给公司400斤鲜果，其余部分归农户。具体操作模式如下。在油橄榄挂果前聚峰谷公司通过租赁的形式将土地承包给农民并进行油橄榄产业建设。待油橄榄挂果后，公司提供技术、农资等服务，公司不再支付该承包园区内的所有劳务费，承包农户需按照公司提供的技术要求进行园区日常管理（包括除草、修枝、施肥、浇水、防虫、防冻等），每年保底交纳400斤/亩鲜果给公司，超出部分归农户所有。按照丰产后油橄榄产量预计亩产1200斤计算，承包农户扣除400斤交纳给公司的鲜果后，超出的800斤以市场价销售给公司，利润为3200元/亩，若一户农民承包20亩，则年收入可达6.4万元。该模式最大限度地利用了农户的生产和管理优势，也大大降低了企业的规模风险。

（二）创新机制体制，建立与农户的利益联结机制

1. 企民共建模式

聚峰谷公司采取的方式是由农民提供劳力，企业提供苗木、资金、负责技术和产品营销，村集体负责牵头成立合作社，政府对产业提供适当补贴，

产权归农民所有。油橄榄挂果后4~10年，按照“公司30%，村集体经济组织5%，合作社5%，农民60%”进行利益分配；挂果11年后公司前期投入结清，油橄榄收益全部归农户所有，按照“农户90%，村集体经济组织5%，合作社5%”分红。该模式最大限度将生产环节的收益让利给农户，从而激发农民种植油橄榄的积极性，企业更多是通过品牌、加工、销售等环节获取收益。

2. 共享农庄模式

提出两个“共享”的理念，一个“共享”是聚峰谷公司与村集体签订了共同出资建设龚家山庄民宿酒店的协议，既让村集体享受了资产增值收益和分红收益，又解决了大量村民就业问题，让农户充分参与一二三产业融合发展并享受其带来的收益。另一个“共享”是打造了一种健康自然、休闲舒适的田园生活方式，所有市民可以通过旅游和度假的方式共享油橄榄田园综合体营造出来的田园氛围和优良的生态度假环境。

3. 民宿酒店带动模式

规划建设龚家村集中居住区（安置点），从原住农民手中租赁部分房屋，通过庭院美化、业态植入和重新规划装修，实现农产品销售中心、茶馆、农家乐、特色民宿、游客服务中心等配套休闲旅游功能，实现村庄与乡村旅游的完美结合，借此带动更多的农户参与进来对环境进行改造并开展旅游经营，在美化乡村的同时带动农民增收致富。

（三）以油橄榄产业打通与发达国家间的文旅商贸合作

为提升金堂基地油橄榄种植、加工技术水平以及产品品质、品牌形象，聚峰谷公司积极与国外油橄榄基地、加工企业进行商业洽谈，收购国外成熟的油橄榄公司、品牌及加工厂，经常性地与“一带一路”沿线国家和地区开展技术、人员、产品之间的交流。2017年，与全球最先进的油橄榄榨油设备供应商成功签署采购协议，成功引进全球最先进的橄榄油加工设备；并于同年成立西班牙全资子公司，在西班牙纳瓦拉自治区第二大城市图德拉选定油橄榄种植园，成功引进西班牙原瓶原装橄榄油。从西班牙成功引进的

50余株千年橄榄树成为龙泉山脉上一颗颗耀眼的明星，金堂县通过油橄榄产业与地中海沿岸的油橄榄大国加强了技术交流，从而打通了蓉欧班列成都站与欧洲地中海国家之间文旅商贸合作的“新丝绸之路”。

（四）深度挖掘油橄榄的文化价值

聚峰谷农业公司通过艺术化的营造手法、情景式的文化演艺和体验式的参与项目，深度挖掘油橄榄蕴含的深厚文化内核和价值，打造中国首个油橄榄特色文化田园综合体，促进以油橄榄为核心的一二三产业全面发展。赋予乡村旅游深厚的文化内涵，让旅游者不仅能品尝和购买油橄榄及其加工产品，更能深入了解油橄榄背后蕴含的文化内涵，让体验式乡村旅游不流于形式。

（五）提升园区及其周边基础设施等级

结合龙泉山城市森林公园“减人减房”的战略部署，龚家村新村建设和土地整合整治项目有序推进。龚家村片区现有农房899户，参加土地整理减人减房项目678户，完成集中安置20户，进城进镇658户。龚家村片区原有道路狭窄，农户上山下山极不方便，也有很大交通安全隐患。在政府和企业的共同打造下，通过几年的建设和发展，目前形成了交通主干道约16公里，生产便道约28公里，各种游步道、木栈道约6公里，既方便了老百姓的生活出行，更为大力发展现代农业和乡村旅游提供了便利的交通条件。目前龚家村片区借助产业发展和政府支持，正大力推进水电气上山工程和水源保障项目建设，这将彻底改善项目区的生产生活条件。为更好地实现一二三产业融合发展，大力发展乡村旅游，金堂县还在龚家村片区大力推进环境综合整治和景观提升，各项工作已初见成效。

（六）促进龙泉山城市森林公园的整体打造和环境建设

龙泉山水源相对匮乏，土壤较为贫瘠，生态植被较为脆弱，森林覆盖率不足40%。聚峰谷公司通过发展四季常绿树种油橄榄种植，一方面极大地带动了当地农民就业增收，另一方面提升了龙泉山脉区域森林植被覆盖率，起到涵养水源、保持水土、调节气候、防风固沙的重要作用。同时创新生态建设机制，以企民共建代替单一政府财政投入，实现以生态建设促进产业建设，以产业建设带动生态恢复，促进龙泉山城市森林公园的整体打造和环境建设，加快东进战略发展。

B.17

乡村产业振兴的基层实践

——以南充市高坪区为例

陈明红*

摘　要： 乡村振兴的关键在于产业，产业振兴是乡村振兴的基础，南充市高坪区关于乡村产业振兴的探索为四川基层党委政府实施乡村振兴战略提供了借鉴。本文分析了高坪区产业发展现状、产业发展存在的不足、高坪区乡村产业振兴的主要做法、高坪区乡村产业振兴取得的成效，总结了高坪区乡村产业振兴的经验，提出了高坪区乡村振兴存在的不足和下一步打算，最后针对基层乡村振兴从资金支持、人才支持和土地保障三个方面提出了政策建议。

关键词： 乡村产业振兴　资金支持　人才支持　土地保障

党的十九大正式提出了乡村振兴战略。党的十九大报告指出，“农业农村农民问题是关系国计民生的根本性问题，必须始终把解决好‘三农’问题作为全党工作的重中之重，实施乡村振兴战略”。随后，2018 年的中央一号文件，即《中共中央国务院关于实施乡村振兴战略的意见》对如何做好乡村振兴进行了全面部署。2018 年 5 月底，中共中央政治局审议并通过了《乡村振兴战略规划（2018～2022 年）》，规划按照“产业兴旺、生态宜居、

* 陈明红，四川省社会科学院农村发展研究所副研究员，主要研究方向为农村经济。

乡风文明、治理有效、生活富裕”的二十字总要求，对实施乡村振兴战略做出了阶段性谋划。

随着中央和各省市对乡村振兴战略的全面部署，各地方党委和政府也根据各自社会经济发展基础，在地方开展了实施乡村振兴战略的实践。中央乡村振兴的二十字总要求，首要的是产业兴旺，这既是乡村振兴的重点，也是乡村振兴的难点。四川省南充市高坪区区委区政府，立足高坪区产业发展基础，对乡村产业振兴进行了有益实践，探索出了一条适合本地区特点的乡村产业振兴之路。

一　高坪区概况

南充市高坪区位于四川省南充市境南部，城区东部，1993 年由南充县改为市辖区。2018 年全区面积 806 平方千米，人口 60 万，辖 7 个街道、12 个镇、13 个乡。

高坪区地处四川盆地东北部，嘉陵江中游东岸，属低山丘陵区，为亚热带温暖湿润季风气候区，嘉陵江、螺溪河、万家河、蜿蜒河、罗家河及大小溪沟呈扇状分布，水资源丰富。高坪自古即以果州著称，素有川北“鱼米之乡”“丝绸之乡”“柑橘之乡”的美誉。农业方面，柑橘、竹木、蔬菜产业和“三大”万亩现代农业产业基地发展良好，是四川省现代化农业产业基地强县、四川省优势特色效益柑橘基地县（区），6 个乡镇进入国家现代农业示范区核心区。

高坪区位条件优越，交通体系完备。高坪区西距成都 200 千米，南至重庆 150 千米，嘉陵江跨区而过。行政区境内公路、铁路、水运、航空立体交通网络完备。在公路方面，除了传统国道 318 线，成南、南广、南大梁、兰渝、绕城高速等多条高速公路在境内纵横交汇。在铁路方面，渝新欧铁路过境高坪，达成、兰渝铁路“十字”交叉，南充市区的南充火车站、南充南站均能辐射服务高坪。在水运方面，高坪区拥有嘉陵江流域最大的集装箱码头，千吨级货轮可达重庆，出江入海。在航空方面，区内高坪机场是四川省内唯一具备双跑道运行能力的支线机场，目前已开通北京、上海、广州、天津、拉萨等重要航线13条，通航城市18个。高坪机场已成为川渝地区航空客货集散枢纽之一。

初步核算，2018年全区地区生产总值达到171.79亿元，按可比价计算同比增长9.4%，其中第一产业实现增加值29.27亿元，同比增长3.8%，第二产业实现增加值70.90亿元，同比增长10.8%，第三产业实现增加值71.62亿元，同比增长10.5%。

二　高坪区产业发展现状和存在的不足

（一）高坪区产业发展现状

高坪区区委区政府，根据高坪特殊的地理环境、历史文化、产业发展基础和社会经济发展条件，因势利导，在产业振兴方面重点发展柑橘和花椒两大优势特色产业，并发展乡村旅游业，促进三产融合，在产业发展方面，取得了一定的成效。

1. 依托历史基础，产业基地建设得到加强

高坪区特色优势柑橘、花椒产业历史悠久，产业基础强。高坪区古称果州，因盛产柑橘得名。据史料记载，果州柑橘种植历史超过1800年。新中国成立后，高坪区的柑橘种植开始“上山下滩”，由原先的房前屋后延伸到山野河滩，逐渐发展成为当地一大特色产业。高坪区石圭镇的柑橘窖藏技术曾被国外专家多次探访、研究，其玛瑙山广柑闻名全国。2010年，南充市启动建设国家现代农业示范区，借此东风，高坪区柑橘产业得以飞跃发展。目前高坪区柑橘种植面积23万亩，其中优质甜橙品种的种植面积比重达85%以上，年产柑橘18万吨，总产值超过9亿元，正重点打造“果州”牌高坪甜橙这一地标产品。在花椒产业方面，高坪区区委区政府以会龙镇为中心，相继引进四川荣生农业集团等龙头企业发展绿色、有机、无公害精品花椒基地1.6万亩，创新推出“631”股份分红等产业利益联结机制，最大限

度保障了基地农户收益，调动了群众参与产业发展的积极性。十多年来在各龙头企业带动下，入驻基地的龙头企业和花椒专业合作社携手并进，在基地管护、产品加工、品牌塑造、市场营销等领域抱团发展，全面提升了高坪区花椒产业市场竞争力和影响力。目前全区以会龙镇为中心辐射其他适宜镇乡，已经建成特色花椒产业基地10万余亩，形成了较好的产业基础，并以此为基础以打造“中国木本油料之乡”。在旅游业方面，除了传统的旅游景区建设，还以中法合作为平台，以科技研发示范为支撑，推进农业种养、精深加工、仓储物流、休闲旅游、康体养生等产业融合发展，建成的中西部具有影响力的“国家农业公园”——中法农业科技园即将对外营业。

2. 借势国家政策，产业强区基础基本形成

高坪区相关特色优势产业不仅立足于自身资源优势，还符合省市政府的产业政策，得到上级的财政资金支持。南充市着力打造“中国晚熟柑橘之乡”和“中国木本油料之乡”，并为此作为市委、市政府实施“乡村振兴战略”的主要抓手和载体，对基地建设有明确的财政资金支持。同时，为鼓励各县市区积极性，对于完成5万亩基地的县市区，市里奖励5000万元；对于第一个完成5万亩基地建设的，市里再奖励5000万元。在花椒产业方面，四川省林业厅将高坪区列为川中青花椒（藤椒）集中区。2018年11月，高坪区被省农业厅、省林业厅、省财政厅、省国土资源厅、省科技厅、省发改委六个部门联合确定为四川省四个省级花椒产业特优区之一，进一步为高坪区花椒产业发展注入了强大的政策支持。

3. 培育新型农业经营主体，产业带动能力有所提高

高坪区在产业发展中注重引入社会资本，积极通过招商引资吸引龙头企业、专业大户投入产业发展。着力优化农业招商引资环境，引进本味农业、新百乐饮品、恒一食品、玉润木泽等龙头企业，组建合作社124个，培育新型农民职业经理人300人以上，增强新型经营主体对产业的示范带动效应，带动农户发展产业，为产业发展注入活力。随着新型经营主体通过产业发展获得收益，周边农户也增强了产业发展信心，更加主动积极投入产业发展。

4. 补齐短板，全产业链条初步成型

近年来，随着高坪区产业基地建设的不断加强，产业发展规模不断扩大，亟须推动产业链条进一步向加工、销售延伸。高坪区区委区政府坚持依托丰富资源优势，把着力拓展产业链条作为产业发展的重要工作来抓。在产业发展过程中，区委区政府进一步加大了招商引资力度，成功引进签约四川比尔森农业开发有限公司，投资1.5亿元在擦耳、龙门、佛门、东观、鄢家、南江新建有机青花椒脱贫奔康产业园及精深加工研发产业化基地；区内省级龙头企业四川荣生农业集团有限公司下属蜀味源食品有限公司投资3000万元建设位于东观镇的九叶青花椒精深加工产业化项目已通过评审，项目建设即将全面启动；引进四川本味农业投资5000万元建设的柑橘初加工线及冷链物流集配中心也在项目规划论证之中。随着这些项目的逐步建成投产，高坪区产业发展的产业链将基本成型。在市场营销方面，农村电商建设基本完成，有力地促进了农产品销售。

5. 产业融合发展格局基本形成

高坪区按照“西部都市农业示范区”建设的要求，着力探索种养循环、链条延伸、农旅结合的融合发展新途径，引进温氏集团30万头生猪养殖项目，培育荧镒农业、狮子山生猪专业合作社、胜百金蛋鸡专业合作社等大型养殖场，采取“猪－沼－果”“猪－沼－菜”“鸡－沼－果”模式，实现种养结合循环发展；引进四川荣生农业集团有限公司发展花椒精深加工，引进四川本味农业投资5000万元建设柑橘初加工线及冷链物流集配中心，大力提升花椒、柑橘产业附加值。当当网农村电商总部、30万平方米友信龙农产品交易中心建成并投入使用，产、加、销产业链条逐步完善；着力打造南前线“花果飘香”柑橘生态旅游线、南长线“花田锦绣”观光农业生态旅游线和金城山脉“竹木幽径”竹木干果低碳生态旅游线的“全域”乡村旅游发展新格局。成功创建了“走马观花”“擦耳桃源”“凤凰故垒”3个AAA级乡村旅游景区，初步形成具有高坪特色的全域旅游品牌形象，产业融合发展格局基本形成。

（二）高坪区产业发展存在的不足

高坪区在产业发展上取得了一定的成绩，但是，目前尚存在一些不足。

一是产业发展集中度不足。虽然高坪区相关产业总体规模已经较大，但不管是柑橘产业还是花椒产业，相对来说都分布较散，没有形成集中连片发展的形态，产业规模效益难以最大限度体现。

二是重基地建设轻田间管理。虽然较多新建园区有大型龙头企业的介入，园区建设标准较高，管护也到位，但个别新建基地缺乏有实力的业主，由于经营规模较小，农户也疏于管理。历史上家庭农户发展的小规模果园，受经营规模较小和劳动力转移的双重影响，其田间管护缺乏，难以产生经济效益。

三是利益联结机制还有待进一步完善。很多地方通过龙头企业或者合作社等新型经营主体开展基地建设，并设计了一定的利益联结机制，但是这些设计的机制能否在基地投产后激发各方潜力还有待观察。

三　高坪区乡村产业振兴的主要做法

高坪区在产业振兴过程中，坚持以党的十九大精神和习近平新时代“三农”工作系列新理念、新思想、新战略为指导，坚持农业农村优先发展，按照“产业兴旺、生态宜居、乡风文明、治理有效、生活富裕”的总要求，以省委的“四个好”为标准，加快“四好村”创建、幸福美丽新村建设步伐，以建设“成渝第二城”“三高新区”为发展定位，深入推进全区农业供给侧结构性改革，统筹推进全区农村经济建设、政治建设、文化建设、社会建设、生态文明建设和党的建设，建立健全全区城乡融合发展的体制机制和政策体系，创新完善人才支撑、科技服务、资金支持、组织制度等保障体系，以“城市生态休闲后花园”的区位优势定位加快推进农旅结合、三产融合的现代都市农业体系建设，通过提升治理能力的现代化水平加快推进乡村治理体系建设，力促农业农村现代化全面实现，走出一条符合高坪实际、独具高坪特色的乡村振兴之路，让农业成为有奔头的产业，让农民成为有吸引力的职业，让农村成为安居乐业的幸福美丽家园。

在这一战略思路的指导下，高坪区在乡村产业振兴中主要重点推进以下工作。

一是集中连片进行产业布局。在产业基地建设上，高坪区重点做强脱贫致富长效产业，整村推进，连片发展。以嘉陵江沿线为主轴，做大总量，做强质量，建成百万人口大城市城郊专业蔬菜保障基地，重点打造老君、走马、东观、马家等现代蔬菜产业基地。以南前线、螺溪河沿线为主轴，聚力建设一批万亩以上特色经果产业基地。在青居、石圭、溪头、阙家、永安、佛门、螺溪、走马等乡镇，重点打造 5 万亩晚熟柑橘产业园；在江陵、擦耳等乡镇重点打造特色水果产业园。以江擦御会公路沿线、金城山脉为主轴，在江陵、擦耳、马家、喻家、御史、凤凰、会龙、鄢家等乡镇，重点建设木本油料示范基地。以金浸公路沿线为主轴，在佛门、青莲、老君、万家、黄溪、隆兴、斑竹、胜观、鄢家等乡镇重点建设花卉林木产业基地。通过集中连片规划建设，在原有产业基地的基础上形成集中连片发展态势。

二是规范化、前瞻化建设配套基础设施。在产业基础设施配套建设方面，高坪区整合交通、水利、国土、财政、农业等涉农项目，按照产业发展到哪里、基础设施配套到哪里的原则，大力推进园区基础设施建设。为更好服务产业融合发展，在道路建设上提高标准，使道路设计不仅适合农业生产，还适合城市人口到乡村消费。整个产业环线新建 6 米宽产业道路 8 千米，全部进行了路面油化。产业环线共建生产便道 125 千米，新建及整治山坪塘 53 座，新建渠道 14. 3 千米，新建及整治石河堰 9 座，发展高效节水灌溉农田 600 亩，新建蓄水池 51 口，实现新增灌溉面积 2100 亩，改善灌溉面积 2500 亩，生产条件得到全面改善。

三是大力推广品种优良化。着力引进适宜高坪自然条件、种植习惯和市场需求的优新品种，因地制宜筛选出奈维林娜脐橙、塔罗科血橙新系作为主推品种，建立新品种展示园 200 亩，建立柑橘良繁基地 300 亩，形成了以橙类为主，以沃柑、大雅、春见等杂柑为辅的品种结构，产业特色进一步凸显，品种布局进一步优化。

四是提高产业生产标准化程度。对于品种纯度、苗木等级、病虫检疫等关键环节严格把关，全面推广宽厢深沟、聚土栽培、配方施肥、地布覆盖等技术，按照“横成行、竖成列”的标准规范栽植。制定了标准化生产操作规程，推行社会化管护，强化了产业生产技术服务体系建设，健全了质量安全监管网络。

五是大力延伸产业链条。高坪区着力实施农产品初加工能力提升工程，围绕特色经果、蔬菜、花卉三大产业，重点推进“广丰蔬菜”“鄢家花椒”“本味柑橘”等特色农产品产地初加工，建设气调库、烘干房、分拣场和冷链物流设施，提升清洗、分拣、包装、贴牌等初加工能力，实施农产品精深加工能力提升工程，加快建设农产品加工园，延伸粮油、经果精深加工产业链，鼓励企业就地建园，引进国际国内先进农产品加工生产线，加强副产物综合利用，开发高附加值产品，带动全区农产品精深加工能力大幅度提升。

六是加大产业品牌化建设力度。高坪区大力提升农产品品质，建立健全基地产品生产管理制度、产品质量安全可追溯制度和产地准出、市场准入制度，严格行政执法和责任追究，保障从田间到餐桌的安全。积极申创国家地理标志保护产品，大力实施标准化生产，鼓励发展无公害、绿色、有机农产品。建立“红榜黑单”，严格执行“三品一标”常态化监督、动态化管理，打造一批规模大、品牌响的绿色有机农产品企业。按照“政府引导、市场运作、政策扶持、提档升级、整合做强”的品牌打造思路，充分利用现代媒体、展销展会、公共交通等平台，举办品牌发布会、推介会、农业嘉年华等活动，多方式宣传推介高坪农业品牌，快速形成远近闻名、景美货好、赏心悦目的都市农业“高坪”名片。

七是提高生产经营组织化程度。全区成立柑橘、花椒专业合作社以及劳务合作社、土地合作社、植保合作社、农机合作社等农民专业合作社394个，建成家庭农场68个，创新返租倒包、劳务承包、技物配套服务等利益联结机制，产业带土地流转率达40%以上，产业集约度进一步提高，通过土地租金、园区务工、入股分红等方式，有效提升园区农民收入。

八是促进融合产业发展。高坪全力推进“十景”“八个特色小镇”“八大田园综合体”建设，打造美丽乡村旅游经济热线。依托生态农业发展布局，重点开发农旅融合型产业，推动高坪旅游产业的发展。完成全区柑橘无公害生产基地整体认定，认证有机甜橙基地1.4万亩，“高坪甜橙”成功注册国家地理标志商标，柑橘产业成为区域农民脱贫攻坚和增收致富的支柱产业。依托产业发展乡村旅游，配套修建旅游厕所、游客接待中心、观景台等旅游设施，建成溪头“醉美橙香”国家AAA级景区，通过举办橙花节、采果节等乡村旅游节，促进产业融合、增效发展。

九是探索创新产业发展新机制。高坪区在抓好基地建设的同时，紧紧围绕农民增收目标，着力探索新机制，切实推进高坪现代农业健康和可持续发展。第一，创新土地流转机制。围绕“有利于产业发展、有利于业主创收、有利于农民致富”的思路，建立镇、村两级土地流转服务平台116个，采取转包、租赁、股份合作等多种形式，流转土地9.32万亩，促进了产业的规模化发展。第二，创新市场开发机制。大力实施品牌化战略，“高坪甜橙”国家地理标志商标已注册成功；成立了高坪果业协会，与蒲江果业协会展开全方位合作，正在探索建立高坪甜橙定价机制和产品统筹销售机制，整合资源闯市场。高坪区农产品电子商务交易平台和8万平方米友信龙国际农产品商贸物流中心即将建成。第三，创新社会服务机制。建立植保专业合作社、农机专业合作社、劳务专业合作社等专业化社会服务组织16个，引进成都卫农公司负责技术配套服务和柑橘托管服务，有效破解农村缺劳动力缺技术等管护难题。第四，创新利益联结机制。加大对农民专业合作社、家庭农场、业主大户等新型经营主体的扶持力度，探索“市场+合作社+基地+农户”“公司+产业园+农户”等模式，推行返租倒包、劳务承包等合作方式，充分调动农民参与产业化经营的积极性。第五，创新风险防范机制。坚持将开展特色农业保险作为降低新型经营主体生产经营风险的有效手段，按照省级补贴30%、市级补贴15%、区级补贴30%、农户自筹25%的比例，鼓励业主对产业投保，提高农业的抗自然灾害风险能力。

四　高坪区乡村产业振兴取得的成效

高坪区立足区位优势，按照“四川省现代农业建设重点县”要求，坚持高产高效生态原则，以国家现代农业示范区建设为契机，将柑橘产业和花椒产业作为乡村产业振兴的重要抓手和载体，集中连片发展晚熟柑橘和花椒，倾力打造“中国晚熟柑橘之乡”和“中国木本油料之乡”，取得了一定的成绩。

（一）基地规模日益壮大

在前期产业发展的基础上，全区近年来大力推动产业基地建设，目前已形成一定的产业规模。在柑橘产业方面，目前全区柑橘基地面积达30万亩，产量20万吨，产值10.5亿元，带动农户2万余户，占农民年人均纯收入的32.5%。核心区永安、阙家、青居、溪头、石圭5个乡镇柑橘种植面积达到11万亩，产业环线全长115千米，分别建成青居、溪头、石圭、江陵4个柑橘万亩示范区。2017年全区打造了三条产业环线，涉及25个乡镇、6个街道、216个村，在阙家、溪头、石圭、江陵等乡镇新建柑橘基地1.7万亩。在花椒产业方面，区委区政府紧紧围绕“乡村振兴”战略，以狠抓“两乡建设”为龙头，以大力发展花椒产业为主导，2018年初即下达任务文件，通过加压激活、挂图作战、定期督查等方式，狠抓产业不放松，2018年短短一年时间就完成花椒基地新建任务5.28万亩，双叉河流域花椒产业带初具规模，成为南充市唯一一个花椒产业基地面积上十万亩的区县，得到省市相关部门的高度认同。

（二）品种布局逐步优化

近年来，高坪区着力引进适合高坪自然条件、种植习惯和市场需求的优新品种，因地制宜选择塔罗科血橙新系作为主推品种，建立柑橘新品种展示园200亩、良繁基地300亩，形成了以奈维林娜脐橙、塔罗科血橙新系等橙类为主，以沃柑、大雅、春见等杂柑为辅的品种结构，优良品种率达100%，实现了中国甜橙之乡的产业填充。

（三）管护模式不断创新

为进一步做好田间管理，实现产业效益最大化，高坪区引进了成都卫农公司对全区部分柑橘园区实行全程社会化管护，管护面积共计5000亩，涉及阙家、青居、溪头、石圭、江陵等5个乡镇，提升柑橘产业社会化管护能力。培养当地柑橘专业管护人才220人，向蒲江派出壮劳动力10人学习当地先进管护技术及经验，带动周边农户及业主实施柑橘管护。柑橘产业管护水平上档升级，柑橘品质显著提高。

（四）品牌名气有效提升

高坪区大力实施品牌战略，推进"三品一标"认证，完成全区柑橘无公害生产基地整体认证，有机甜橙基地认证1.4万亩，"高坪甜橙"成功注册国家地理标志商标，2017年以"醉美橙乡"为主题举办了橙花节、采果节，大力宣传高坪柑橘，高坪柑橘品牌名气显著提升，高坪甜橙的品质已得到专家学者和广大消费者的充分认可，市场售价达每公斤20元以上，效益明显。

（五）融合发展取得突破

柑橘园区融合发展取得显著成效，柑橘产业新型经营主体不断发展壮大，坚持农业可持续发展战略，走生态循环农业道路。园区建设规模化柑橘种植基地5万亩；建成贮藏能力100吨通风冷藏库5座，柑橘分级、清洗、贮藏、保鲜等初加工基地2个；建成现代化养殖基地2个，建设面积2.1万平方米，年出栏生猪5万头，养猪场的全部粪污经过干稀分离后，干粪经相关技术处理（发酵、杀菌）后烘干制成有机肥料，用于优质柑橘产业示范园柑橘施肥，沼液用于园区果树灌溉，发展"猪－沼－果"循环生态农业模式。

（六）农业服务业取得新进展

随着高坪区农业产业规模不断扩大，农业服务业发展取得了新进展。高坪区通过推动省级电子商务聚集区建设、实施电子商务精准扶贫项目，集中打造了友豪国际电商产业园、惠生活创新创业园、传化电商快递产业园三大园区，构建了友信龙冷冻食品交易网、惠生活微信商城以及凌云天下三大本土农村电商平台，引进当当网、北京国联、浙江颐高、众友东方等一系列知名电商企业入驻高坪。推进农村电商“一中心两通道三基地五体系”建设，建成区级电商运营中心 1 个、服务站点 179 个。区电商协会拥有成员单位 61 家，电商从业人员达 3700 人，触网企业超 500 家，高坪甜橙、六合丝绸、斑竹竹艺等 30 余种特色品牌和 200 余种工业产品在线销售，一方面农业服务业得到了发展，另一方面农产品销售建立了新的渠道，有力推动了高坪农业发展。2018 年 1～8 月实现电商交易额 14.48 亿元，网络零售额 6.38 亿元。

五　高坪区乡村产业振兴经验

从高坪区乡村产业振兴的历程来看，其乡村产业振兴经验主要包括以下几个方面。

一是地方党委政府重视。在中央全面部署乡村振兴战略以后，高坪区区委区政府就把脱贫攻坚和乡村振兴作为地方党委政府的中心工作来抓。作为省级贫困县，脱贫攻坚是地方党委政府的重点工作，高坪区区委区政府在狠抓脱贫攻坚的同时也在谋划如何抓乡村振兴，把实施乡村振兴战略作为脱贫摘帽后进一步抓好三农工作的抓手。为更好推进全区乡村振兴工作，区委区政府成立了以区委书记和区长为组长，区委副书记、区委常委、区政府副区长为常务副组长，其他区委常委及副区长为副组长，各业务部门一把手为成员的实施乡村振兴战略工作领导小组。高规格的领导小组为全面推进乡村振兴提供了坚强的组织保障。

二是因地制宜选择优势特色产业。产业发展是乡村振兴的难点和重点。高坪区在乡村振兴中，始终坚持因地制宜选择主导产业。当地依托原有历史优势、当地人才资源和政策机遇，重点发展柑橘和花椒产业。在局部具有一定优势的其他产业，如高端旅游、蔬菜、竹编等，也得到政府的政策支持。

三是激活社会资金投入。高坪区区委区政府清醒地认识到实施乡村振兴战略是全社会的大事，要通过政府引导激活社会活力。在产业发展中，通过政府资金以奖代补、建立产业信贷风险基金等多种方式鼓励社会资金进入相关产业，促进产业的发展。

四是抓好龙头企业培育。高坪区在发展产业过程中，比较注重龙头企业的带动作业。传统的柑橘产业虽然有一定的历史，但长期以来都是小农生产模式，市场竞争力弱，市场知名度和美誉度不高。随着脱贫攻坚和乡村振兴战略的实施，一批较有实力的龙头企业进入柑橘产业，这些企业在市场拓展、品种推广、技术指导等方面对高坪柑橘产业发展提供了强大的支持，极大地提高了产业种植技术水平、产业市场化水平以及产业效益。在花椒产业，高坪区更是依托龙头企业，经过十多年的发展，从无到有，从小到大，发展成川中区域具有影响力的花椒基地县。在旅游产业，四川交通投资集团下属港航公司作为业主重点打造的中法农业科技园，其发展目标就是以中法合作为平台，以科技研发示范为支撑，推进农业种养、精深加工、仓储物流、休闲旅游、康体养生等产业融合发展，致力于打造中西部具有影响力的“国家农业公园”，直接提升了高坪区旅游产业的档次。

五是不断创新产业发展模式。高坪区在产业振兴战略实施过程中，不断创新产业发展模式。各种新型经营主体在产业发展过程中，不断创新和农民的利益联结机制，实现产业发展和农民增收的双赢。在田间管理上探索建立企业社会化服务体系，托管农户的小规模低效益果园，实现提质增效。

六是通过农村改革释放活力推进产业发展。高坪区传统的小农生产模式制约了当地传统优势产业的发展。区委区政府通过大力推动农村改革，实行农地三权分置，大力推动土地经营权流转，实现产业的适度规模经营，有效促进了产业发展规模扩张，实现了产业集聚。

六 高坪区乡村产业振兴存在的不足和下一步打算

（一）高坪区乡村产业振兴存在的不足

高坪区在乡村产业振兴方面进行了有效的探索，为丘陵贫困地区探索了一条可供借鉴的道路。但是，整体来看，高坪区在乡村产业振兴方面还存在一些不足之处。

1. 缺乏科学规划引领

乡村振兴战略作为新时期我国三农工作的指引，从提出到实施都需要科学的规划。在国家层面，2018 年上半年出台了国家级规划。在省级层面，2018 年下半年出台了省级规划。紧跟省级规划，高坪区所在的南充市也在 2018 年底出台了乡村振兴的市级规划征求意见稿。由于高坪并不在省级试点县范围内，区委区政府未能及时制定区级乡村振兴战略规划，只是出台了《关于实施乡村振兴战略推进城乡融合发展　努力开创“三农”工作新局面的意见》，以此作为目前统领全区乡村振兴的纲领性文件，对全区乡村产业振兴工作的科学指导略显不足。

2. 财政支持能力不足

高坪区虽然通过各方面筹集资金，但是，作为一个刚脱贫摘帽的贫困县区，其财政资金实力并不强。由于高坪区区委区政府所在地为南充市的城市核心区，其也肩负着发展城市的重任。高坪区对于乡村产业振兴尽可能地给予财政支持，但是，由于财力有限，在产业振兴中的一些政策补贴措施难以及时全额兑现，这一方面会影响乡村产业振兴的推进力度，另一方面也会损害基层政府的公信力。通过财政支持的社会化管护工作前期取得了很好的社会效益和经济效益，但是受制于财政的支持能力，目前处于停滞状态。

3. 人才体系尚未形成

乡村振兴不是简单的物质的振兴，而是全面的围绕人的振兴。乡村振兴既需要人才支持，也需要在振兴中全面提升人的素质。高坪区在产业振兴中注重发挥人才的作用，也大力创新利益联结机制，引进外来人才为高坪产业发展服务。但是，从产业发展的整体情况来看，产业规划人才、产业技术人才、产业管理人才等目前还难以支撑全区产业振兴的需要，完备的人才体系尚未形成。

4. 体制机制还需完善

乡村振兴作为新时期三农工作重点，虽然得到了从中央到地方的全力支持，但是，在具体推进中还有很多体制机制问题需要完善，如是否可以在乡村振兴中实现财政资金的整合使用、如何有效保障乡村振兴中产业用地等。高坪区区委区政府，作为基层政府，还难以在这些体制机制方面做出探索。

5. 产业链条有待完善

就产业发展而言，高坪区在打造全产业链方面做了许多前期工作，从基地建设、配套产业路、仓储物流、交易市场、旅游配套设施到加工等方面都加以规划，努力补齐短板。但是，受地方财力和土地使用制度等方面的制约，产业链条的某些环节规划还难以落地，有待进一步完善。

（二）高坪区乡村产业振兴的下一步打算

针对高坪区乡村产业振兴存在的问题，高坪区将在下一步重点做好以下几个方面的工作。一是立足高坪实际，高标准做好乡村振兴战略规划，科学引领全区产业振兴。二是大力实施人才战略，全方位培育和引进乡村振兴人才，打造完备的乡村振兴人才体系。三是用活用好财政资金，吸引金融和社会资金投入高坪产业发展，助推高坪乡村产业振兴。四是破解体制机制制约，化解乡村振兴的政策障碍，全力补齐产业短板，健全产业链条。

七　乡村产业振兴需要的政策支持

从高坪区的实践来看，贫困地区的基层政府在实施乡村振兴战略上进行了有效的探索。但是，受其自身条件制约，在乡村产业振兴方面还需要国家从宏观层面给予更多有针对性的政策支持。

（一）进一步给予专项资金支持

高坪区作为2018年摘帽的省级贫困县（区），提前完成了国家赋予的脱贫摘帽任务。按照中央脱贫攻坚政策精神，摘帽不摘政策。总体来看，就四川来说，目前省委省政府的资金和项目更多地向藏区和彝区深度贫困区倾斜，对于类似高坪这样的丘陵地区脱贫摘帽区总体项目资金支持力度有所减弱。但是，对属地脱贫摘帽贫困户的医疗、教育等长期性扶持政策按照中央要求又不能减弱，这就加重了地方财政的负担，使地方政府更难从资金上给予乡村产业振兴更多的支持。此外，虽然实施乡村振兴战略已经成为新时期三农工作的抓手，但其并没有像脱贫攻坚项目那样有更多的专项资金投入，这就需要从中央到省市统筹协调，逐步设立专项资金给予乡村振兴资金支持。

（二）进一步加大专项人才体系建设力度

乡村振兴的关键是人才。乡村振兴的人才主要来自两个方面。一是农村内部挖潜，这部分包括留在乡村的农民和外出的农民。近年来，各地通过新型职业农民培育等方式，在人力队伍建设方面取得了一定的成效，但是其能力与有效推动乡村产业振兴的需要还有一定的距离。二是外部引进。这既包括工商资本下乡带来的人才扎根乡村，也包括各地开展的科研院所与地方政府的智力合作。这些外来人才的引入为乡村产业振兴提供了一定的支持，但其数量与乡村产业振兴对人才的需求还有一定的差距。作为一项国家战略，乡村振兴战略的推进应该有类似于脱贫攻坚专业人才库的人才队伍建设，可以参考脱贫攻坚帮扶模式，建立专项人才支持体系。

（三）进一步完善乡村产业振兴土地支持政策体系

乡村产业振兴是乡村振兴的关键，产业兴旺才能人气兴旺，产业发展才能促进乡村发展。乡村振兴背景下的产业发展必然不同于传统的自给自足的小农生产，在产业发展过程中对土地的需求必然不同于传统小农生产模式对土地的需求。总体来看，我国在农村土地使用制度上更多还是沿袭了传统小农生产模式时期的管理模式，其已经难以满足新时期农村社会经济发展的需要。2017 年颁布的《国土资源部、国家发展改革委关于深入推进农业供给侧结构性改革做好农村产业融合发展用地保障的通知》对土地使用制度进行了一定的调整，但是从实践来看还需进一步完善。在新时期，应根据各地产业发展实际，尤其是高坪区这类有一定产业规模的特色区县，应允许其根据基地建设需要，按照一定的比例配置相应的产业发展建设用地。

B.18
小花椒做成大产业的汉源做法与启示建议

虞 洪　彭兴刚　肖思思*

摘　要： 在大力实施乡村振兴战略的背景下，产业兴旺尤其重要。汉源作为典型的山区县，在推进乡村振兴中面临着区位条件不利、基础设施落后、经济基础薄弱等多重因素制约。但是，汉源围绕地方特色产业，将“汉源花椒”产业做成脱贫致富的大产业，尤其是其增种、增产、增值、增效、增收的做法对于推动传统特色优势产业兴旺发展具有重要的借鉴意义，总结推广汉源花椒产业的发展经验启示，有利于促进乡村产业振兴，提高乡村振兴的支撑力。

关键词： 汉源花椒　乡村产业　产业振兴

汉源县花椒种植历史悠久，花椒品质上乘，素有“中国花椒之乡”的美誉。汉源县是四川花椒的核心区，是花椒人工驯化地，是花椒的故乡，是中国花椒第一县。四川省汉源县是典型的山区县，为有效破解山区普遍面临的人走、地荒、钱缺的瓶颈性矛盾，汉源围绕花椒等本土特色优势产业做大做强，而且以小农为基础推动产业转型升级、兴旺发展，不断增强脱贫致富

* 虞洪，博士，四川省社会科学院农村发展研究所副所长、副研究员，主要研究方向为农业经济；彭兴刚，汉源县林业局产业办主任、林业工程师，主要研究方向为花椒、核桃干果产业；肖思思，汉源县林业局林业助理工程师，主要研究方向为花椒产业发展。

的带动作用。目前，全县花椒种植面积达12.44万亩，辐射63个贫困村，带动6000余名贫困群众发展花椒产业，户均增收超过2000元。汉源花椒入选全国经济林产业区域特色品牌，花椒产业经验做法被四川省委《每日要情》刊用，被省脱贫办印发全省推广。

一　汉源花椒产业发展经验做法

汉源县积极响应四川省委省政府推进全省花椒产业持续健康发展、建设全国花椒产业第一省的号召，依托花椒产业优势打造“全国花椒第一县”。把花椒产业作为脱贫攻坚的重点产业，围绕花椒产业加强农业供给侧结构性改革，依托“有花椒种植基地、有种质资源库、有花椒交易中心、有花椒产业加工园区、有知名品牌、有花椒局、有花椒志、有花椒博览园”的“八有”体系，在产业扶贫上下足“绣花”功夫，通过建基地、改良种、搞加工、创品牌、做联盟，不断提高花椒产业效益，壮大“花椒经济”，助推脱贫致富。

（一）建设基地实现增种

1. 规划指引统一布局

按照“因地制宜、应种尽种”原则，制定花椒产业发展规划，对全县干果、水果和蔬菜产业进行统一布局，划定海拔1200米至2500米的花椒适生区重点发展花椒产业，以63个贫困村为中心，辐射全县中高山所有区域。

2. 政策扶持重点布局

制定《汉源县产业发展扶贫办法》《汉源县产业扶贫经果林栽种扶持专项方案》等文件，在政策上予以倾斜，每年设立产业扶贫周转金，对发展花椒产业的农户给予600元/亩苗木及后期抚育补助，引导调整产业结构，大力扶持花椒种植。

3. 标准打造合理布局

结合实施农业产业、农村公路、农田水利“三大会战”，全面解决部分花椒产区不通公路和缺水问题，在花椒适种区科学规划花椒基地，构筑标准化产业发展体系，建成花椒产业基地13个，辐射带动周边90%的农户规模化、规范化发展花椒产业5.32万亩。

（二）改良品种实现增产

1. 先进理念改良管理

积极开展种植经验共享，组织种植技术薄弱的贫困户跨村、跨乡参观标准化花椒示范基地，学习花椒科学种植理念，通过种植技术能人经验分享、实地参观、收益算账等方式改变椒农种植理念，实现椒林不套种高秆作物面积1.3万亩。

2. 先进科技改良品种

与四川农业大学、四川省农科院、四川省林科院建立合作关系，成立汉源县“农业专家大院”，依托专业技术力量，积极开展汉源花椒种质资源、良种选育等技术研究和汉源花椒抗病、抗虫、丰产、稳产、植株选育研究，形成科研成果5项，成功申报审定良种1个，认定良种2个，成功改造低效花椒7500亩。

3. 先进技术改良种植

探索研究汉源花椒的无公害管理管护措施，推行良种栽植和标准化生产管护技术，积极开展对“土专家”“田秀才”等农村技术能人的考核工作，并择优聘请、定向选录技术能人到乡村开展技术培训，提供花果管理、病虫防治等服务，通过“课堂讲、实地学、动手做”的方式解决椒农缺乏花椒种植技术的问题，在贫困村举行各类培训会252次。花椒产量由2013年平均亩产600斤提高至900斤，增幅50%。

（三）做好加工实现增值

1. 构建层次化产品加工体系

坚持初加工与精加工“两条腿走路”，扶持国家、省、市级林业产业化龙头企业共计15家，投入财政资金近400万元扶持建设烘干设备148套，花椒加工率为90%，通过花椒精深加工和初加工两条路径带动汉源花椒提高附加值。

2. 建设系列化产品开发体系

以具有地域特色的汉源贡椒为依托，扩大发展花椒粉、花椒油树脂、花椒精油、椒目仁油、花椒辣酱以及以花椒为主的复合调味品等系列产品30余种，产品远销国内外。2017年汉源花椒全国市场占有率居前三，花椒产业链产值达11.36亿元。

3. 形成实用化产品包装体系

以市场需求为导向，鼓励支持花椒加工企业根据市场需求及自身定位调整产品包装，推动产品向品牌化、精细化转型。汉源县永丰和食品厂成功设计了机场直销皇室、百姓餐桌丰和、餐饮消费丰收等三个系列近百种不同规格产品，极大地满足了不同层次、不同消费群需求。

（四）创建品牌实现增效

1. 创建品牌提高名牌效益

积极开展品牌创建，获得“中国驰名商标”“国家地理标志保护产品”“中国花椒之乡”“四川省著名商标”“四川省天府十宝”“四川味道消费者最喜爱的十大四川特产”等荣誉。2017年，“中国汉源花椒产业示范园”被四川省林业厅公布为第一批重点培育省级现代林业产业示范园区；2018年，汉源花椒被国家林业局确定为全国经济林产业区域特色品牌建设试点。区域公用品牌估值达到7.04亿元人民币。

2. 举办会节活动助力提高市场效益

坚持“走出去，请进来”，积极参加中国国际商标节、农博会、生态旅游博览会、糖酒会等全国各类博览会，广泛开展汉源花椒宣传推介活动。同时依托花椒产业及旅游发展优势，连续举办花椒节、花椒产业论坛、花椒采摘体验、花椒美食节等系列活动，开发以“阿花”“阿椒”为主要元素的文化衫、花椒枕头、手机壳、花椒药包等文创产品。“汉源花椒，椒你健康”“汉源花椒，健康之椒”等一批养生口号首次亮相“第三届贡椒采摘节”，助力提升市场影响力。

3. 拓展营销模式提高经济效益

构建农超对接、农贸对接、农商对接新模式，推动花椒加工企业进入成都红旗连锁、家乐福、伊藤洋华堂、吉选超市、益民菜市等多家超市及农贸市场，推出高端花椒产品成功入驻成都双流国际机场、秦皇岛北戴河国际机场、重庆川北国际机场、杭州萧山国际机场以及全省5A风景区，高端产品销售额占全年营业额的25%。

（五）组建联盟实现增收

1. 利益纽带创新分配机制

积极构建“公司＋专合社＋农户”模式，通过统一提供农资、技术服务，助推小农生产步入农业现代化轨道，鼓励龙头企业采用保底价收购、质量安全共同承担的方式与农户建立稳定的供销合作关系，促进“种”“炼”“销”安全稳定发展。

2. 新型主体创新发展机制

积极鼓励椒区农户成立花椒合作社，规模化发展花椒产业，构建专业合作社、种植大户带动的发展机制。支持创建国家、省、市级专业合作社，已成立1家国家级、2家省级、5家市级花椒专业合作社，支持鼓励专合社、营销大户与种植大户建立相对固定的营销联盟，激发群众全过程标准化生产的内生动力，自主提升产品质量。

3. 市场导向创新销售机制

坚持以市场需求为导向调整产业结构，制定《加快汉源花椒产业发展的实施意见》。扶持和引导花椒加工企业、合作社及花椒经营大户共同搭建花椒电子商务平台，依托淘宝、京东等网络交易平台，拓宽汉源花椒销售新渠道，建成全国唯一的花椒交易平台——天府商品交易所“汉源花椒交易中心”，实现“互联网＋特色农业＋金融”。近年来花椒线上交易额达12.7亿元。

汉源花椒产业的发展实践表明：汉源将小花椒做成大产业的探索实践不仅有助于当地群众增收致富，而且有助于特色产业兴旺发展，对于山区推进乡村产业振兴具有以下四大启示。

一是小产品仍然可以拥有大市场。山区由于海拔和气候差异大，往往呈现农产品种类多、单一品种规模小的特点，很难形成大规模的集中连片经营，在规模上难以与平原、丘陵地区相比。但是，汉源花椒产业发展实践表明，小产品和大市场的矛盾不是绝对的，而且山区的小产品往往具有自身特色，并由于地理环境和气候条件等差异明显进而具有核心竞争力，在外部条件改善后，通过品牌塑造，利用优质优价的市场机制促进产业做强，仍然可以让小产品形成大市场。

二是散资源仍然可以形成大规模。山区土地等资源一般较为分散，而且耕地资源较少、地块细碎，通过土地流转形成单一品种的大规模集中连片发展难度大、成本高，从而在很大程度上制约着产业整体竞争力的提升。但是，汉源花椒产业发展实践表明，通过有意识的产业引导和基础设施建设，加上合作社的纽带作用可提高农民生产的组织化程度，形成单一主体小规模而整体产业大规模的发展格局，从而利用生产组织模式的优化将细碎分散的资源在区域上进行聚集。

三是老产业仍然可以焕发新生机。山区产业发展相对滞后，传统农业占比高，在新形势下，原有的发展路径和发展模式竞争力下降、发展空间缩小。但是，汉源花椒产业发展实践表明，即便山区产业基础差，发挥农业的多功能性也具有很大的潜力和空间。不仅依托山区特色农产品发展加工业对于农产品附加值的提升具有较大空间，而且利用山区的生态优势和农业景观等发展观光农业、体验农业和民俗接待等乡村旅游同样具有广阔市场，还可以借助现代信息网络技术通过发展农产品电子商务等提升传统产业。因此，老产业通过新技术提升、新产品开发和新业态植入，同样可以焕发崭新生机，获得新发展空间。

四是弱财政仍然可以形成大支持。山区县财政实力大多较为薄弱，一些县甚至需要大额的财政转移支付才能维持运转，县级财政对农业的支持力度较为有限。但是，汉源的花椒产业发展实践表明，通过大胆和有效率的政策创新，整合资源，瞄准农业的关键领域和环节进行持续支持，不仅可以有效发挥本级财政引领和撬动作用，而且可以通过精准化的支持措施大幅提高财政资金的使用效率，进而形成推进合力。

二　汉源花椒产业发展存在困难和短板

虽然汉源县花椒产业在发展壮大和助农增收致富上已经呈现出阶段性成效，但站在乡村振兴和建设“全国花椒第一县”的角度进行审视，汉源花椒产业目前还存在以下五大困难和短板，若能有针对性地克服困难、弥补短板，汉源花椒产业还有很大的发展空间。

（一）龙头企业带动能力不强

虽然五丰黎红有限公司和永丰和、川麻人家、昊月、大自然、味佳、新纪、昊业等十余家花椒加工企业的引进和发展在一定程度上解决了汉源有花椒品牌无龙头企业的问题，但从总体上看，龙头企业的整体实力相对较弱，与农民的利益联结机制较为松散，对椒农的辐射带动能力有待进一步提升。

（二）椒农的管理水平较低

重栽轻管的现象较为普遍，缺乏规范的栽植密度、间套种植原则以及修枝、翻土、肥水管理等一整套栽培管理技术措施，不仅导致土壤板结、肥力下降，而且长期不修枝、不整形致使椒树生长弱、产量小、结果期短、衰老迅速。

（三）加工产品较为单一

汉源虽然拥有花椒加工企业较多，但加工产品中以干花椒和花椒油为主，虽然致力于加强产品研发，但花椒系列产品开发始终停留在初级水平上，还需要在医疗、保健、化工、高端食用等方面深度研发和挖掘花椒价值，丰富花椒生产加工项目，进一步提高花椒产品附加值。

（四）椒农种植积极性下滑

由于其他水果栽植区域与花椒产区的重叠，作为贡椒主产区的清溪镇、建黎乡、西溪乡，在甜樱桃等产业发展比较效益的影响、引导下，群众栽培花椒的积极性明显下降，对产业发展期望明显降低，花椒收入在农民收入中的占比下降。

（五）外地花椒以次充好

花椒上市期间，西昌、冕宁、盐源等外地花椒大量涌入汉源花椒产区乡镇，而且价格比汉源花椒低廉，在一定程度上导致县内花椒价格下滑甚至滞销。加上部分乡镇的椒农在出售花椒过程中以次充好，通过添加水分来增加花椒重量从而获得更大的利润，导致汉源花椒品质及信誉遭受双重考验。

三　发展壮大汉源花椒产业和建议

虽然汉源花椒产业已经取得了显著的阶段性成效，但仍然面临着一些问题和短板，尤其是站在四川强力实施乡村振兴战略、打造花椒产业一省的角度，汉源花椒在全省花椒产业中具有特殊的重要地位，汉源要打造花椒第一县，助力乡村振兴，为全省贡献更多的汉源力量，还需要从以下几个方面进行优化和提升。

（一）优化汉源花椒种植基地

当前，四川省内外的其他花椒产业基地不仅规模大，而且增长速度比较快，单从行政区域内花椒种植规模来看，由于自然条件的限制，汉源难以与甘肃武都、陕西韩城、重庆江津甚至四川金阳等相比，而且受到汉源甜樱桃等水果效益好、花椒种植积极性下滑的影响，在此消彼长的双重作用下，汉源在县域内大规模扩大汉源花椒种植面积尤其是集中连片大面积发展花椒产业是不现实的。

优化县域内花椒种植基地，主要通过两条路径提高花椒生产能力。其一是鼓励套种发展花椒，利用大樱桃、碎红李等水果间行套种花椒，不仅可以增强对水果市场风险的抵御能力，而且套种的花椒不容易得根腐病，椒树寿命长，花椒产量高，因此群众的接受度高。如果利用汉源现有各种水果、干果逾 66 万亩的种植规模，利用果树间隙尤其是田边、地角、房前屋后套种花椒，即使以 10% 的比例计算，就能增加 6 万余亩的种植规模。其二是提高栽培管理水平，在已有种植规模上提高生产能力，尤其要针对长期不修枝整形以及翻土、施肥等措施不到位问题，通过加强标准化花椒产业园区建设和高产、高效示范园区创建，提高花椒标准化种植水平，促进产量和质量双提升。

拓展县域外花椒种植基地，汉源要打造花椒第一县，单凭县内花椒种植规模是难以支撑的，因此需要发挥汉源拥有周边地区唯一的省级农产品加工园区优势，尤其是要充分发挥花椒加工企业聚集、产品走向多元化开发的优势，联动周边地区尤其是凉山州通过联建、攻坚、订单收购等方式带动外部花椒原料基地规模扩大。

（二）加强花椒产业园区建设

建设花椒第一县，必须要有一个研发生产花椒系列产品的工业园区，而汉源现有的甘溪食品工业园区中花椒加工是具有主导和支撑作用的食品加工领域。为了进一步凸显汉源花椒产业特色，进一步做大做强花椒产业，建议将甘溪食品工业园区改为汉源花椒产业工业园区，至少在现有基础上再挂一个“汉源花椒产业工业园区”的牌子。在此基础上，围绕花椒产业加工做好以下几个方面的工作。

一是加强花椒生产加工技术研发。联合省内外著名科研院校建设国家级的花椒产业研究院，围绕花椒品种选育、安全高效生产、精深加工、储藏、保鲜等关键领域以及针对加工设备加强技术研发。

二是打造花椒精深加工企业集群。制定支持花椒加工企业发展的配套政策，以加工园区为核心推进加工企业集聚化发展，形成以花椒加工为主的特色农产品加工集群，在引进、培育花椒加工企业的同时，适时组建以花椒加工为核心的企业集团并积极推动上市，带动全县花椒种植规模扩大和花椒企业的发展。

三是延伸花椒加工产业链。围绕汉源花椒产业提高精深加工能力，拓展花椒在医疗、保健、化工、高端食用等方面的功能开发，提高花椒加工转化率和精深加工率。

（三）提高花椒标准化水平

一流企业卖标准，三流企业卖产品。汉源花椒已经具备一定的品牌影响力，而且“假冒”的风险已经成为现实，因此更加需要围绕汉源花椒的独特性形成标准。

一方面，要提高花椒种植标准化程度。针对种植中的不规范行为，立足于汉源花椒的特色，形成完善的汉源花椒生态种植标准，并以企业尤其是花椒生产专业合作社为载体，加强标准化种植技术培训和推广，通过提高花椒的种植标准化水平实现花椒产量和品质双提升，凸显商品性能和经济效益。

另一方面，要制定花椒产品标准。加大汉源花椒原产地的保护力度，由政府牵头，企业配合，邀请全国权威花椒科技单位和专家测定汉源花椒和花椒产品的各项数据指标，形成特有的汉源指标，并围绕花椒及其加工产品制定标准，形成“标杆”效应，以此保障汉源花椒和花椒产品的品质，并为“打假”提供支撑。

（四）推动花椒产业整链发展

围绕花椒产业构建全产业链发展格局，尤其是要在种植、加工的基础上从三产上实现更大的突破和发展。

一是建设汉源花椒综合交易市场。以九襄农产品交易市场为基础，建设汉源花椒综合交易市场，并加大对外宣传力度，吸引周边地区尤其是成都、凉山、甘孜、乐山等省内客商以及省外客商到汉源进行交易，逐步形成区域性的红花椒和花椒产品交易大市场。

二是大力发展网上营销。电子商务及网络销售是今后商品交易的一种重要渠道和发展趋势，因此要做大做强经四川省政府金融办批准设立的国内首家及最大的花椒及调味品实货贸易的交易平台和场外衍生品交易的结算平台——花椒及调味品交易中心，拓宽汉源花椒的市场，提升汉源花椒的市场地位和话语权。

三是推进花椒产业融合发展。加快中国花椒博览园建设，争创国家4A级景区，打造一批花椒采摘园、休闲观光园。积极推进“汉源花椒生产民俗”申报国家级非物质文化遗产，尤其是要加强“贡椒”文化内涵开发，打造“娃娃椒”系列动漫，研发推出特色文创产品和衍生产品。

四是加强汉源花椒品牌打造。加强“汉源红”尤其是“汉源花椒”区域公用品牌打造，加大“区域公用品牌+特色农产品品牌+企业品牌”推进力度，健全品牌激励机制，进一步提高汉源花椒的品牌知名度和影响力，提升品牌价值。

B.19
扶持农民工返乡创业的四川案例

胡俊波*

摘　要：　扶持农民工返乡创业，作为推动乡村人才振兴的重要举措，不仅对于推动新的生产要素向农业农村流动、实现产业振兴具有重要意义，对于实现乡村的组织、文化和生态振兴也具有重要作用。本文以四川省遂宁市船山区和自贡市贡井区为例，分析了两地在扶持农民工返乡创业过程中的主要做法、取得的成就亮点，以及目前仍然面临的困难和问题，并提出了进一步推动农民工返乡创业的对策建议。

关键词：　农民工　返乡　创业

2018年，习近平总书记对实施乡村振兴战略做出重要指示，“要坚持乡村全面振兴，抓重点、补短板、强弱项，实现乡村产业振兴、人才振兴、文化振兴、生态振兴、组织振兴，推动农业全面升级、农村全面进步、农民全面发展”。要实现乡村全面振兴，人才的振兴是关键抓手，只有人才兴旺了，才能有具体的主体去落实、执行产业振兴和组织振兴政策，也才能进一步推动文化、生态的振兴。外出务工的农民工是农村的精英人才，他们有胆识、有闯劲，在城市的务工经历，开阔了他们的眼界，提升了他们的能力，增强了他们的实力。引导他们返乡可以推动乡村人才振兴，扶持他们返乡创业，可以为农业农村的发展引入新技术、新人力、

* 胡俊波，四川省社会科学院农村发展研究所副研究员，主要研究方向为农村经济。

新资金，在向农村补充新血液的同时，也必然促进乡村产业的蓬勃发展。本文以四川省遂宁市船山区和自贡市贡井区为案例，分析了地方政府在扶持农民工返乡创业过程中的主要做法、取得的成效和亮点，以及目前仍然面临的困难和问题，并提出要进一步加大宣传力度、做好典型示范、创新金融服务、完善保障机制、提升创业能力、加强部门联动等多项建议，以促进农民工返乡创业。

一 遂宁市船山区扶持农民工返乡创业案例分析

（一）船山区扶持农民工返乡创业的主要做法及成效①

1. 强化组织领导

为了更好地将返乡创业工作落到实处，船山区高度重视组织领导。一是根据省、市相关文件和会议精神，船山区结合实际印发了《关于成立推进农民工返乡创业工作领导小组的通知》，成立了以发改局、人社局牵头，相关部门为责任单位的领导小组；同时出台了《回引外出务工经商人员返乡创业的实施意见》，明确了回引返乡创业的总体思路、主要任务、工作目标和重点工作等内容；为全面推进返乡创业工作，出台了《回引外出务工经商人员返乡创业工作考核办法》，把返乡创业工作列为全年重要工作，纳入全年目标绩效考核，确保切实推进返乡创业工作。二是完善相关工作推进机制，建立返乡农民工创业就业部门联席会议制度，每年度至少召开两次会议，重点研究协调返乡农民工创业就业工作中存在的问题。三是组建工作队伍。发改、人社、就业（劳务办）、投促、财政、农业等区直部门及各乡镇、街道、园区都成立了由主要领导任组长、分管领导任副组长、相关股室负责人为成员的工作组，具体承办返乡创业工作。

① 素材来自遂宁市船山区人社局。

2. 强化目标落实

一是出台了《遂宁市船山区人民政府办公室关于开展支持农民工等人员返乡创业试点工作的通知》，明确职能职责，落实分解部门任务。二是制订了遂宁市船山区农民工等人员返乡创业试点工作计划，将工作任务落实到部门，确保工作顺利开展。

3. 强化创业宣传

一是抓好政策宣传。结合扶贫攻坚，船山区将人社、工商、税务、财政等20余个部门扶持政策梳理汇编成《船山区外出务工经商人员返乡创业政策问答》手册（简称《政策问答》手册），并录制成光盘，发放到相关部门及各乡镇、街道、园区和贫困村，通过基层创业服务窗口和“村村响”广播进行广泛宣传，着力扩大创业（扶持）政策在群众中的知晓度。利用船山新闻网等宣传载体开设《返乡创业推动“归雁经济”》《返乡务工创业　建设美好家园》等创业专栏，重点对返乡创业工作安排部署、扶持政策、部门及园区工作动态等进行宣传报道。全区共发放《政策问答》手册10000余册，宣传报道200余条（次）。二是抓好回引宣传。对各乡镇、园区外出务工经商及回乡创业情况分别进行了调查统计，初步摸清了相关情况。根据摸底情况，区委区政府组织人社、投促、农业等相关部门，重点到西藏林芝等船山籍在外成功人士相对集中地区开展对接工作，详细宣传返乡创业政策，积极鼓励成功人士返乡创业。三是抓好典型宣传。组织区委宣传部、区文广局、遂宁日报船山周刊部、区人社局等单位，对叶维成、邓良等12名返乡创业先进典型进行了系列报道，充分发挥典型的示范作用，促进了良好创业氛围的形成。四是强力打造返乡创业示范基地（户）。通过实地察看、组织评定等方式，评选出区级返乡创业示范基地8个，返乡创业示范户2户。五是召开区、乡（镇）两级外出务工经商人员返乡创业座谈会。船山区结合春节期间外出务工经商人员陆续返回家乡过年的大好时机，宣传介绍本区创业扶持政策、创业工作开展情况，以及物流港、永河现代农业产业园等各创业平台的创业储备项目和创业优惠政策，听取返乡人员代表对返乡创业工作的建议和意见，动员在外务工经商人员返乡创业，为进一步推进返乡创业工作奠定了一定基础。

4. 强化返乡创业园（孵化基地）建设

近年来，船山区积极推进返乡创业园（孵化基地）建设，在永河现代农业产业园和物流港分别建立了综合性返乡创业园，在老池乡天坪岭建立了专业化返乡创业孵化基地。一是构建创业平台。园区专门规划以“十里荷画”作为永河现代农业产业园创新创业平台，引导并鼓励企业、大户以及返乡农民工以适度规模流转土地，通过创办家庭农场、经营农家乐等不同形式实现创业。目前已开工建设船山区永河现代农业产业园创新创业孵化基地——“十里荷画”景区项目。二是培育新型经营主体。加大家庭农场、小微科技创新型企业的扶持培育力度。帮扶并落实返乡农民工佘震、罗辉凤等的蓝莓采摘体验园、铭辉生态农业示范园、智明有机农业科技示范园、秋丰农业肉牛养殖基地、杨氏特色水果基地、荷花主题山庄、田犇种养生态示范园、七里香生态体验园、子京农场；任永凯、刘维等回乡创业的万胜特色水产养殖基地、吉馨生态科技示范园等10个项目入驻园区。目前正对接返乡农民工王文富特色饲草（向日葵）种植项目、刘强中药材种植项目、钟方强循环养兔项目、罗先良乡村旅游项目。三是提升农业产业化水平。初步建成现代农业产业基地约2万亩，已成功创建省级农业产业示范园区。落实遂宁新欣瑞和饲草种植合作社、可士可果岭水乡、上海绿雅园林栽植基地、万禾春种植专业合作社、市中心医院工会农业产业园、吉馨生态科技示范园、宏莲种植专业合作社、万胜种养专合社、智明养猪农民专合社、“十里荷画”旅游景区项目等10家适度规模农业产业化经营企业。四是推动研发机构建设。积极争创省级农业科技园区，推动四川菌绿生态农业科技有限公司、四川百绿盛三生农业、龙隐湖珍稀林木（天天花海）博览园、夏之荷生态农业等企业研发机构建设，提升创新创业科研能力。五是加大投入力度。物流港返乡创业园对入驻的11家返乡创业经营主体给予了场地租金等方面的优惠，永河现代农业返乡创业园对入驻园区的荷花主题山庄、田犇养殖、紫金农场、万盛养殖4家返乡创业经营主体落实基础设施建设补贴、土地流转金补贴183万元。

从取得的成效来看，35.7公里骨干路网已全线贯通；规划产业道路52

公里，启动建设38.6公里；服从产业建设需求，各项目区域水、电、路等基础设施配套全面跟进。建成新村聚居点15个、新农村综合体1个，参建农户达700余户。累计完成投资18亿元。培育市级龙头企业2家，新建农民专业合作组织12个，注册家庭农场2个。永河现代农业返乡创业园坚持推进水果花木、生态禽畜、乡村旅游、优质粮蔬四大产业功能布局，已成功引进现代农业项目44个（其中开工建设42个），实现土地规模流转3.5万余亩，基本建成特色农业产业基地2.72万亩。

5. 强化返乡创业培训

船山区坚持“稳中求新”的原则，搞好返乡农民工创业培训工作。一是强化政策宣传。积极发挥政策平台作用，努力营造培训氛围。通过印发宣传材料和走村串户等方式宣传此项培训，让更多返乡农民工了解创业培训的目的和意义，并激发他们主动参加培训的热情。二是严把培训质量。为了提高培训质量，安排工作人员随班监督。要求培训机构从学员登记报名到组织教学以及后期跟踪指导，从教材选定到教学计划、教学方案的制定，都要落实专人负责。根据返乡农民工的培训意愿，特别邀请农业局与畜牧局的专业人士来传授种、养殖知识与技术，还聘请了安居养殖大户张强、银文君等进行专题讲座。培训过程中，教师与学员的互动交流形成教学的一大亮点，运用PPT、视频短片、移动白板、活页挂纸、卡钉板等多种形式和设备进行教学，既能营造良好的学习氛围，又能让学员在愉快的互动式学习中轻松吸收知识，达到比较满意的效果。每天培训课程结束后，都要求学员填写“每日意见反馈表”，培训教师根据综合信息对学员的意见反馈作小结并在第二天上课前做出相应回复或教学微调。培训结束后，都要求学员填写“本期培训效果评分表”，培训教师与班主任老师根据“评分表”进行评估当期培训效果，并纳入培训考核。通过这些课程，增强了返乡农民工的培训兴趣，实现了培训效果。

6. 强化返乡创业服务

一是做好创业服务。在区人力资源市场大厅、物流港、10个乡镇和6个街道及各街道所辖社区和部分行政村设立了创业服务窗口，进一步清理和规范涉及创业的办事流程和审批手续。通过强化创业服务功能，细化创业服务内容，规范创业服务流程，为创业者提供“一条龙”的创业服务，开辟创业“绿色通道”。二是做好创业担保贷款工作。为进一步增强创业担保贷款政策的针对性和有效性，调整了创业担保贷款的模式，将创业担保贷款对象范围进一步扩大，将返乡农民工和建档立卡贫困劳动力纳入对象范围，贷款额度也统一调整为 10 万元。三是推进创新创业网站建设。船山区人社局会同财政局、科知局等部门对船山区创新创业网站成功进行了验收，该网站实现了正常运行。四是初步建立了创业项目库和创业导师库。截至目前，项目库新入库 15 个项目，包括农副产品、林产品、三产服务等，其中农副产品项目 6 个，林产品项目 6 个，三产服务项目 3 个。导师库共有以魏欣、黄海为代表的创业导师 33 人，常年对创业者进行线上线下服务。

（二）船山区农民工返乡创业面临的困难和问题

1. 创业资金支持不够

一是在返乡创业人员申请创业担保贷款时，其提供的农村土地、房产、农用机械等目前在法律上难以作为有效的抵押物，且相关金融机构贷款的门槛高、手续繁、周期长、额度小。二是支持创业的金融产品缺乏，有关金融机构还没有开发支持返乡创业的金融产品，部分创业人员资金周转困难得不到有效缓解。

2. 创业主体人才缺乏

一部分返乡创业的农民工文化程度不高，自身素质难以满足企业不断发展的需要。返乡创业项目多为种养殖业，因部分农村交通、物流、用水、用电、通信等配套设施不足，生活环境较差，一些管理和高级技术人才招不到、留不住。多数返乡创业企业、合作社均为家族式管理，管理层多为亲戚朋友，现代企业治理体系不完善，对市场经济常识缺乏了解，对产品营销缺乏思路，影响返乡创业企业生存发展。

3. 创业项目选择不当

有的返乡创业人员选择项目仅凭个人感觉，没有对地域、气候、交通、产品市场等进行科学评估；有的返乡创业人员自认为在务工领域的某个行业、某个工序流程积累了丰富经验，缺乏对整个专业技术体系的科学把握，技术含量低，创新能力不足；有的返乡创业人员对相关项目涉及的政策法规了解不够或者根本不了解，办理证照困难。

4. 创业服务有待提升

创业服务体系有待完善，在创业指导场地、设施、服务措施特别是在创业孵化等方面还需进一步加强。创业技术支持有待加强，船山区返乡创业项目多为种养殖业，部分项目在创业过程中存在不同程度的技术性障碍，导致创业项目效益大打折扣。创业培训力度有待加大，而部分人员创业意愿不强，安于现状，不愿意冒险创业和参加创业培训班。

（三）未来工作突破方向

1. 鼓励发展“互联网 +”

鼓励返乡创业的农民工利用互联网技术创业。通过开办网店和电商企业，推动以“遂宁鲜”等特色产品为主的电商产业，发展农产品销售和各类商贸流通，促进线上线下融合发展。围绕电子商务产业，打造一批电商创业载体。健全电商创业孵化基地的孵化功能，实现返乡人员电商创业零门槛。依托落户船山区的淘宝、顺意通、大卓生鲜、远成电商园、遂创汇等电商平台，引导返乡人员加盟开店创业。

2. 鼓励发展现代家庭农场

一是加快发展家庭农场。实现农业种养的职业化、标准化、信息化和适度规模化，扶持培育现代家庭农场，引导和鼓励“农民企业家”“返乡农民工”“创业大学生”等群体成为新型农业的经营主体。二是培育壮大农业产业化龙头企业。加大农业物联网、互联网在农业领域的应用，促进返乡人员通过农业配套信息技术服务创业。加快土地流转进程，鼓励返乡人员利用土地资源引进外地客商加盟发展创业。鼓励有基础的企业主，对柑橘、牛樟、田藕等特色农产品进行精深加工，拓展更大的市场，带动相关产业链的发展。

3. 鼓励发展乡村旅游

加快培育旅游服务机构和人才队伍。强化乡村旅游与互联网的结合，积极引导返乡农民工等人员发展线上线下“旅行社”、“农家乐”和乡村休闲观光旅游业。大力开展“十里荷画”、仁里镇桂花湾休闲农业观光园等项目建设，鼓励返乡人员通过制作和研发手工艺品开拓市场。围绕乡村旅游产业，打造一批旅游创业载体。突出都市休闲旅游特色，鼓励返乡人员以独资或合伙投资的形式，开发生态农业体验游项目；打造一批有基础、有特色的星级农家乐，鼓励返乡人员通过建设美丽乡村创业。2017 年，重点对永河现代农业产业园进行提质升级，着力加强配套基础设施建设。

4. 推动乡村建设、城乡基础设施建设，强化公共创业就业服务

一是抓好乡村建设，提高吸引能力。大力实施新村建设示范片工程，打造特色小城镇，建设新村聚居点，改造农村危旧房。推进农村环境综合整治，提升农村生活垃圾收运处理能力。改造提升规模养殖企业，全面实现治污达标。二是抓好城乡基础设施建设，提升承载能力。全力推进重大水利项目建设，完善交通路网，推进县乡道路改建、续建，建设村道路及扶贫村道路。三是强化公共创业就业服务，优化创业环境。全面汇入大众创业、万众创新热潮，加快建立多层次多样化的返乡创业就业格局。推进公共实训基地发展，进一步激发农民工返乡创业就业热情，大力促进农民工增收致富，为经济保持较快发展、加快结构调整与社会和谐稳定增添新动能。

5. 推动创业园建设

一是积极鼓励永河现代农业产业园、物流港返乡创业园以及老池乡天坪岭专业化返乡创业园开展创业服务工作，更好地为返乡创业者开展创业提供服务。积极争创市级以上创业园区（孵化基地）2 个以上。二是鼓励和引导社会力量，在乡镇建设专业化、特色化的返乡创业园（基地）。

二 自贡市贡井区扶持农民工返乡创业案例分析

（一）贡井区扶持农民工返乡创业的主要做法[①]

1. 开展摸底调查

为真实掌握返乡农民工返乡原因及其返乡就业创业意愿，以更好地提供就业援助、就业推荐、免费技能培训和创业培训服务，贡井区每年在全区组织各乡镇人力资源、社会保障服务中心和村社干部开展本辖区内用人单位用工情况调查，了解企业用工情况、生产情况等，根据返乡人员技能特长，组织专场招聘会，提供更多的就业机会。

2. 积极推进村级平台建设

为 11 个乡镇 149 个村配置电脑、打印机、办公桌椅、文件柜等办公设备，完成了全区 149 个村级就业和社会保障服务平台建设，为基层开展返乡农民工就业创业服务工作提供了平台。

3. 加强技能培训实用性，增强返乡农民工再就业能力

一是对技术水平不高的返乡农民工开展回炉培训，提升新一轮输出人员择业竞争力；二是组织没有技术的返乡农民工参加农村劳动力转移技能培训，鼓励他们自主择业，以减轻社会就业压力；三是对有志于回归创业和有一定创业基础的返乡农民工开展创业培训，提升自主创业能力；四是对有意继续从事农业的返乡农民工开展农业实用技术培训。对年龄偏大、知识水平偏低、不愿再外出打工的农民开展特色种养殖技术培训，提高他们的农业生产技能，实现科技种养增收。

4. 开展创业扶持政策宣传

一是以返乡民工和农民企业家创业为重点，加大就业创业政策宣传力度。首先，利用贡井区人力资源市场服务窗口、乡镇就业服务基层平台，通

① 素材来自自贡市贡井区人社局。

过举办现场招聘会、就业创业培训班发放宣传资料等措施开展创业扶持政策宣传；其次，抓好关心和稳定外出务工队伍的宣传；最后，抓好外出务工人员返乡创业典型宣传报道，制作并发放《致返乡农民工、在外成功人士的一封信》等宣传资料。二是落实创业担保贷款政策，帮助返乡创业者解决资金难问题。贡井区采取创业贷款向个体创业者倾斜的办法，促进创业并带动就业。采取“摸底调查－发放创业担保贷款－后续跟踪服务”的工作模式和由“人社局牵头，财政、商业银行主动配合”的创业担保贷款的运作模式。

（二）贡井区农民工返乡创业取得的成就亮点

1. 创业带动就业工作蓬勃开展，创业政策向个体劳动者倾斜

近年来，贡井区坚持把创业促就业工作作为就业工作的重点，大力开展创业促进活动。通过成立创业指导服务中心，利用各级基层就业服务平台，对创业者开展创业扶持政策宣传；深入创业者经营地开展实地调查、创业指导、跟踪服务；组织各相关部门负责人、技术专家和创业者召开创业咨询会、高校毕业生创业经验交流会、“返乡创业千人茶叙会”；开展创业技能培训，提高创业者创业成功率；优化市场准入制度，为就业创业提供便利条件。在国家法律法规允许的范围内，对贡井区就业创业人员广开门路，不设关卡，在政策范围内予以证照办理、税收减免、小额担保贷款等方面的扶持和帮助并提供指导服务。

2. 竭尽全力帮助返乡创业农民工解决创业中的实际困难

贡井区劳动就业部门以及当地乡镇政府针对返乡农民工在创业过程中面临的不懂技术、缺乏资金等诸多实际困难，充分利用依托就业和社会保障服务中心这个帮扶平台，为返乡农民工排忧解难。贡井区长土镇沙罗村 10 组的张勇是一名在外务工的农民工，返乡后自己在家乡创业，准备投资养鸡场。但是在创业过程中，先后遇到技术不过硬、创业资金少等困难和问题。在区劳动就业部门和长土镇政府的帮助下，张勇通过就业和社会保障服务中心组织的技术观摩交流活动，提升了自己的技术水平。同时，相关政府部门还从中协调帮助张勇贷款融资，并为他的养鸡场提供用地保障。如今，在贡

井区劳动保障局和长土镇服务中心的帮助下，张勇的养鸡场饲养的蛋鸡达到4000多只，每天产蛋3000多枚，创业事业正逐渐步入正轨。

3. 积极开展小额担保贷款促进就业、创业，为创业者提供资金支持

贡井区通过举办创业咨询会，高校毕业生创业经验交流会等多种形式，进行创业培训，培训1800余人。在此基础上，针对有前景、有困难的创业者发放小额担保贷款2800余万元，其中为370户个体创业者发放贷款1800余万元，占贷款总额的60%以上，促进创业并带动就业1851人。

4. 努力提高农民工技能，加大培训力度，整合培训资源

以区就业训练中心为主体，通过整合区内外培训资源，与科峰电脑培训学校、星仁培训学校、自贡川妹子培训学校、自贡盐帮厨师培训学校等民办培训机构合作开展电脑、家政、厨师、服装制作等培训；通过与区残联、区民政、区政法委等政府部门合作，开展残疾人、退役军人、社区巡逻保安培训；通过与四川文森电器有限公司等企业合作，开展在岗职工（焊工、车工、钻工）机械类技能提升培训；通过把培训送下乡，送到社区、村组包括送到劳动者家门口等形式，2011～2013年，贡井区举办各类就业技能培训99期，培训高校毕业生、失业人员、农村劳动者共计4949人。

贡井区参加自贡市第三届农民工技能选拔赛，荣获“第三届盐都农民工技能选拔赛团体奖”的第二名并受到通报表彰，有两名选手分别获得了“第三届盐都农民工技能选拔赛单项奖”维修电工状元和中式烹饪师状元，有四名选手分别获得家政服务标兵、服装制作标兵、工具钳工标兵、数控车工标兵，还有两名选手参加了全省农民工技能大赛并获得了好成绩。

（三）贡井区农民工返乡创业存在的主要问题

1. 劳动力供需结构性矛盾突出

随着经济发展，企业用工对专业技术特别是对一些新技术的要求越来越高，在贡井区出现一般性用工供大于求，而技术性用工供不应求的结构性矛盾。从调查的情况看，外出务工的农民工大多数从事的是一些体力劳动，部分接受过技术培训的农民工也往往在流水生产线上从事比较单一的某个环节

的操作，对相关行业的技术缺乏相对全面和整体的了解。这部分农民工返乡之后，面临与当地的创业项目难以匹配的问题。另外，当地农村劳动力的年龄偏大，文化程度在初中及以下的很多，缺乏竞争力，这也给一些创业项目的推进和实施带来了困难。

2. 基础设施建设跟不上企业发展需要

从调查来看，目前农民工返乡创业的地点部分选择在场镇或者县城，也有部分返乡农民工将创业地点选择在农村。从调查的情况来看，大部分场镇和农村地区存在水、电、道路、通信等基础设施比较落后的问题，受基础设施条件跟不上企业发展需要的限制，一些具有较好前景的项目实施起来困难重重。特别是乡村地区的道路狭窄、通信设施状况较差，不仅提高了创业企业的运营成本，也使企业发现商机、扩大市场的能力受限，并且导致企业的生产周期拉长、企业的利润率下降，并最终影响企业的生存发展。

3. 创业能力亟须进一步提高

从返乡农民工创办的企业规模来看，大多是小型或者微型企业，企业的市场竞争力普遍不是很强，面对市场竞争，抗风险的能力比较弱。就返乡创业主体而言，大多数创业者的文化素质不高，绝大多数人没有经过相关行业的职业技能培训，往往凭着一腔热血开始创业。在创业过程中，部分创业者对外缺乏对于市场信息的了解和把握，导致企业项目选择出现偏差、市场定位不准，限制了企业的扩张拓展，甚至导致企业亏损；对内缺乏相关的经营管理能力，导致企业在内部管理、流程设计、风险控制等方面出现问题，进而导致部分企业经营状况不佳，影响企业的可持续发展。

4. 返乡农民工创业存在资金问题

从调查看，创业担保贷款额度最高为10万元，额度小，且担保人范围小，仅限正式在编的事业和公务人员；商业贷款方面，截至目前，各地尚未有专门针对农民工的贷款品种，金融机构对农民工贷款工作积极性不高。只有农村信用社采取5户联保的方式给予少部分贷款。其他金融机构贷款抵押担保条件对于农民工较为苛刻，贷款门槛高，如农业银行要求可作个体户经营性贷款抵押物的仅为国有出让土地、城区繁华路段商铺及住房不动产；工商银行只接受国有土地使用权、商铺以及个人第二套住房作为抵押物。对于想自己创业的农民工来说，能满足这些条件的很少，影响农民工自主创业。

5. 维权机制不健全，农民工自我维权意识淡薄

由于农民工对《劳动合同法》《劳动法》等法律知识缺乏，加之自我维权意识淡薄，一旦发生劳动争议农民工往往处于劣势，不知道到什么部门寻求援助，也不敢出面维护自己的合法权益，怕与雇主发生纠纷会遭到报复。

三　进一步推动农民工返乡创业的对策建议

（一）抓好政策宣传和典型示范工作

一是抓好政策宣传，激发返乡创业热情。通过创业网站宣传、发放宣传单、社区张贴海报、媒体刊登公益广告等形式，开展形式多样的创业政策宣传。并组建宣讲队，下乡镇，进社区，面向有创业愿望的人员，进行创业政策宣传，把扶持创业的优惠政策传达给千家万户，进一步激起广大群众的创业热情。

二是抓好典型示范，营造创业光荣的社会氛围。发现和挖掘各行各业的返乡创业典型，积极开展返乡创业之星评选活动。依托媒体，开展返乡创业典型人物的创业故事系列宣传活动，努力营造创新创业的浓厚氛围。积极引导返乡农民工转换思路，利用他们在技术、资金、信息等方面的优势，鼓励、引导有创业愿望和创业条件的外出务工返乡人员立足本地资源，创办个体私营企业和发展各类经济实体，实现自主创业。

（二）创新金融服务，扩大融资渠道

积极引导金融机构把促进农民工就业作为一项社会责任来对待，进一步降低贷款门槛，创新金融服务方式，适时开发符合农民工群体特点的配套金融品种，为农民工创业提供金融便利。

努力探索为返乡农民工自主创业提供担保的有效形式，切实帮扶农民工自主创业。充分发挥创业贷款担保基金的作用，鼓励金融机构向符合条件的

返乡创业人员发放创业担保贷款，优化贷款审批流程。对符合条件的农民工等返乡创业人员给予最高贷款额度为10万元的创业担保贷款。对返乡创业人员领办的新型农业经营主体，属于劳动密集型小企业的，可按规定给予最高额度不超过200万元的创业担保贷款，并给予贷款基准利率50%的财政贴息。

设立农民工返乡创业引导专项基金，建立农民工返乡创业风险资金池。与相关金融机构合作，调动金融机构贷款投放积极性，分担金融机构贷款坏账风险，切实解决返乡人员创业贷款难、担保难问题。加大资金扶持力度，为返乡创业提供资金支持，各金融机构应积极梳理和创新金融产品来满足不同层次返乡人员的创业需求，并优化流程，改善对返乡创业的融资服务。相关职能部门细化政策条款，加大对返乡创业人员小额担保贷款扶持力度，增加贷款额度，降低门槛，缩短贷款审批及发放时间。

（三）加快完善相关保障机制

全面建立欠薪保障调节应急基金制度。劳动关系的核心是工资问题，保证工资给付就能促进劳动关系的和谐，就能保证农民工队伍稳定。当前，要进一步加大《劳动合同法》《劳动法》的贯彻力度，特别要加大对中小企业的劳动监察力度，经常对中小企业进行监督检查，重视解决拖欠农民工工资问题，建立健全欠薪预警机制及保障金制度，加强法律援助工作，有效维护农民工的合法权益。

出台返乡创业人员住房保障政策。加大政策倾斜力度，加快引导返乡农民工进城入镇创业就业，积极引导返乡农民工向新型社区集中居住，促进农村土地节约集约利用，全面提升城乡一体化发展水平。鼓励返乡农民工进城购买普通商品房，对主动拆除原宅基地上住房并复垦到位的给予搬迁奖励，同时按所购房屋总价的一定比例给予一次性安家补贴。建立与人口流动相适应的住房保障制度。形成以公共租赁住房为主要保障方式的新型住房保障制度，积极优化并拓展房源筹集渠道，用以解决农民工等返乡创业人员的居住问题。

（四）全面提升返乡农民工创业能力

加强技能培训，提高技术技能。一是扎实开展以返乡农民工为主的免费就业技能培训，切实提高劳动力素质和技能。二是根据返乡农民工的创业培训意愿，及时调整创业培训方向和专业设置，科学安排培训时间，严格培训标准，提高培训质量，突出培训的针对性、实用性和时效性。三是优化创业培训师资队伍，将返乡创业成功人士纳入创业指导导师团队，对有意向创业的人员提供线上线下的创业指导。提高教师的整体水平和规模，扩大培训范围，将有创业愿望和培训需求的劳动者全部纳入创业培训的范围。四是坚持以创业为导向，以技能培训为核心，以素质创业为目标，广泛开展职业教育培训，着力提高农民工的职业技能和参与市场就业的竞争力。五是全面组织实施农村青年技能培训工程、农民工技能提升培训工程、农村“一户一技能”计划，积极引导农民工充分利用待岗时间，积极参加各种技能培训，为创业积极创造条件。同时丰富培训内容，根据不同群体的不同需求，开展有针对性、实用性的创业培训和电商知识培训，将创业教育、创业指导和创业培训有机结合起来，不断增强创业培训的有效性，提升创业成功率。六是推进创业网和项目库建设。充分利用网络平台，开展创业政策、创业活动等宣传；广泛征集各行各业创业项目，尤其是适合返乡农民工创业的项目，充实项目库，并做好项目推介、跟踪服务工作。

（五）切实加强部门联动，为返乡农民工创业营造良好氛围

强化组织保障，推动财政、发改、人社、经信、商务、工商、税务、金融等部门紧密配合，建立促进农民工返乡创业的部门工作联动机制，将促进返乡农民工创业工作纳入年度工作目标考核，统一布置，统一推进，统一考核，定期召开返乡创业工作联席会议，认真研究并切实解决返乡创业农民工在创业过程中遇到的问题与困难，定期表彰返乡创业典型，努力营造全社会都来关心、支持、服务返乡农民工创业的良好氛围。

Abstract

The Annual Report on Sichuan's Agriculture and Rural Development (*2019*) – *Implementing Rural Vitalization Strategy*, includes the general overview and development trend of Sichuan's agricultural and rural development in the implementation of rural vitalization strategy, and also covers in-depth topics on Sichuan's agricultural and rural reform and development, as well as the investigation and analysis of typical cases in these fields, which is an annual blue book that comprehensively displays the important research results of Sichuan's agricultural and rural development. The book consists of three parts: the first part is General Reports, including great realistic demand and path choice of Sichuan's rural vitalization strategy, and the analysis of the current situation of agricultural and rural development in Sichuan in 2018, the forecast and prospect of Sichuan's agricultural and rural economic situation in 2019, and the main countermeasures for Sichuan's agricultural and rural reform and development in 2019. The second part is Special Topics, which includes the deepening countermeasures of the integration of the Primary, Secondary and Tertiary industry, rural poverty and anti-poverty strategy, the new-type professional peasant system in Sichuan, the cultivation of rural talents in Sichuan, the development of rural art, the improvement of rural living environment, the protection and restoration of rural ecological environment, the practice of protecting and inheriting rural excellent cultural heritage, the development of rural cultural industry, the construction of rural grassroots party organizations, the construction of rural collective property rights system, the construction of rural smart village, the exploration of rural governance model and other key areas. The third part is Case Studies, which includes case studies and analysis with high representativeness throughout Sichuan, including the path and mode of rural industrial vitalization—a case study of Jintang's olive pastoral complex, the local governmental practice of rural industrial vitalization—a case study of Gaoping District, Nanchong City, Hanyuan practice and enlightenment suggestions on making small Sichuan pepper into big industry, a case study of supporting the returning-home migrant entrepreneurship in Sichuan province.

Keywords: Agriculture and Rural Areas; Rural Vitalization; Industrial Integration; Rural Ecology; Rural Governance

Contents

Ⅰ General Reports

Abstract: Sichuan's implementation of the rural revitalization strategy has great practical significance and far-reaching historical significance in deciding to win a comprehensive well-off society, building a strong economy, and promoting a new level of governance. The province's agricultural and rural development has made historic achievements and laid a good foundation for the implementation of the rural revitalization strategy. However, the problem of uneven urban-rural development and inadequate rural development is still outstanding, and rural revitalization still faces a series of prominent constraints. Sichuan should base itself on the reality and regional differences, and scientifically identify the key points of implementing the rural revitalization strategy. And Sichuan should actively implement the "five-oriented" path of integration, greening, human culture, good governance and sharing to promote the rural revitalization strategy.

Keywords: Rural Vitalization Strategy; Path Choice; Sichuan

Abstract: In 2018, Sichuan closely focused on the main line of structural reforms on the agricultural supply-side, promoted the conversion of agricultural kinetic energy, and achieved initial results in the structural reform of Sichuan's agricultural supply side. In 2018, Sichuan's agricultural economic operation showed a steady development trend. Grain and oil production remained basically stable, economic crops continued to grow, animal husbandry production rebounded, forestry and fishery production stabilized, and agricultural and rural economy developed steadily. This article focuses on the analysis of the current situation of agricultural and rural development in Sichuan in 2017 and find out the main problems and shortcomings in the agricultural and rural development in Sichuan at this stage. Based on the forecast and prospect of agricultural economy in Sichuan Province in 2018, this article analyzes development opportunities and main challenges, then puts forward the main countermeasures for the agricultural and rural reform and development in Sichuan in 2018.

Keywords: Rural Vitalization Strategy; Agriculture; Rural Areas; Sichuan

Ⅱ Special Reports

Abstract: Promoting the integration and development of rural primary, secondary and tertiary industries is an important measure to implement the strategy of rural revitalization, accelerate agricultural and rural modernization, foster new momentum of rural development, enhance the efficiency of urban and rural resource allocation, and promote the integration and development of urban and rural areas. It is also an important way to promote agricultural efficiency, rural prosperity and increase farmers' income. Sichuan Province attaches great importance to the integration and development of primary, secondary and tertiary industries, and faces many problems as well as achievements. On the basis of deeply grasping the current situation of rural primary, secondary and tertiary industry integration in Sichuan, this paper puts forward new measures to accelerate the development of three major industries integration, which will provide reference for further accelerating the development of three industries integration in Sichuan.

Keywords: Rural Industry; Integrative Development; Sichuan

B. 4 Study on Rural Poverty and Anti-Poverty Strategy in Sichuan Province

Gao Jie, Ma Shaochun / 067

Abstract: With the advancement of the poverty alleviation activity, the poverty problem in Sichuan Province has been greatly reduced, the production and living conditions of the poor groups have been fundamentally changed and the sources and structure of income have been optimized. However, some new problems have arisen among the impoverished groups, such as the double poverty, the inter-generational transmission of poverty, and the deep poverty. There is an urgent need to absolve these problems through the adjustment of our anti-poverty strategies.

Keywords: Rural Poverty; Anti-Poverty Strategy; Sichuan

B. 5 Study on the New-Type Professional Peasant System in Sichuan

Zhao Limei / 078

Abstract: As the institutional environment at the national and provincial levels, the new rural professional peasant system must have corresponding institutional arrangements and governance structures from the central to provincial levels. Sichuan agriculture is in the critical period of transformation and upgrading. This paper takes "Sichuan new rural professional peasant system" as the research theme, incorporates Sichuan new rural professional peasant system into the research field of new institutional economics, applies the relevant theories of new institutional economics, and evaluates and protects the design concept, logical mechanism, evaluation and protection of new rural professional peasant system from macro and micro levels. Systematic analysis of the barrier mechanism provides a theoretical basis for the integration of the agricultural management system and the professional peasant system, which is the main body of the household management of farmers. The theoretical study of the new type of professional peasant system in rural areas of Sichuan is further advanced. It not only speaks mandarin, but also fully speaks Sichuan mandarin.

Keywords: New-Type Professional Farmers; Transforming and Upgrading; Governance Structure

Abstract: Talent revitalization is key to rural vitalization. This paper analyses the present situation and characteristics of talent development in Sichuan from supply and demand, and analyzes causes and the problem of rural talents in Sichuan Province, and puts forward policy recommendations.

Keywords: Talent Vitalization; Rural Vitalization; Cultivation of Rural Talents

B. 7 Study on Promoting the Development of Rural Art

Dong Jinzhi / 103

Abstract: Rural art is a new topic. Xi Jinping proposed to create a modern version of the "Painting of Fuchun Mountain Residence", which is to promote the realization of rural art and build beautiful villages with their unique characteristics in the overall revitalization of the countryside. Art is the inevitable trend of economic and social development to a certain stage, and rural art is a response to the good life of people in the new era. To study the art of rural areas, we need to understand art, re-recognize the country, and use the art to "transform" the country. The rural art should combine the artistic spirit with the rural value and carry out artistic reconstruction of the village. The artistic art of the country can be vividly described as natural landscape, artistic pastoral, farming experience and poetic dwelling. Sichuan has a good natural background, profound cultural background and outstanding diversity. It can build an inkipainting country. It should be incorporated into rural revitalization planning, focusing on integration with rural living environment improvement and modern agricultural park construction, promoting farming culture, summing up practical experience, and cultivating professional talents.

Keywords: Rural Vitaliztion; Beautiful Countryside; Rural Art

B. 8 The Present Situation and Measures of the Improvement of Rural Living Environment in Sichuan Province

Zhang Zemei / 123

Abstract: Sichuan province is a big agricultural province, the improvement of the living environment in rural areas is not only related to farmers' health, more related to the ecosystem protection and green agriculture development. The improvement of rural living environment is of great practical and far-reaching historical significance for speeding up Sichuan's leap from a big agricultural province to a strong agricultural province. Based on the analysis of the main practices, effects and existing problems of the improvement of the living environment in rural areas in Sichuan province, this paper puts forward some policy Suggestions on strengthening the awareness of environmental protection, integrating resources, increasing investment, strengthening the support of science and technology, strengthening the innovation of system and mechanism and changing the mode of agricultural development.

Keywords: Rural Living Environment; Rural Vitalization; Environment Renovation

Abstract: Sichuan Province is located in the national ecological security strategic pattern of the Qinghai-Tibet Plateau ecological barrier and the Loess Plateau-Sichuan-Yunnan ecological barrier, is an important water source conservation area in the upper reaches of the Yangtze River and the Yellow River and a global biodiversity conservation hotspot. Sichuan has vigorously promoted rural ecological environmental protection and restoration around the protection and construction of forest resources, grassland protection and restoration, comprehensive environmental management of key river basins, desertification, comprehensive control of rocky desertification and biodiversity conservation, and the environmental quality of rural areas has been continuously improved. The protection work has made great progress, but the contradictions and problems are still very sharp. It is necessary to attach great importance to the ecological environment protection and restoration of Sichuan rural areas.

Keywords: Rural Ecology; Ecological Environment; Protection; Restoration

B.10 Sichuan's Practice of Protecting and Inheriting Rural Excellent Cultural Heritage

Yang Luhan, *Zeng Xuhui* / 150

Abstract: One of the main reasons for the thousand-year inheritance of Chinese culture is the continuous inheritance of rural culture. It is necessary to excavate and develop rural culture. Excellent rural cultural heritage is the precious wealth accumulated in the long-term development of a region, and is an irreplaceable and non-renewable historical and cultural heritage, which plays a very important role in the process of inheriting and developing regional characteristics and regional cultural characteristics. Sichuan province is rich in both material and intangible cultural heritage, and rural areas in Sichuan are the carriers of cultural heritage. To promote the prosperity and development of rural culture is the key to the realization of rural culture civilization, and it is also the practical need to fully implement the strategy of rural revitalization. Sichuan province attaches great importance to the protection and inheritance of excellent rural cultural heritage by docking the strategy of rural revitalization, and has accumulated certain practical experience and achieved expected results. Meanwhile, it also faces some urgent problems.

Keywords: Traditional Rural Culture; Local Custom Civilization; Cultural Inheritance

B.11 Development of Rural Cultural Industry in Sichuan: Opportunities, Problems and Suggestions

—Based on the "Pyramid Model" of the Cultural Industry

Liu Lian / 165

Abstract: Since the 19th National Congress, rural revitalization has been raised to the height of national strategy. Protecting and prospering rural culture is an important content and necessary condition for rural revitalization strategy, and it is also highly valued by governments at all levels. The development of rural cultural industries is conducive to adjusting the industrial structure, absorbing surplus labor, and increasing the income of residents. It is also an inevitable requirement for reviving rural culture and improving China's cultural soft power. Sichuan is a large agricultural province with rich cultural resources and great potential for developing rural cultural industries. This paper uses the "pyramid model" of cultural industry to analyze the opportunities and problems faced by the development of rural cultural industry in Sichuan from the aspects of economy, technology and art, and puts forward corresponding suggestions.

Keywords: Rural Culture; Cultural Industry; Pyramid Model

Abstract: At present, the party central committee clearly put forward the implementation of the rural revitalization strategy as the new era of "agriculture, rural areas and farmers" work, the revitalization of towns and villages brings the grass-roots party organization structure and role of the profound changes: the adjustment of the party and government system, strengthen the grass-roots party organization political status; basic-level party organizations are facing a new era of joint development of the urban and rural areas; we will comprehensively strengthen party discipline and deepen the organization of community-level party organizations. In promoting the development of grass-roots party organizations, Sichuan pays attention to constructing the leadership system of the party leading the rural revitalization. Focus on regional cooperation to comprehensively improve the governance level of party building leading the development of urban and rural communities; We will focus on reform and make innovations in diversifying and standardizing the development of community-level party organizations. We will learn from social work methods and improve the ability of community-level party organizations to serve the people. However, there are also problems such as unbalanced development of organizational capacity, weak political function of party organizations, insufficient ability of party members and cadres, and difficulty in uniting the masses. In the future, the development of grassroots party organizations should focus on the synchronization of organizational coverage and effectiveness, joint construction and co-governance, spatial development, cadre supervision and talent motivation.

Keywords: Rural Grassroots; Party Organization; Rural Vitalization

Abstract: The reform of collective property rights system in rural areas is the basic work to promote the development of agricultural and rural economy. It is a major subject with direction in rural reform and development, and a major task with overall and basic significance in Sichuan's comprehensive deepening of rural reform. Sichuan attaches great importance to the reform of rural collective property rights system. The scale of rural collective assets continues to increase, the strength of collective economy continues to grow, and the rural collective economy shows a good development trend. But at the same time, there are still some problems, such as weak overall strength, unbalanced development and insufficient development potential. With the acceleration of industrialization and urbanization, the rural economic and social structure is undergoing profound changes. Problems such as unclear ownership, weak protection and unclear rights and responsibilities of rural collective assets are becoming increasingly prominent. They constantly erode the basis of rural collective ownership and affect rural economic development and social stability. It is imperative to reform the rural collective property rights system. This paper combs the current situation and practice of the reform of rural collective property rights system in Sichuan, studies the main problems existing in the reform process, and puts forward corresponding countermeasures.

Keywords: Rural Collective Property Rights; Reform of Property Rights System; Sichuan

B. 14 The Construction of Rural Smart Village

Dai Xuhong, *Ni Jiubin* / 204

Abstract: Taking informatization construction as an important way of "the strategy of strengthening the province through network", Sichuan Province has seen the rudiment of informatization of public service platform by giving full play to the leading role of informatization, and has a good foundation for construction in all industries. However, the gap between urban and rural areas in the development of information technology is very obvious, which hinders the process of urban and rural coordinated development to a certain extent. Drawing lessons from the experience of smart city construction, the proposal of smart village is helpful to promote the equalization of urban and rural public services. Through the construction of "one database and three platforms", i. e. a platform-based database, management, development and monitoring platform, the construction of smart village can not only synchronize with smart city, but also play an important role in rural economic development and social management. The role is an important part of the strategy of rural revitalization.

Keywords: Smart Rural Area; Informatization; Sichuan

B. 15 The Main Practices and Enlightenment in Exploring Sichuan's Rural Governance Model

Gan Tingyu / 218

Abstract: The implementation of Rural Revitalization Strategy can not be separated from the role of rural governance system. In recent years, governments at all levels in Sichuan have conscientiously implemented the policies of the CPC Central Committee and the State Council to promote rural governance, and constantly explored and innovated measures by strengthening the construction of grass-roots organizations, promoting participation, and innovating rural community governance mechanism。 Different types of rural governance models with local characteristics have been formed. The exploration and innovation in the construction of a new pattern of grass-roots governance will create a good development environment and provide an important institutional basis for the smooth implementation of the strategy of Rural Revitalization in Sichuan.

Keywords: Rural Governance; Mode Exploration; Local Practice

Ⅲ Case Studies

Abstract: This article takes Jintang County as an example of the construction of Olive Pastoral Complex, especially the model project of the integration and development of Chengdu rural revitalization industry in 2018— "Tianfuyuan" Jintang County, one of the "Ten Cases" of Chengdu's First Rural Revitalization based on the background of the olive oil industry integration development project, it focuses on analyzing and summarizing the basic path and construction mode of its industrial revitalization, and analyzing the current policy opportunities and potentials of the olive oil industry in Jintang County. Under the background of the national rural revitalization strategy, Chengdu's eastward strategy, Under the promotion of the construction of Longquanshan Urban Forest Park and Huaizhou New City, the industrial integration development of Jintang's olive rural complex project has been fully developed, which can provide positive reference for other similar regions.

Keywords: Pastoral Complex; Rural Industrial Vitalization; Integrative Development

B. 17 The Local Governmental Practice of Rural Industrial Vitalization

—A Case Study of Gaoping District, Nanchong City

Abstract: The key of rural vitalization lies in industry, and industrial vitalization is the base of rural vitalization. The practice of rural industrial vitalization of Gaoping District of Nanchong City provides an example for the local governments in Sichuan Province to pursuing rural vitalization. This essay analyzes the rural industrial development of Gaoping District, the shortcomings of rural industrial development, the main methods and achievements of rural industrial vitalization of Gaoping District. It also points out the deficiency and plan of rural vitalization of Gaoping District. At last, three suggestions for local governmental rural vitalization are given, which are aiming at financial support, human resource support and land support.

Keywords: Rural Industrial Vitalization; Financial Support; Human Resource Support; Land Support

B. 18 Hanyuan Practice and Suggestions on Making Small Sichuan Pepper into Big Industry

Abstract: In the context of vigorously implementing the strategy of rural revitalization, industrial prosperity is particularly important. As a typical mountainous county, Hanyuan is facing many constraints in promoting rural revitalization, such as unfavorable location, backward infrastructure and weak economic foundation. However, around the local characteristic industries, Hanyuan turned the industry of "Hanyuan Sichuan Pepper" into a big industry to get rid of poverty and become rich. Especially, its practices of increasing seeds, production, value, efficiency and income have important reference significance for promoting the prosperity and development of traditional characteristic advantage industries. Summarizing and promoting the development experience and Enlightenment of Hanyuan Sichuan Pepper, industry is conducive to promoting the revitalization of rural industry and Improving the support of Rural Revitalization.

Keywords: Hanyuan Sichuan Pepper; Rural Industry; Industrial Vitalization

B. 19 A Case Study of Supporting the Returning-Home Migrant Entrepreneurship in Sichuan Province

Abstract: It is very important for supporting the returning-home migrant entrepreneurship. Because it is useful for make's the rural prosperous. This issue analyses the methods and the difficulties about supporting the returning-home migrant entrepreneurship in Suining and Zhigong, further more, this issue gives some advises to make the work more efficient.

Keywords: Migrant Workers; Returning-Home; Entrepreneurship

皮书起源

“皮书”起源于十七、十八世纪的英国，主要指官方或社会组织正式发表的重要文件或报告，多以“白皮书”命名。在中国，“皮书”这一概念被社会广泛接受，并被成功运作、发展成为一种全新的出版形态，则源于中国社会科学院社会科学文献出版社。

皮书定义

皮书是对中国与世界发展状况和热点问题进行年度监测，以专业的角度、专家的视野和实证研究方法，针对某一领域或区域现状与发展态势展开分析和预测，具备原创性、实证性、专业性、连续性、前沿性、时效性等特点的公开出版物，由一系列权威研究报告组成。

皮书作者

皮书系列的作者以中国社会科学院、著名高校、地方社会科学院的研究人员为主，多为国内一流研究机构的权威专家学者，他们的看法和观点代表了学界对中国与世界的现实和未来最高水平的解读与分析。

皮书荣誉

皮书系列已成为社会科学文献出版社的著名图书品牌和中国社会科学院的知名学术品牌。2016 年，皮书系列正式列入“十三五”国家重点出版规划项目；2013~2019 年，重点皮书列入中国社会科学院承担的国家哲学社会科学创新工程项目；2019 年，64 种院外皮书使用“中国社会科学院创新工程学术出版项目”标识。

中国皮书网

（网址：www.pishu.cn）

发布皮书研创资讯，传播皮书精彩内容
引领皮书出版潮流，打造皮书服务平台

栏目设置

关于皮书：何谓皮书、皮书分类、皮书大事记、皮书荣誉、皮书出版第一人、皮书编辑部

最新资讯：通知公告、新闻动态、媒体聚焦、网站专题、视频直播、下载专区

皮书研创：皮书规范、皮书选题、皮书出版、皮书研究、研创团队

皮书评奖评价：指标体系、皮书评价、皮书评奖

互动专区：皮书说、社科数托邦、皮书微博、留言板

所获荣誉

2008 年、2011 年，中国皮书网均在全国新闻出版业网站荣誉评选中获得“最具商业价值网站”称号；

2012 年,获得“出版业网站百强”称号。

网库合一

2014 年，中国皮书网与皮书数据库端口合一，实现资源共享。

S 基本子库
UB DATABASE

中国社会发展数据库（下设 12 个子库）

全面整合国内外中国社会发展研究成果，汇聚独家统计数据、深度分析报告，涉及社会、人口、政治、教育、法律等 12 个领域，为了解中国社会发展动态、跟踪社会核心热点、分析社会发展趋势提供一站式资源搜索和数据分析与挖掘服务。

中国经济发展数据库（下设 12 个子库）

基于“皮书系列”中涉及中国经济发展的研究资料构建，内容涵盖宏观经济、农业经济、工业经济、产业经济等 12 个重点经济领域，为实时掌控经济运行态势、把握经济发展规律、洞察经济形势、进行经济决策提供参考和依据。

中国行业发展数据库（下设 17 个子库）

以中国国民经济行业分类为依据，覆盖金融业、旅游、医疗卫生、交通运输、能源矿产等 100 多个行业，跟踪分析国民经济相关行业市场运行状况和政策导向，汇集行业发展前沿资讯，为投资、从业及各种经济决策提供理论基础和实践指导。

中国区域发展数据库（下设 6 个子库）

对中国特定区域内的经济、社会、文化等领域现状与发展情况进行深度分析和预测，研究层级至县及县以下行政区，涉及地区、区域经济体、城市、农村等不同维度。为地方经济社会宏观态势研究、发展经验研究、案例分析提供数据服务。

中国文化传媒数据库（下设 18 个子库）

汇聚文化传媒领域专家观点、热点资讯，梳理国内外中国文化发展相关学术研究成果、一手统计数据，涵盖文化产业、新闻传播、电影娱乐、文学艺术、群众文化等 18 个重点研究领域。为文化传媒研究提供相关数据、研究报告和综合分析服务。

世界经济与国际关系数据库（下设 6 个子库）

立足“皮书系列”世界经济、国际关系相关学术资源，整合世界经济、国际政治、世界文化与科技、全球性问题、国际组织与国际法、区域研究 6 大领域研究成果，为世界经济与国际关系研究提供全方位数据分析，为决策和形势研判提供参考。